Singapur

Zeit für das Beste!

W0090147

HIGHLIGHTS | GEHEIMTIPPS | WOHLFÜHLADRESSEN

»Es wäre schwierig, einen Ort auf der Welt
zu nennen, dem eine bessere Zukunft
vorausgesagt werden kann.«

Sir Stamford Raffles, 1822

BRUCKMANN

Singapur

Zeit für das Beste!

Christoph Hein
Sabine Hein-Seppeler
Sabine Fritsch

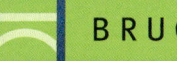
BRUCKMANN

INHALT

Gelbes Glück: Andacht im Buddha Tooth Relic Temple

Gut gekühlt: Gewächshaus in den Gardens by the Bay

Die kolonialen Five-Foot-Ways in Geylang schützen vor Regen und Hitze.

MEHR ERLEBEN

→ **Günstig durch Singapur** 28

→ **Ein Wochenende in Singapur** 30

→ **Singapur für Kinder und Familien** 282

Links: Indonesische Batik im Souvenirshop in Holland Village
Rechts: Die Dachbar 1-Altitude hoch über der Marina Bay
S. 2/3: Das blaue Wunder: Singapur lässt niemanden unberührt
S. 8/9: Blick von der Lantern-Bar des Fullerton Bay Hotels

DER NORDEN

REISEINFOS

Harbour Front: Kunst am Wasser von Victor Tan

DAS SOLLTEN SIE SICH NICHT ENTGEHEN LASSEN

❶ Weitblick vom Dach (S. 38)
Es gibt in Singapur manche Dachbars
und auch das Riesenrad. Und doch
kommt niemand darum herum, auf
die Aussichtsplattform des Marina Bay
Sands zu fahren. Von hier oben sieht
man nicht nur bis nach Indonesien,
man ist auch ganz nah am spektakulärsten Dachpool der Welt.
www.marinabaysands.com/sands-skypark

❷ Auf einen Singapore Sling (S. 63)
An der »Long Bar« im traditionellen
Raffles Hotel führt kein Weg vorbei.
Hier wird bis heute der Singapore Sling
gemixt, das Nationalgetränk. Die Bar ist
düster und wirkt, als käme Hemingway
gleich durch die Tür. Ganz anders die
»Lantern«-Bar auf dem Dach des Fullerton Bay Hotel: Der Blick über die Bucht
und auf den erleuchteten Marina-
Bay-Sands-Komplex ist mit Gold nicht
aufzuwiegen. www.raffles.com;
www.fullertonbayhotel.com

**❸ Die Hallen der unbekannten
Maler (S. 75)**
Es steht im Zentrum der Stadt, und es
ist ihr Schmuckstück: Das neue Museum
National Gallery Singapore ist für jeden
Kunstinteressierten ein Muss. Erstmals
ist die moderne Malerei Südostasiens
an einem Ort ausgestellt.

Und die Architektur der beiden zusammengeführten Kolonialgebäude ist ein Hochgenuss. www.nationalgallery.sg

❹ Saris kaufen bei Mustafa (S. 97)
Singapur ist eine Einkaufsstadt mit einer fast grenzenlosen Auswahl. Wer sich wie auf dem Basar fühlen will und vor Menschenmassen keine Angst hat, wagt sich ins Mustafa Shopping Centre, dem großen Einkaufspalast in Little India. Hier ist alles etwas billiger, etwas bunter, etwas chaotischer. Eine größere Auswahl an Saris oder Bangles gibt es nur in Bombay. www.mustafa.com.sg

❺ Feiern mit den Indern (S. 96)
Kein Stadtteil Singapurs ist so bunt wie Little India. Allein der Besuch der Tempel öffnet die Sinne für die Hindu-Kultur mit ihrer Götterwelt. Besonders aufregend wird das Viertel während des Thaipusam-Festes: Dann stechen sich Hunderte Inder lange Spieße oder Stecknadeln durch Wange, Rücken oder Gliedmaßen. Dank ihrer Trance ganz ohne Schmerzen. www.heb.gov.sg

❻ Eintauchen in Chinatown (S. 126)
Sicher ist hier manches touristisch. Wer aber in Randbezirke wie Telok Ayer

Stört hier jemand unseren Schlaf? Die Löwen der Night Safari im Singapore Zoo

eintaucht, wird noch manche authentische Entdeckung machen. Hier gibt es noch Garküchen und Tempel ohne Touristen. Besonders malerisch ist Chinatown während der Festmonate, etwa Hungry Ghost im Frühherbst. www.yoursingapore.com/festivals-events-singapore

❼ Im *food court* asiatisch schlemmen (S. 143)

Darf es chinesisch sein oder indisch? Thai, vietnamesisch oder Singapurer Chicken-Rice? Für wenig Geld laden die Straßenrestaurants oder Garküchen der Stadt zu einer kulinarischen Reise durch Asien ein. Den Köchen kann man bei der Arbeit zuschauen, das Essen ist immer frisch. Und zum Abschluss gibt es den Kopi, Singapurs Kaffee.

❽ Einchecken im Spaß-Staat (S. 156)

Einst war die kleine Insel Sentosa eine britische Festung. Heute dient sie nur einem Zweck: Vergnügen. Strände gibt es hier und den Themenpark Universal Studios. Noch schöner aber ist es, eine der naturnahen Attraktionen zu besuchen: Der Mega Adventure Park etwa bietet eine fantastische Abfahrt am Drahtseil über das Dach der Tropenbäume bis hinab zum Strand. www.sentosa.com.

❾ Früher Morgen unter Tropenbäumen (S. 178)

Ist der Alte Botanische Garten frühmorgens oder am späten Abend am schönsten? In den Morgenstunden jedenfalls hängt der Tau noch an den Blättern der

Alles unter Kontrolle: nasse Abfahrt im Wave House auf Sentosa

Tropenbäume, und das erste Licht fällt durch ihre Kronen. Noch ist es ruhig, die Vögel aber zwitschern schon. Und wer Lust hat, kann sich einer der Gymnastik- oder Tai-Chi-Gruppen anschließen. www.sbg.org.sg

❿ Giraffen im Mondschein (S. 250)

Nirgends sonst kann man Tiere des Nachts wie in fast freier Wildbahn so erleben wie im Zoo von Singapur. Gitter und Zäune scheint es hier nicht zu geben. Die Tropennacht ist von Tierlauten erfüllt, der Mond taucht alles in ein zauberhaftes Licht. www.nightsafari.com.sg

WILLKOMMEN
IN SINGAPUR

Tropenmetropole, Asia light, Tropenübungsplatz, »little red dot« – eine der fantastischsten Städte der Welt trägt viele Namen. Singapur, die Metropole am Äquator, bietet ihren Bürgern und ihren Gästen alles. Und das, obwohl sie auf der Landkarte wirklich nur ein kleiner roter Punkt ist. Denn in der Inselstadt leben nur gut 5,5 Millionen Menschen. Die aber haben sich ein Heim geschaffen, das wohl die lebenswerteste Stadt Asiens ist – und Touristen mit so offenen Armen aufnimmt wie kaum ein anderer Platz auf der Welt.

Museen und Parks, Tempel und Einkaufsmeilen, Naturreservate, Restaurants und Kasinos, tropische Strände und ein Zoo wie kein anderer auf der Welt, hier gibt es die besten Hochschulen und die verlässlichsten Krankenhäuser der Region – das ist Singapur *in a nutshell*, auf einen Nenner gebracht. Hier können Touristen indisch und chinesisch, französisch und deutsch, thailändisch und vietnamesisch essen. Und natürlich müssen sie Chicken Rice oder Char Kway Teow probieren, die Nationalgerichte Singapurs. Der Ort, das zeigt schon die Bezeichnung »Asia light«,

Akrobatik auf vier Füßen zeigt der traditionelle Löwentanz.

ist einfach zu bereisen. Hier wird praktisch nicht gestohlen, Gewaltverbrechen gegenüber Touristen sind unbekannt, jeder in der Stadt spricht Englisch. Aber langweilig ist Singapur deshalb ganz und gar nicht. Hier kreuzen sich die Wege der Asiaten. Singapur war lange Jahre hindurch der Handelsposten der britischen Kolonialherren. Und bis heute lebt die Stadt vom Geschäft mit den Fremden – seien es Touristen oder Händler, Banker oder Reeder.

Bunter Vielvölkerstaat

Praktisch alle Sehenswürdigkeiten sind für die Besucher aus dem Ausland aufbereitet, Chinatown und Little India locken mit Exotischem, wer tiefer eintauchen will in das echte Singapur, der erkundet die Gassen von Tiong Bahru oder probiert die Restaurants in Katong. Nirgendwo ist es gefährlich – aber überall ist es spannend, interessant, fremd. Wer Asien kennenlernen will, der muss in den Schmelztiegel Singapur reisen. Und wer Asien kennt, der kommt stets gern nach Singapur zurück. Dabei gibt es nicht das eine Singapur. Singapur war schon immer eine spannende Mischung aus Fremden, Eingewanderten und *locals*, denjenigen, die schon mehr als eine Generation hier leben. Dabei reichen auch deren Ursprünge fast immer in ganz andere Weltgegenden zurück. Rund ein Viertel der

Verloren in Gedanken: Straßenszene in Little India

Singapurer wurde im Ausland geboren. Bankiers in Singapur haben ihre Wurzeln in Familien, die als arme Kulis aus Südchina auf die Tropeninsel entsandt wurden. Die Eltern heutiger Immobilienmillionäre haben hier einst auf Mangofarmen geschuftet. Und manch einer hat selbst als *hawker*, als Koch mit einem Straßenstand begonnen, um heute ein Industrieimperium zu führen.

Sehr teuer – und sehr lebenswert

Weil die Stadt mit ihrer kolonialen Vergangenheit sich so abhebt von den anderen Metropolen mit vergleichbarer

Eine wahre Konsum-Kathedrale ist das Einkaufszentrum Capitol.

Historie, weil sie so perfekt erscheint, wird sie oft belächelt. Dabei gibt es wenige Asiaten, die, wenn sie nur könnten, nicht in Singapur wohnen wollten. Dennoch hält sich das Gerücht von der Arroganz der Singapurer. Das hängt vor allem mit dem Kostengefüge in der Stadt zusammen. Vieles, was im Westen noch erschwinglich ist, bleibt für Zugereiste in Singapur nur ein Traum: Wohnungen sind unterhalb einer Million Dollar kaum zu kaufen, Autos kosten mindestens sechsstellige Summen. Doch steckt hinter den Preisen ein System: Denn der Staat versucht, die Gesellschaft zu steuern. So bekommen Singapurer Bürger Wohnungen mit immensen staatlichen Zuschüssen, da sie als Altersversorgung angesehen werden. Der Verkehr wird über den Preis gesteuert: Auf Autos werden hohe Zuschläge erhoben, die Einfahrt in die Stadt wird mit einer Maut belegt. Das alles aber dient dem Gemeinwohl, denn nur so kann man ein Singapur ohne nervenaufreibende Staus wie in Jakarta oder Bangkok genießen.

Von Urteilen und Vorurteilen

Schwieriger für Europäer ist es, sich an die festen Regeln im Staat zu gewöhnen. Versammlungs- und Pressefreiheit gibt es nicht. Wohl aber die Todesstrafe, etwa für Rauschgifthandel, oder schwer verletzende Stockschläge. Allerdings herrscht auch hier oft ein verzerrter Blick auf Singapur vor: Die Urteile für einige Verbrechen erscheinen aus europäischer Sicht überzogen und nicht nachvollziehbar. Doch ist die Regierung inzwischen vom Prinzip des Gängelns ihrer Bürger abgerückt: Längst etwa wurde das frühere Kaugummiverbot gemildert. Inzwischen lacht Singapur selbst über die einst restriktive Haltung, und in der Stadt werden T-Shirts verkauft, auf denen Singapur als *fine-city* bezeichnet wird – doppeldeutig, denn *fine* bedeutet auf Englisch »schön« ebenso wie »Strafe«. Die Strafen, die auf kleinere Vergehen stehen, sind nicht höher als jene, die etwa in Hongkong drohen. Der Staat, der einst mit sehr harter Hand regierte, hat erkannt, dass die Zeiten sich sehr geändert haben.

Futuristische Kurven an der Fassade des Einkaufstempels Ion Orchard

Ein weiteres Vorurteil ist die überzogene Sauberkeit. Sicher, die Zeiten des wilden Rotlichtbezirks in Chinatown, den noch der Fotograf Helmut Newton beschrieb, sind längst vorbei. Manche Kritiker erinnerten die aufgeräumten Viertel an ein asiatisches Disneyland. Das ist Unfug, denn bis heute wird auch im renovierten Chinatown hart gearbeitet, bis heute gibt es dort chinesische Apotheken, traditionelle Bäckereien und alte Frauen, die das Papier einsammeln, um ein paar Cent zu verdienen. Und immerhin ist es für Besucher nur angenehm, dass der Stadtstaat mindestens 70 Prozent seiner etwa 30 000 öffentlichen Toiletten auf »Drei-Sterne-Niveau« bringen will.

Arbeit, Reichtum und Genuss

Singapur präsentiert sich heute als lebensfrohe Tropenmetropole, die immer mehr auf Kunst und Kultur, auf Unterhaltung und Sport setzt. Zudem wird Umweltschutz immer wichtiger. Man hat längst erkannt, dass Bäume und Tropenpflanzen ein Standortfaktor sein können. Inzwischen werden große Debatten darüber geführt, wie man die Hochhäuser begrünen kann. Und Gäste können auf einem neuen 60 Meter hohen Stahlbaum im neuen Botanischen Garten in der kurzen Abenddämmerung einen Cocktail genießen.

So deutlich diese Kurswandel zu spüren sind, sosehr die Bevölkerung sie wünscht, sosehr ist sie letztlich doch auf ihre Arbeit ausgerichtet. In den Adern der meisten Singapurer fließt Händlerblut. Sie arbeiten hart. Und sie wollen, dass es der jeweils nächsten Generation eines Tages besser gehen mag. Vielleicht verzeichnet die Stadt deshalb die höchste Dichte an Millionären auf der Welt. Dementsprechend werden die »Fünf C« großgeschrieben: Sie stehen für Cash (Geld), Car (Auto), Credit Card (Kreditkarte), Condominium (Wohnung in einer Siedlung) und Country Club (Mitgliedschaft etwa in einem der teuren Golfclubs). Das, so wird ihnen nachgesagt, sind die Statussymbole, die die Singapurer anstreben.

Wer nun glaubt, dass es hier nur um den schnöden Mammon gehe, der unterschätzt Witz, Charme und den Wunsch nach Offenheit gerade in der jungen Generation. Viele Singapurer haben im Ausland – meist in Australien, Großbritannien oder Amerika – studiert. Kehren sie zurück, tragen sie ihre Wünsche aus der Fremde mit in die Stadt.

Konsum und Kultur: unendliches Angebot

Wünsche lassen sich in Singapur leicht befriedigen. Denn es gibt wenig, was es nicht gibt. Die Haupteinkaufsstraße ist die Orchard Road, die sich wie eine Achse durch die Stadt zieht. Früher lagen an ihrem nordwestlichen Ende noch Plantagen, auf der anderen Seite war der Hafen an der Mündung des Singapore River. Heute ist davon wenig zu spüren – und doch geht es immer noch um Handel. Denn von der französischen Luxusboutique bis zum Billigladen mit chinesischen Plastikuhren wird »Shopaholics« hier alles

Hoch hinaus: Singapurs Finanzviertel am Raffles Place

geboten. Allerdings müssen sich Europäer erst daran gewöhnen, dass die Geschäfte aufgrund des tropischen Klimas alle in großen Malls klimatisiert liegen, viele unterirdisch durch Passagen verbunden. An den Wochenenden herrscht hier kaum ein Durchkommen: Singapurer, Touristen, aber auch die vielen Hausmädchen etwa von den Philippinen, die sonntags frei haben, strömen auf die Orchard Road zum *window shopping*. Entlang der Straße gibt es auch die vielen Fahnen, die in Singapur auf Veranstaltungen hinweisen – vom Kochfestival über die Formel 1 bis zu Auftritten von Stars und Sternchen in den beiden Kasinos.

Das süße Leben kann man in der Konditorei Paul genießen.

Politik der harten Hand und starken Partei

Davon wird die Entwicklung der Stadt beeinflusst. Genauso wie von den neuen Medien, die längst alle Zensurschranken brechen. So wird auch die Macht der Gründungspartei Peoples Action Party immer mehr herausgefordert. Sie regiert seit der Unabhängigkeit Singapurs 1965 ununterbrochen. Doch auch die PAP muss Wege in die Zukunft finden. Über Jahre wurde sie vom Gründervater der Stadt, Lee Kuan Yew, geführt. Der Politiker, ein guter Bekannter des früheren Bundeskanzlers Helmut Schmidt übrigens, wird in der Stadt wie ein Patriarch verehrt. Ohne Zweifel geht das »Wunder Singapur« auf ihn zurück. In seinem Buch *Von der dritten Welt in die erste Welt* beschreibt er eindrücklich, wie unter seiner mitunter harten Führung aus dem von den Briten zurückgelassenen Felsen ohne eigene Industrie, Landwirtschaft oder Bodenschätze das Zentrum Südostasiens wurde. Heute führt sein Sohn Lee Hsien Loong als Ministerpräsident die Geschicke des Stadtstaates, dessen Ehefrau Ho Ching steht einem der beiden milliardenschweren Staatsfonds vor.

Der Hafen legte das Fundament des Wohlstands

Doch hat die Stadt noch einen zweiten, älteren Gründervater: den Briten Sir Stamford Raffles (1781–1826). Er war es, der das Potenzial der Felseninsel erkannte. Denn das Eiland liegt am südlichen Eingang der Straße von Malakka, heute die meistbefahrene Schifffahrtsstraße der Welt. Von den Stränden der Singapurer Vergnügungsinsel Sentosa aus sieht man die nie abreißende Kette der

Containerfrachter und Tanker auf dem Verbindungsweg zwischen Europa und China oder Japan im Norden Asiens. Die Meerenge zwischen Singapur und Malaysia auf der einen Seite und dem indonesischen Sumatra auf der anderen ist die Lebensader zwischen dem Westen und dem Osten. Und Singapur sitzt genau an ihrem Eingang.

Deshalb kommt dem Hafen des Stadtstaates solches Gewicht bei. Schon zu Zeiten Raffles wuchs der Handelsposten in den Tropen von Jahr zu Jahr – denn von hier aus wurden Kautschuk und Gewürze, aber auch Reis und Holz verschifft. Aus dem florierenden Handel entwickelten sich Geldgeschäfte.

Später wurde Industrie angesiedelt, der Flughafen – heute der modernste der Region und einer der besten der Welt – prosperierte, Tourismus wurde als Wirtschaftszweig erkannt. Schon wer am perfekt organisierten Flughafen Changi ankommt – und das tut fast jeder Gast, mit Ausnahme derjenigen auf Kreuzfahrtschiffen – spürt den Geist Singapurs: die Freundlichkeit, das Ernst-Nehmen der Neuankömmlinge, die gute Organisation. Nicht grundlos wird der Inselstaat oft »das Preußen Asiens« genannt. Wer die klimatisierten Terminals verlässt, wird von der Hitze der Tropen erschlagen. Und wird staunen über die von Blumen und alten Bäumen gesäumten Autobahnen, die in die Stadt führen.

Schlechtes Wetter im Anzug: Monsun über der Straße von Malakka, der befahrensten Schifffahrtsstraße der Welt

Gut besucht: Hawker Centre in der Mittagszeit

In alten Vierteln brummt das Leben

Dort sind es meist zwei Viertel, die Touristen mit wenig Zeit erkunden: das Kolonialviertel und Chinatown. In der Tat bieten sie Neugierigen ein wunderbares Kaleidoskop, Einblick in die Geschichte der Stadt, abends aber auch brodelnde Unterhaltung. In Singapur ist es durchaus möglich, innerhalb weniger Monate ein Theaterstück des Berliner Ensembles und ein Konzert der Wiener Philharmoniker, die Rolling Stones, eine Bollywood-Show, einen K-Popstar aus Korea und eine chinesische Oper zu sehen. Das Kolonialviertel ist heute der *art district* der Stadt – was etwas irreführend ist, denn zum einen gibt es hier viel mehr als nur

Kunst zu sehen, zum anderen bieten auch andere Stadtteile eine überwältigende Fülle an Kunst und Kultur.

Hier lag das Gründungszentrum der Stadt, das wie an vielen anderen Handelsplätzen der Welt von einer Flussmündung bestimmt wurde. Der Singapore River, wo sich einst die Lastkähne aufreihten, mündet heute in die Marina Bay. Die künstliche Bucht dient zum einen als Speicher für Süßwasser, zum anderen als Vergnügungspark. Jedes Wochenende werden hier Aktivitäten rund um das Wasser geboten. Im Kolonialviertel steht die weiße Säule von Gründervater Raffles. Wenige Meter weiter flussabwärts fällt der Blick dann auf das neue Wahrzeichen der Stadt: das geschwungene,

Was für ein Duft: Ketten aus Jasminblüten

Hochhäuser der Banken liegen auf Land, das erst gewonnen werden musste. Sie sind im Wort-Sinn »auf Sand gebaut«.

Fragiles Gleichgewicht der Kulturen

Das alte Chinatown, das jetzt so pittoresk anmutet, war über Jahrzehnte geprägt von Schweiß, Enge und Leid. Hier, wo die Schiffe be- und entladen wurden, legten die Vorväter die Fundamente des heutigen Wirtschaftswunders Singapur. Inzwischen haben sich die Bevölkerungsgruppen längst gemischt. Doch hatte Gründervater Raffles die Stadt strikt nach Ethnien eingeteilt – so entstanden in der Mitte der Kolonialdistrikt, in Meeresrichtung rechts davon Chinatown, links Little India und das arabische Viertel. Bis heute übrigens vergibt Singapur, der Vielvölkerstaat, öffentlich geförderte Wohnungen, nach bestimmten Schlüsseln, mit denen die Einwohner ihrer Herkunft nach zusammengeführt werden. Immerhin leben in der Stadt 74 Prozent Chinesen, aber auch 14 Prozent Malayen und neun Prozent Inder. Die große Angst der Singapurer ist, dass es eines Tages zu Unruhen kommen könnte – deshalb tut der Staat alles, um einen Ausgleich zu schaffen, keine Gruppe oder Religion zu vernachlässigen. Diese Vielfalt zeigt sich besonders schön in Chinatown: Dort liegen entlang der Hauptstraße eine Moschee, ein indischer Hindutempel und mehrere chinesische Tempel nebeneinander. Alle sind sie gut gepflegt, alle werden sie gut besucht – und das übrigens auch von Angehörigen ganz unterschiedlicher Volksgruppen.

an einen Schiffskörper erinnernde Dach des Marina-Bay-Sands-Komplexes. Oben, in 207 Metern Höhe, liegt der millionenfach fotografierte Endlos-Pool. Bestimmt wird das Kolonialviertel aber vor allem von seinen meist weiß gestrichenen Gebäuden, in denen heute vor allem wunderbare Museen ihren Sitz haben. Die Königin dieses Ensembles bleibt das altehrwürdige Raffles Hotel im Zentrum der alten Stadt. Es ist längst nicht mehr vorstellbar, dass dieses Gebäude an der Beach Road, der Strandstraße, einst mit seiner Vorderseite unmittelbar am Meer lag. Singapur steht zu weiten Teilen auf Land, das dem Meer abgerungen wurde – und auf diese Weise wird die Stadt weiterhin Jahr für Jahr größer. Die

Indien und China an einem Tag

Doch bietet Chinatown viel mehr als nur einen Einblick in die Geschichte der Stadt und ihren Handel. Die Gerüche verraten es: Hier wird das Essen ganz großgeschrieben. Es gibt Garküchen und Märkte, es gibt Restaurantstraßen und Feinschmeckerlokale. Alle Köstlichkeiten Chinas kann man auch in Singapurs Chinatown kosten, mit einem Vorteil: Die Kellner und Köche sprechen zumindest soweit Englisch, dass man sich über die Bestellungen unterhalten kann. Das gilt auch für das andere große Viertel – Little India. Farbenfroher, chaotischer, exotischer empfangen einen die Gassen um die Serangoon Road. Hier werden die großen religiösen Feste ge-

Gut umhüllt: Saris im farbenfrohen Little India

feiert, die kein Gast verpassen sollte – immer sind Touristen gern gesehen, immer findet sich jemand, der die fremden Riten gern erklärt. Und auch hier gilt: Nirgendwo auf der Welt ist es einfacher, die spannende Küche Indiens in all ihren Spielarten kennenzulernen.

Moderne Glitzermetropole

Ganz anders wirkt dagegen das glitzernde, neue Singapur. Ein schönes Beispiel dafür, dass sich die Stadt des Alten nicht mehr entledigt, aber Neuem gegenüber aufgeschlossen ist, sind die beiden Botanischen Gärten. Der alte, fast verwunschene, ist ein absoluter Höhepunkt für jeden Singapur-Besucher. Doch hat sich die Stadt für fast eine Milliarde Euro einen zweiten, neuen Garten gegönnt: Die Gardens by the Bay. Sie glänzen mit riesigen Gewächshäusern, die auf Temperaturen der nördlichen Länder heruntergekühlt sind, abends werden hier Konzerte geboten, und zahlreiche Restaurants laden zum Essen unter Tropenbäumen ein.

Viel Geld lässt sich Singapur auch die Annäherung an den Sport kosten. Sicher, die Temperaturen hier sind nicht unbedingt für ein Fußballspiel zur Mittagszeit geeignet – selten wird es auf der Insel am Äquator kälter als 28 Grad. Aber allmählich erkennt man, dass das warme Klima rund um die Uhr auch Chancen bietet – oder eben ausgetrickst werden muss. Im neuen Stadionkomplex, der 2014 eröffnet wurde, sind die Sitze über ein ausgeklügeltes System gekühlt.

Nun wird die Stadt, die 2010 Austragungsort der ersten Olympischen Jugendspiele war, auch große internationale Sportveranstaltungen bieten. Die beste Werbung aber bietet die Formel 1: Seit 2008 richtet Singapur das erste Nachtrennen der Boliden aus. Der enge Kurs führt durch das Kolonialviertel, und jeder, der die spektakulären Fernsehbilder der erleuchteten Metropole gesehen hat, wird unweigerlich zu einem Fan der Stadt.

Der Merlion an der Marina Bay ist das Wahrzeichen der Stadt.

Vom Steinhaufen zur Löwenstadt

Was heute so perfekt anmutet, war es zu Beginn ganz und gar nicht. Nicht mehr als ein Steinhaufen im Meer, an der Spitze der malaysischen Peninsula war die spätere Stadt in ihren jungen Tagen. Chinesische Quellen sprechen schon im achten Jahrhundert von einer Insel, wo Kannibalen mit langen Schwänzen hausten. Im 14. Jahrhundert schrieben chinesische Dschunkenkapitäne von Longyamen, dem »Drachenzahntor« – gemeint war wahrscheinlich ein Felsen vor dem heutigen Sentosa. Kurz darauf wird die Lage schon klarer: Die Rede ist nun von Temasek, dem »Land, das von Wasser umgeben ist«. Dieses Temasek ist bis heute eine geläufige Bezeichnung für das spätere Singapur: Eine der beiden mächtigen Staatsholdings heißt so. Bis heute wird auch der »Order of Temasek« an außerordentlich verdiente Staatsbürger verliehen. In malaiischen Chroniken befindet sich praktisch zeitgleich der Name »Singapura«, die Löwenstadt. Daraus formten die britischen Kolonialherren später das bis heute geläufige Singapur.

Um den Löwen rankt sich der schönste Gründungsmythos: Der Prinz Sang Nila Utama aus Sumatra entdeckte die Insel Temasek Ende des 13. Jahrhunderts. Um die Götter in einem Sturm zu besänftigen, opferte er seine Krone. Sofort legten sich Wind und Wellen, und Nila Utama konnte mit seiner Mannschaft an Land gehen. Dort entdeckte er ein riesiges Fabelwesen – den »Singa«, einen über-

Stararchitekt Daniel Libeskind errichtete mit den Reflections an der Keppel Bay ein glänzendes Beispiel moderner Architektur in Singapur.

mächtigen Löwen. Für den Prinz war das Wesen ein Glückssymbol – deshalb nannte er die Insel, die er von nun an 48 Jahre lang regieren sollte, Singapur – die Löwenstadt. Eine zweite Legende rankt sich um das Wahrzeichen »Merlion«: Den Löwen mit Fischschwanz gibt es als Statue immer wieder in der Stadt oder als riesigen Wasserspeier wie an der Marina Bay. Die Figur geht zurück auf das Fabelwesen, das die Insel Temasek schützte, als ihr ein fürchterliches Unwetter drohte. Nach seinem Sieg über die wilde Natur reckte sich das Wesen voller Stolz auf dem heutigen Mount Imbiah gen Himmel – dort steht heute die höchste Merlion-Figur der Stadt.

Harte Lehrjahre im 20. Jahrhundert

Im 20. Jahrhundert folgten dann turbulente Jahre. Als britische Kolonie prosperierte Singapur als Handelszentrum. Die Briten aber unterschätzen die japanische Offensive im Zweiten Weltkrieg. Als die Stadt fiel, kam es zu fürchterlichen Opfern, zunächst vor allem unter den australischen Verteidigern, die von den Japanern im Gefängnis in Changi – heute ein Museum – unter unmenschlichen Bedingungen gehalten wurden. Auch die Singapurer Bevölkerung wurde gequält. Als die Briten ihre Kolonien in Südostasien aufgaben, bereitete sich

Stimmungsvoll: die Anderson Bridge
an der Mündung des Singapore River

1962 stimmten die Singapurer mit
überwältigender Mehrheit für den Zusammenschluss mit dem benachbarten
Malaya, dem heutigen Malaysia. 1963
erklärte der damalige Ministerpräsident
Lee Kuan Yew nach seiner Rückkehr aus
London, er habe die Unabhängigkeit
von Großbritannien für die Stadt erreicht
und deren Beitritt zum neu geformten
Malaysia, zu dem auch Sabah und Sarawak gehören sollten. Dann aber folgten
schwierige Monate: Es kam zu Unruhen
zwischen verschiedenen Ethnien und
Gläubigen, zu Bombenanschlägen, die
bis heute die Furcht der Stadt vor einem
Auseinanderbrechen prägen. 1965 folgte
die Ernüchterung: Singapur verließ am
9. August, dem heutigen Nationalfeiertag, die malaysische Union. Ein Video
in den Geschichtsmuseen der Stadt
zeigt den starken Mann Lee Kuan Yew
in Tränen.

Der Blick nach vorn

auch die Stadt ab 1959 auf die Eigenständigkeit vor – allerdings sah der Plan
vor, Teil der malaysischen Föderation zu
werden. Zu dieser Zeit entstand die
Singapurer Fahne: Das Rot symbolisiert
die Gleichheit der Menschen, das Weiß
die Reinheit. Die Sichel des zunehmen-
den Mondes steht für eine junge Nation,
die sich im Aufschwung befindet. Und
die fünf Sterne stehen nicht etwa für
kleine Inseln vor Singapurs Küste, wie
manche glauben, sondern für die Ideale
des späteren Stadtstaates: Demokratie,
Frieden, Fortschritt, Gerechtigkeit
und Gleichheit.

So entstand die heutige Republik
Singapur ungewollt. Sie musste ohne
Hinterland auf die eigenen Beine kommen. Das ist die eigentliche Leistung der
Singapurer – angesichts der fast verzwei-
felten Lage gerade nicht zu verzweifeln,
sondern nach vorn zu schauen. Jeder,
der die glitzernde Metropole heute besucht, wird sich deren kümmerliche Anfänge nur mit Mühe vorstellen können.
Für die Singapurer der ersten Generation
aber bleiben ebendiese Anfänge Mah-
nung, ihren Weg der Eigenständigkeit in
Ausgeglichenheit mit den umliegenden
Ländern fortzusetzen.

Steckbrief Singapur

Lage: Der kleine Inselstaat Singapur liegt ganz nah am Äquator. Über große Brücken ist er mit Malaysia verbunden, Indonesien liegt in Sichtweise. Der Singapore River mündet in die Straße von Malakka, die meistbefahrene Schifffahrtsroute der Welt.

Fläche: Singapur ist mit 716,1 Quadratkilometern kleiner als Berlin (892 km²). Die Singapurer scherzen darüber, dass ihr Stadtstaat nur ein »little red dot«, ein »kleiner roter Punkt« auf der Landkarte sei.

Einwohner: Singapur ist ein Vielvölkerstaat: Von den knapp 5,5 Millionen Einwohnern sind die überwiegende Mehrzahl, nämlich 74,2 Prozent, ethnisch Chinesen. Die ursprünglichen Bewohner der Insel, Malaien, machen heute 13,3 Prozent aus, indischstämmige Bürger 9,2 Prozent. Hinzu kommen viele Geschäftsleute aus anderen Erdteilen sowie zahlreiche Gastarbeiter. Statistisch betrachtet zählen die Singapurer zu den reichsten Menschen der Welt.

Währung: Singapur-Dollar (1 S$ = ca. 0,69 €)

Flagge:

Sprachen: Die Verfassung sichert vier offizielle Sprachen: Englisch, Chinesisch, Malaiisch und (das indische) Tamil. Malaiisch gilt als Nationalsprache, Englisch aber ist die überall verbreitete Sprache in Geschäftsleben, im Dialog mit der Regierung und in den Schulen. Praktisch jeder Einwohner Singapurs beherrscht mindestens zwei, oft jedoch sogar drei Sprachen. Dabei sprechen die Singapurer untereinander gern das sogenannte »Singlish«, einen aus dem Englischen abgeleiteten Dialekt.

Zeitzone: Singapur ist Deutschland um 6 (in der mitteleuropäischen Sommerzeit) bzw. 7 Stunden (in der mitteleuropäischen Zeit) voraus

Staat und Verwaltung: Das Land wählt einen Präsidenten und ein Parlament. Seit seiner Staatsgründung im Jahr 1965 wird es von der People's Action Party (PAP) geführt, lange Jahre mit Lee Kuan Yew an der Spitze. Premierminister ist seit 2004 mit Lee Hsien Loong der Sohn dieses im Frühjahr 2015 verstorbenen, weltberühmten Staatsgründers.

Religion: Ein gutes Drittel der Bevölkerung sind Buddhisten, 15 Prozent gehören dem Islam an, rund elf Prozent sind Protestanten und es gibt genauso viele Taoisten. Die Religionsfreiheit zeigt sich im engen und friedlichen Nebeneinander von Hindutempeln, Moscheen und christlichen Kirchen.

Geschichte im Überblick

Die Anfänge des heute so quirligen Stadtstaats liegen im Dunkeln. Es ranken sich viele Legenden um die Insel, die so günstig an der Einfahrt zu jener Meerenge liegt, die die Verbindung zu China und Japan auf der einen, Indien und Europa auf der anderen Seite bildet. Lebte hier einst ein malaiischer Prinz? Legten von hier aus Seezigeuner mit ihren Booten ab, um in den warmen Gewässern zu jagen? Eine erste Siedlung entstand schon Ende des 13. Jahrhunderts, in dem die Insel an der Spitze der malaiischen Peninsula als Temasek (See-Stadt) bekannt wurde – heute ist der große Staatsfonds Singapurs so benannt. Die erst ein halbes Jahrhundert lange Geschichte des eigenständigen Stadtstaates ist vom Wandel geprägt: Unter einer Regierung mit harter Hand entwickelte er sich zu einem führenden Geschäftszentrum Asiens.

14. Jahrhundert: Prinz Sang Nila Utama soll auf der Insel ein Fabeltier gesehen haben mit einem Löwenkopf und Fischschwanz. Er taufte das Eiland daraufhin die »Singapura«, Löwenstadt, zusammengesetzt aus den Sanskrit-Worten Simha (Löwe) und Pura (Stadt). Bis zum 19. Jahrhundert diente die Insel dann als Stützpunkt für Seefahrer aus China, Indien, Arabien oder auch Portugal.

1511 Singapur wird Teil des Sultanats von Johor, der Grenzstadt im heutigen Malaysia, nachdem Malakka an Portugal gefallen war. Zu diesem Sultanat wird Singapur in der Folgezeit mehr als ein Jahrhundert lang gehören.

29. Januar 1819 Stamford Raffles landet in Singapur. Er prüft die umliegenden Inseln auf ihre Eignung für einen Handelsposten und gründet ihn schließlich für die British East India Company in Singapur. Drei Jahre später entwickelt er einen Plan zum Ausbau der Insel.

1832 Singapur wird zum Zentrum für die britischen Ansiedlungen entlang der strategisch so wichtigen Straße von Malakka, die Penang, Malakka und eben Singapur selbst umfassen.

1859 Gründung des Botanischen Gartens.

1887 Das Raffles Hotel wird gebaut.

1915 Britisch-indische Muslime in den Truppen erheben sich gegen die Briten.

1937 Der Flughafen Kallang wird gebaut.

8. Dezember 1941 Singapur wird von den Japanern angegriffen, die Stadt fällt am 15. Februar, und die japanischen Truppen richten unvorstellbares Elend an. Die Japaner benennen die Stadt in Syonan (Licht des Südens) um.

14. August 1945 Die Japaner kapitulieren.

1. April 1946 Nach der Befreiung wird Singapur zur Kronkolonie der Briten.

1846–1956 Immer wieder wird Singapur von Hunger und Aufständen heimgesucht. Die Briten verhängen zeitweilig den Notstand.

1959 Bei der ersten Wahl gewinnt die People's Action Party (PAP) von Lee Kuan Yew die Mehrheit, Lee wird Premierminister.

1961 Das damalige Malaya und Singapur planen den Zusammenschluss mit Sabah, Sarawak und Brunei, der in letzter Minute am 9. August 1965 scheitert. Malaysia und Singapur werden zwei getrennte Staaten.

9. August 1965 Singapur wird ein unabhängiger Staat. Der Tag wird bis heute als Nationalfeiertag gefeiert. Nur wenig später, am 21. September, wird Singapur als 117. Mitglied in die Vereinten Nationen aufgenommen.

1967 Singapur führt mit dem Singapore Dollar eine eigene Währung ein. Im Juli wird das erste Truppenkontingent aufgebaut, im August wird der Stadtstaat zum Gründungsmitglied des südostasiatischen Staatenbundes ASEAN.

1971 Die letzten britischen Truppen verlassen Singapur.

1972 Die heutige Luxus-Fluglinie Singapore Airlines wird gegründet.

1981 Der Flughafen Changi, in den späteren Jahren immer wieder zum besten Flugplatz der Welt gewählt, nimmt seine Arbeit auf. Nach 16 Jahren Alleinregentschaft der PAP von Lee Kuan Yew zieht erstmals ein Oppositioneller (der Worker's Party of Singapore) ins Parlament des Stadtstaates ein.

2000 Singapur eröffnet die »Speaker's Corner« im Hong-Lim-Park in Chinatown. Hier dürfen sich Redner öffentlich zu Wort melden, nachdem sie ihre Vorträge zuvor angemeldet haben.

2004 Mit Lee Hsien Loong wird der Sohn des Staatsgründers zum dritten Premierminister des Stadtstaates. Seine Frau Ho Chin wird später die Führung des Staatsfonds Temasek übernehmen.

2005 Die Regierung erlaubt nach intensiver Debatte den Bau von zwei Kasinos. Bis dahin war das Glücksspiel verboten.

2008 Singapur richtet das erste Nachtrennen der Formel 1 durch seinen Kolonialdistrikt aus. Das Rennen bringt spektakuläre Fernsehbilder und hebt das Ansehen der Stadt, der Vertrag wird 2012 bis 2017 verlängert.

2013 Der Protest gegen ein »White Paper« der Regierung schwillt an. Sie sagt darin voraus, 2030 werde die Insel rund 6,9 Millionen Einwohner zählen müssen, um überlebensfähig zu bleiben.

23. März 2015 Der weltweit als Vordenker geachtete Staatsgründer Lee Kuan Yew stirbt. Zwar erinnern Kritiker daran, wie er den Stadtstaat mit harter Hand führte. Die Mehrheit der Singapurer aber verehrt ihn. 400000 Menschen verabschieden sich von ihm an seinem Sarg.

Sommer 2015 Singapur begeht das Jahr seines 50. Gründungstages mit einer Vielzahl an Feiern und Festen.

GÜNSTIG DURCH
Singapur

Nirgends auf der Welt leben so viele Millionäre und Milliardäre auf engstem Raum wie in Singapur. Die Stadt gilt als eine der teuersten der Welt. Und doch: Man kann auf der Äquatorinsel auch günstig leben. Zum Beispiel dann, wenn man sich dem Leben der Einheimischen anpasst und etwa im *food court* isst. Oder in kurzer Zeit Riesenportionen bewältigt. Aber es gibt auch viele kostenlose Konzerte und herrliche Naturerlebnisse.

Erst Schule, dann Museum: die Kuppel des Singapore Art Museum

Schöner Ausblick

Um sich einen preiswerten Überblick über die Stadt zu verschaffen, lohnt sich der Gang nach Chinatown: Die dortigen weißen Hochhäuser, die Pinnacle@Duxton, bieten die längste Dachterrasse der Welt auf dem 26. und dem 50. Stockwerk. Die oberste Etage gewährt für nur fünf Singapur-Dollar auch Gästen Eintritt.

Kaltes Wasser

Wer Durst hat, kann ihn mit Bier löschen. Das aber ist in Singapur extrem hoch besteuert. Kostenlos ist hingegen das Eiswasser *(ice water)*, das es in jedem Restaurant kostenlos zum Essen gibt. Allerdings muss man immer öfter danach fragen. Nachgeschenkt wird dann während des Essens.

Kultur für lau

Auch Kultur gibt es kostenlos: Das Singapore Art Museum SAM öffnet freitagsabends ab 18 Uhr seine Tore ohne Eintritt. Auf der Freilichtbühne vor der

Konzerthalle Esplanade treten am frühen Abend an den Wochenenden Bands auf. Und rund um die Marina Bay kommt es an jedem Wochenende zu kostenlosen Veranstaltungen wie Festen oder Sportwettkämpfen. Kostenlos sind natürlich auch die grandiosen Abendveranstaltungen wie Feuerwerke und Lichtspiele auf der Marina Bay oder vor Sentosa.

Natur pur

Viele Freizeitvergnügen für Kinder kosten in Singapur Geld, etwa in den großen Freizeitparks. Es geht aber auch anders: Der Jacob Ballas Children's Garden im Alten Botanischen Garten kostet keinen Eintritt und hat mit seinen Klettergerüsten noch jedem Kind Freude gemacht.

Grün und gut

Sentosa wirkt teuer, schon allein wegen der Resorts World. Wer aber den Eintritt auf die Insel bezahlt hat, dem stehen mehr als drei Kilometer Sandstrand zur Verfügung – Tag und Nacht und natürlich ohne jede Gebühr. Das gilt auch für die East Coast: Hier lässt sich Sport treiben, hier kann man auf Wellen und Schiffe schauen – alles kostenlos. Und wer es grüner liebt, der kann in einem der Naturreservate wandern oder mit dem Fahrrad den *park connector* nutzen, der alle Parks auf Hunderten von Kilo-

metern verbindet. Billiger und natürlicher geht's nicht mehr.

Stein im Magen

Eine Herausforderung, die aber eigentlich gegen jeden guten Geschmack verstößt, bietet die Empire Challenge im Bistro »Little Diner«: Wer den Riesenburger mit allein drei Hackfleischscheiben à 200 Gramm und drei Portionen Pommes frites in weniger als 20 Minuten hinunterwürgt, bekommt die 55 S$ (!) für ihn erlassen (Tel. 0065 64 66 40 88, 789 Bukit Timah Road, Di–Fr 11.30–15, Di–So 18–22 Uhr, www.littlediner.sg). Die Pizzakette Tony's Pizza bietet eine vergleichbare Herausforderung mit einer Riesenpizza: Man muss die 50 S$ nicht bezahlen, wenn man das Monstrum in weniger als 25 Minuten bewältigt (www.tonyspizza.sg).

Ein Meer aus Lampions im Bright-Hill-Tempel

EIN WOCHENENDE IN SINGAPUR

1. TAG

16:00 ZUM ENTSPANNEN IN DEN SPA

Die langen Flugzeiten lassen sich am besten in der entspannten Atmosphäre eines Spas abschütteln. Willow Stream Spa, Beauty Emporium oder Espa auf Sentosa bieten herrliche Möglichkeiten, langsam in Asien anzukommen. Massagen, das Relaxen in Bädern, Duftkerzen – all das hilft mit, die Zeitverschiebung aus Europa besser zu verarbeiten.

18:00 SINGAPORE SLING IM »RAFFLES«

Wer über Singapur mitreden will, der muss die altehrwürdige Dame kennenlernen: Trotz aller neuen Luxushotels ist und bleibt das Raffles Hotel sehenswert. Der Abend wird mit einem Singapore Sling in der weltberühmten »Long Bar« eingeleitet. Schöner kann man den Kolonialzeiten nicht nachspüren.

20:00 ESSEN UNTER TROPENBÄUMEN

Das »P.S. Café« ist das Schmuckstück im Kneipenviertel Tanglin Village (Dempsey Hill). Hier gibt es australische Küche, serviert auf der Terrasse unter hundert Jahre alten Bäumen. Die Restaurants und Bars logieren in den alten Kasernen des britischen Militärs. Danach noch eine der benachbarten Weinstuben wie »The Wine Company« ausprobieren!

22:00 ABTANZEN AM CLARKE QUAY

Sehen und gesehen werden – auf der Amüsiermeile Clarke Quay am Singapore River ist das ein Vergnügen. Unter den künstlichen Bäumen ist es kühler, das Bier fließt in Strömen, und jeder hat so richtig seinen Spaß. Die Auswahl an Bars und Discos ist überwältigend, und am Ende bleibt sogar noch der Bungee-Sprung unterm Sternenhimmel.

24:00 INDIEN-ATMOSPHÄRE

Bollywood ist auch in Singapur mit seiner großen indischen Bevölkerung längst ein Trend. Gerade am Boat Quay gibt es mehrere Tanzpaläste mit Hindi-Musik. Hier kocht nach Mitternacht die Luft. Und doch ist es angenehm, weil niemand ausfällig wird und Drogen verboten sind.

2. TAG

7:00 TAI-CHI UNTER TROPENBÄUMEN

Die frühen Stunden des Samstags eignen sich hervorragend dazu, in das wirkliche Leben Singapurs hineinzuschnuppern. Es ist wunderschön, sich bei Sonnenaufgang im Alten Botanischen Garten einer der Tai-Chi-Gruppen anzuschließen.

10:00 KAFFEE IM ART-DÉCO-MARKT

Frühstück gibt es im Traditionsviertel Tiong Bahru, das mit seiner Art-déco-Bebauung lockt. Wer mag, kehrt an einem der Essstände im Tiong Bahru Food Market & Hawker Centre ein: Die mit den längsten Schlangen bieten das beste Essen. Eine Alternative ist eines von Dutzenden Cafés entlang der Gassen. Danach ein Bummel durch die Boutiquen und Buchläden.

12:00 BUMMEL AUF DER ORCHARD ROAD

Über Mittag wird es heiß. Jetzt am besten auf der Orchard Road in die klimatisierten Läden abtauchen! Entweder im ION oder in die In-Mall 313. Ein Abstecher ins Orchard Gateway zu Naiise könnte lohnen: Dort stellen junge Singapurer Designer aus. Zum Mittagessen in den *food court* im benachbarten Kaufhaus Takashimaya, wo man sich durch ganz Asien schlemmen kann.

15:00 WEITBLICK RUND UM MARINA BAY

Der Nachmittag gehört der Marina Bay. Ein Must ist es, auf die Plattform mit dem berühmtesten Swimmingpool der Welt heraufzufahren. Von hier oben bietet sich ein spektakulärer Blick. Dann geht es einmal um die Bay. Erfrischung bietet eines der Cafés in der Esplanade.

18:00 GIRAFFEN UNTER STERNEN
Der spektakuläre Nachtzoo ruft. Nirgends auf der Welt lassen sich die nachtaktiven Tiere so beobachten, als stünde man direkt neben ihnen. Der Zauber des Mondscheins über den Tropenbäumen lässt eine märchenhafte Welt entstehen. Da der Nachtzoo auf 35 Hektar einen Teil des normalen Tiergartens umfasst, scheint es auch nach Einbruch der Dunkelheit, als wären keine Sperren, Zäune oder Barrieren zwischen Besuchern und Tieren errichtet.

22:00 ABTANZEN ÜBER DEN WOLKEN
Spätabends, erholt und umgezogen, geht es hinauf in die Bar »1-Altitude«. Im 63. Stock schmilzt die Stadt weit unten zu Spielzeug. Am Horizont die Lichter der Schiffe in der Straße von Malakka, der Widerschein der indonesischen Inseln, das Blinken der Flugzeuge. In der Hand einen Drink – und darüber nur noch der tropische Sternenhimmel.

24:00 HEISSE RHYTHMEN IM »ZOUK«
Der Entertainmentkomplex mit seinen fünf Clubs und Lounges ist eine Institution in Singapur. Berühmt-berüchtigt sind auch seine Zouk-Out-Open-Air-Partys auf Sentosa. Abtanzen bei Techno- und House-Musik, viele Drinks und beste Partystimmung bis zum frühen Morgen!

3. TAG
9:00 WILDEN HONIG ERNTEN
Zum Frühstück geht es ins »Wild Honey«. In der zauberhaften Atmosphäre des schön eingerichteten Raums mit Blümchentapete schmecken die Eier mit Lachs so gut wie der Kaffee. Die Karte kennt alle Sorten europäischen Frühstücks: von Schweden bis Italien.

10:00 BESUCH IM KUNSTTEMPEL
Die neue National Gallery Singapore, erst Ende 2016 eröffnet, bietet einen fantastischen Überblick über die moderne Kunst Südostasiens. Die Räume sind geschichtsträchtig: Hier nahm das moderne Singapur seinen Lauf, hier zeigt es sich heute von seiner kosmopolitischen Seite. Die Architektur, das Zusammenfügen der historischen Kolonialbauten, ist umwerfend gut gelungen.

13:00 LUNCH AM FLUSS
Über Mittag reicht ein Imbiss im »Privé Café« am Singapore River aus. Es liegt im wunderbar restaurierten Gebäude des Asian-Civilisation-Museums. Die große Glasscheibe erlaubt den Blick auf den Fluss und die bunten *shophouses* am gegenüberliegenden Ufer vor den Türmen der Banken.

14:00 EINTAUCHEN INS AQUARIUM
Mit der Seilbahn geht es vom Mount Faber auf die Spaß-Insel Sentosa. Dort lohnt der Besuch im wunderbaren S.E.A. Aquarium. So viele Meerestiere werden sonst auf der Welt nirgends so schön präsentiert. Daran angeschlossen ist das Maritime Experiential Museum, das insbesondere die alten Handelsrouten Asiens erklärt.

16:00 ANDENKEN IN CHINATOWN
In den Gassen des Chinesenviertels gibt es immer etwas zu sehen. Natürlich geht es hier touristisch zu. Und doch sind die Tempel zauberhaft, gibt es jede Menge kleiner und großer Mitbringsel zu kaufen. Ganz zu schweigen von einem letzten guten Imbiss vor der Heimreise.

33

DAS ZENTRUM

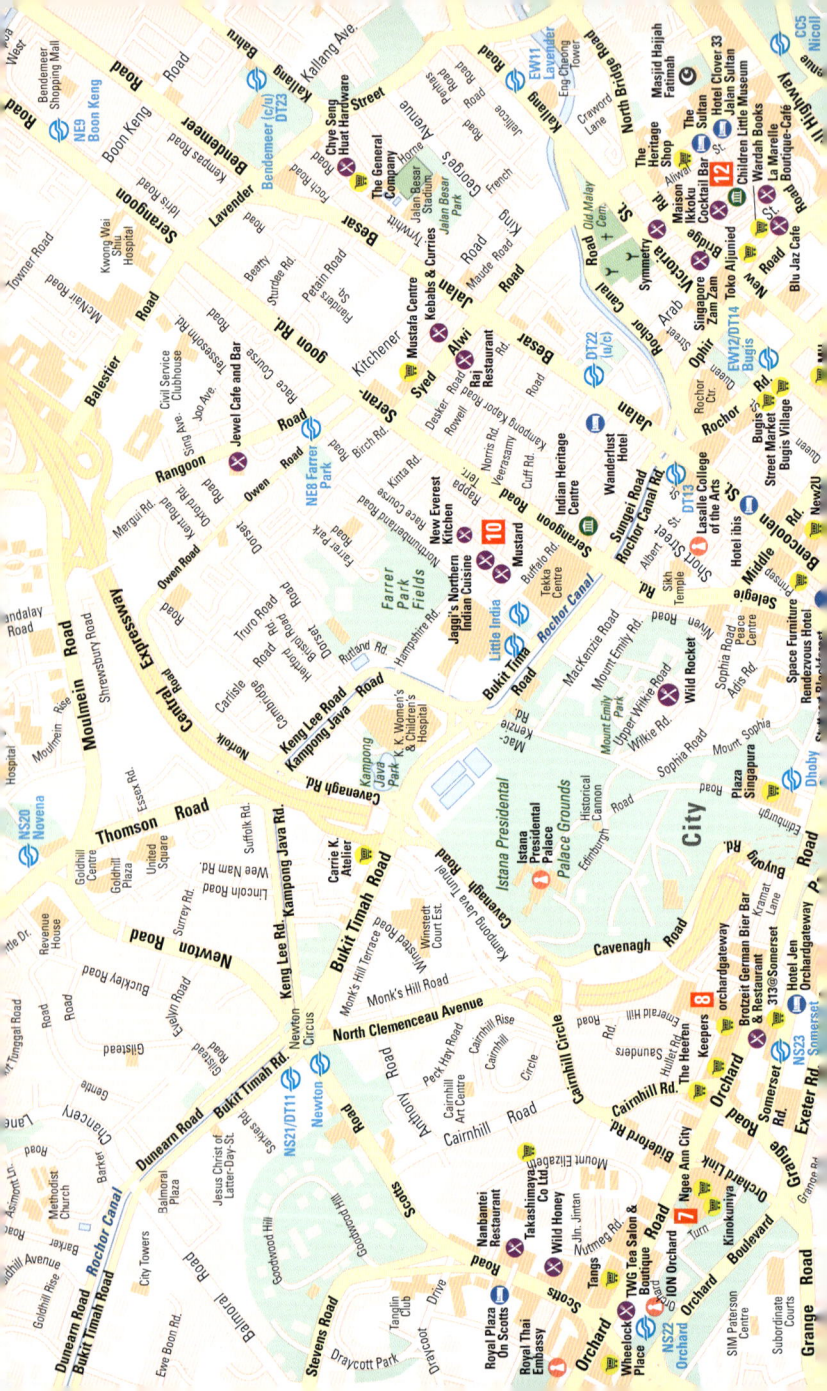

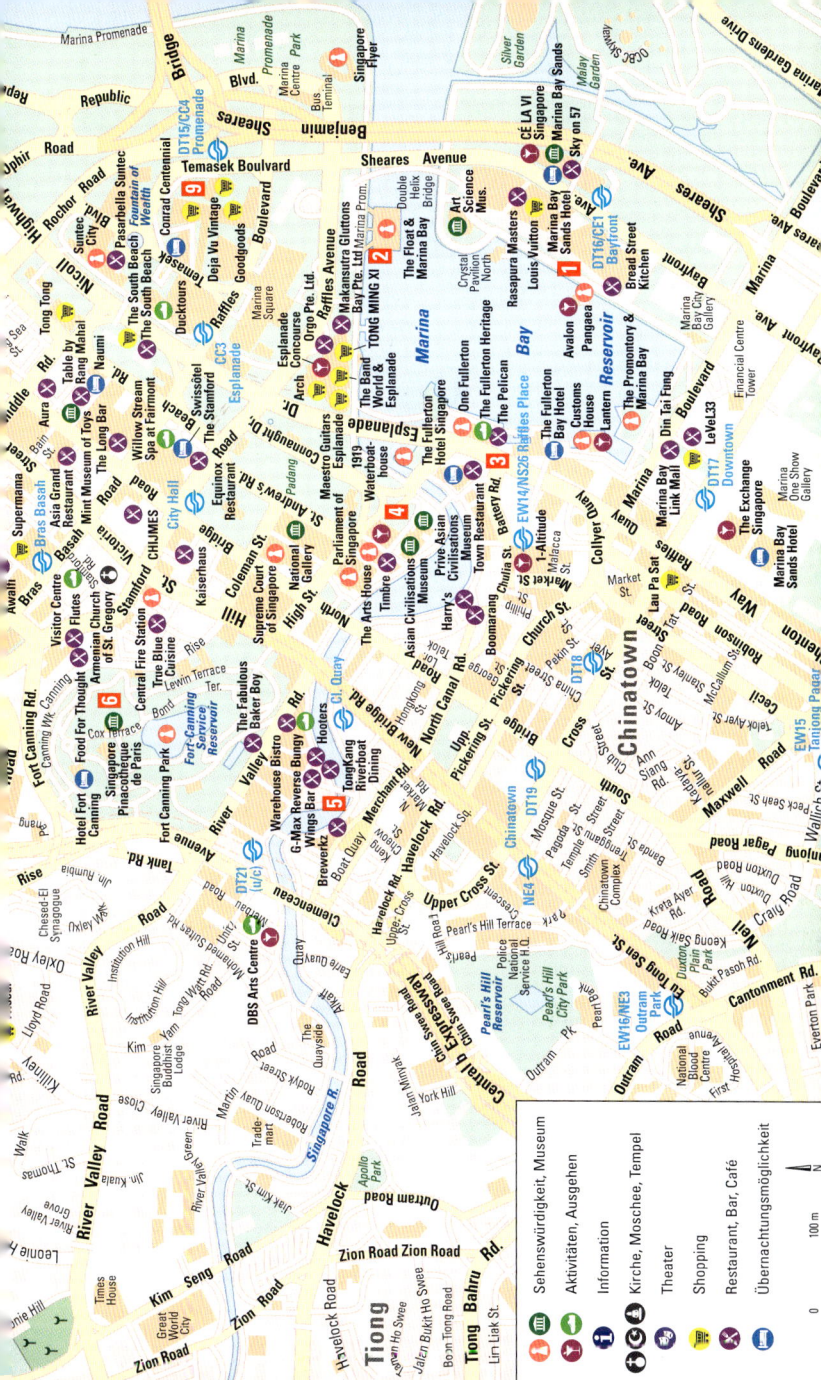

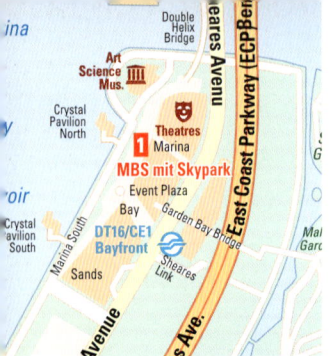

1 Der Marina-Bay-Sands-Komplex
Spektakuläres Wahrzeichen

Superlative sind hier leicht zu haben. Der weltweit wohl meistfotografierte Pool liegt auf der Dachterrasse im 57. Stock des Marina Bay Sands. Weltstars steigen im Hotel darunter ab. Und in den angrenzenden Sälen tagen Weltkongresse. Ein Kasino wartet rund um die Uhr auf Besucher, und die großen Marken warten auf Kunden in der riesigen Einkaufsmeile – wer einen Tag voll Luxus plant, der ist im Marina-Bay-Sands-Komplex richtig.

Bügel- oder Surfbrett?

Praktisch von überall aus der Stadt ist das ausladende Dach des Marina-Bay-Sands-Komplexes (kurz MBS) zu sehen. Ist es ein Surfbrett auf drei Wellen? Oder die Abstraktion eines chinesischen Schriftzeichens? Inspiriert vom mystischen Stonehenge – oder doch eher ein Bügelbrett, wie manche scherzen? Oder haben am Ende gar jene Singapurer recht, die die Säulen als *chopsticks*, als Essstäbchen bezeichnen?

Rätselhaft, exzentrisch, monumental in seiner Formensprache, äußerst beliebt in seinem Nutzwert – das Marina Bay Sands ist in kurzer Zeit zum Wahrzeichen der Stadt geworden. Dazu gekürt haben es Touristen und Fotografen, die die Bilder der drei Türme mit ihrer Hochterrasse und dem spektakulären Infinity Pool weltweit ins Netz und auf die Titelbilder der Magazine hoben. *»I am a believer that the site of a project always holds the secret for its design concept«*, sagt Architekt Moshe Safdie.

S. 34/35: Der schönste Platz: der Infinity-Pool auf dem Hotel Marina Bay Sands
Oben: Bügel- oder Surfbrett? Die provokante Architektur von Marina Bay Sands mit der geschwungenen Dachterrasse des Hotels

Marina Bay Sands

Einfach gut!

Das MBS ist ein Ensemble aus ganz unterschiedlichen Gebäuden, die wie mit Pinselstrichen vor dem Himmel über der Marina Bay komponiert wurden: Am Fuße der Türme ducken sich die lang gestreckten Gebäude des Conference und Exhibition Center, die unregelmäßigen Rechtecke der wie schwimmend wirkenden Glaspavillons (Crystal Pavilions) und das lotosförmige Art Science Museum (siehe S. 42).

Shoppen oder spielen?

Touristen, die nicht im Hotel absteigen, kommen wegen der Aussicht, der Einkaufsmöglichkeiten und Restaurants hierher. Wer nur einen einzigen Tag in Singapur zubringt, der findet im 20 Hektar großen MBS-Komplex alles, was eine Weltstadt zu bieten hat. Auf drei Ebenen buhlen von Louis Vuitton bis Hermès, von Rolex bis IWC alle großen Namen dieser Erde um Kunden. Daneben laden Musicalbühnen zum Besuch ein. Im Untergeschoss liegt einer der besten *food courts* der Stadt. In seiner Mitte ist eine »Eisbahn« aus Kunststoff, für die man Schlittschuhe mieten kann. Edelrestaurants gibt es in den Obergeschossen. Auf der Liste der großen Namen ist Wolfgang Puck genauso

GUT ZU WISSEN

VON OBEN HERAB

Singapur lässt sich von zwei Stellen »aufs Dach schauen«: Vom Riesenrad und von der Plattform des Marina Bay Sands im 57. Stock. Hier muss man manchmal für die Karte anstehen, aber während das Riesenrad sich fürs Geld nur einmal dreht, kann man auf dem Hochhaus so lang verweilen, wie man mag. Natürlich wollen die Kinder Riesenrad fahren. Doch lohnt es sich viel mehr, die Dämmerung auf dem Dach von Singapurs Wahrzeichen MBS zu verfolgen.

EINKLEIDEN MIT AUSBLICK

Sicher, Luxus gibt es im MBS mehr als ein Mensch braucht (oder bezahlen kann). Ein Laden aber sticht heraus: Der Flagshipstore der Koffer- und Modemarke Louis Vuitton. Das Besondere ist seine Lage: Das Geschäft ist über einen Gang unter Wasser aus dem Untergeschoss des MBS zu erreichen. An seinem Ende geht es hinauf in den eigentlichen Showroom, der mit frischer weißer Optik und Holzskulpturen überrascht. Schaulustige sind geduldet, auch wenn sie gerade keinen Koffer kaufen. Vom Obergeschoss des Geschäfts eröffnet sich ein schöner Blick über die Bucht auf die Kulisse der Altstadt. Auch von außen betrachtet ist der Glaspavillon, der über der Bucht zu schweben scheint, spektakulär.

Louis Vuitton. So–Do 10.30–11, Fr, Sa 10.30–12 Uhr, Crystal Pavilion North, B1–38 & B2–36, Tel. 0065 67 88 38 88, www.marinabaysands.com/shopping/louis-vuitton

Luxus auf dem Wasser bietet der Pavillon von Louis Vuitton

Die gewundene Helix-Bridge an der Marina Bay ist eindrucksvoll, aber nicht jedermanns Geschmack.

Nicht verpassen

HOHE KÜCHE

Klar, da will jeder rauf: Das Dach des Marina Bay Sands mit seinem Infinity Pool ist zum Wahrzeichen der modernen Tropenmetropole geworden. Allein schon der Blick, auf der einen Seite weit über die Stadt bis nach Malaysia, auf der anderen bis auf das indonesische Sumatra, ist den Aufstieg wert. Und dann bietet das »Cé La Vi« auf 200 Metern Höhe auch noch gleich drei Attraktionen für jeden Geschmack: Das Restaurant serviert drinnen wie draußen Spitzenküche zu turmhohen Preisen. Hinzu kommen die Skybar und der Nachtclub »Cé La Vi Club Lounge«. Dass das Konzept funktioniert, ist kein Wunder. Denn dahinter stecken Ravi Thakran und sein Team. Thakran führt das Luxuslabel LVMH, zu dem Taschenhersteller Louis Vuitton und Bulgari, aber auch Dom Perignon gehören, in Südasien. Diese Leute wissen, wie Luxus geht. Längst gibt es Ableger in Saint Tropez, Bangkok oder Hongkong.

»Cé La Vi«. Skypark Marina Bay Sands, Tower 3, www.celavi.com

vertreten wie Gordon Ramsay oder Mario Batali. Von den meisten Restaurants aus öffnet sich der Blick auf zwei asymmetrische Glasbauten in der Bucht, die zu schwimmen scheinen. Belebt ist die 74 000 Quadratmeter große Einkaufsmeile schon deshalb, weil ein mehrstöckiges, 120 000 Quadratmeter großes Konferenz- und Ausstellungszentrum darüberliegt. Abends bieten Edeldiscos und Clubs den Gutbetuchten und Schönen dieser Welt Unterhaltung. Der Kern des Entertainments ist freilich das Kasino im Untergeschoss des MBS mit mehr als 600 Spieltischen und 2500 Spielautomaten. Ausländer genießen hier freien Eintritt, müssen aber ihren Reisepass für den Einlass mitbringen.

Milliarden aus Amerika

Hinter dem Entwurf des MBS steht neben Harvard-Architekturprofessor Moshe Safdie das lokale Architekturbüro Aedas Singapore. Ihr Beton gewordenes Statement bestimmt unübersehbar die Kulisse am Eingang der Marina Bay, dem jüngsten Business Center Südostasiens. 2010 eröffnet, bildet das MBS das markante Tor zur Stadt, umgeben von einem Rondell weiterer

Architektur-Ikonen. Rund um die künstliche Bucht wird Tag und Nacht etwas geboten. Am Wochenende wird die Wasserfläche für Wettkämpfe genutzt, an Festtagen werden hier die berühmten Feuerwerke der Stadt gezündet. Das MBS selbst wird illuminiert.

Projektentwickler und Sieger der internationalen Ausschreibung für den Bau des riesigen Unterhaltungskomplexes war Las Vegas Sands des amerikanischen Multimilliardärs Sheldon Adelson. Vor allem das MICE-Konzept des hoch gelobten Entwurfs gab den Ausschlag für die Vergabe. MICE steht für Meetings, Incentives, Conventions und Events, alles unter einem Dach, rund um die Uhr. Stadt und Investor war die Anlage eine enorme Summe wert: Die Kosten beliefen sich auf geschätzte acht Milliarden Singapur-Dollar (heute rund

Oben: Blick ins Foyer des 57-stöckigen Hotels Marina Bay Sands
Unten: Der Lotosblütenteich vor dem Art-Science-Museum an der Marina Bay ist ein Ruhepol.

Nicht verpassen

STAUNEN IN DER LOTOSBLÜTE

Dieses Museum ist ein Statement. In der riesigen, strahlend weißen Lotosblüte zwischen Marina Bay Sands und der Helix-Brücke über den Singapore River lernen große und kleine Besucher das Staunen. Mancher sieht in der Struktur des Baus auch eine Hand, die sich öffnet und das Wissen dieser Welt enthält. Die Ausstellungen schlagen die Brücke zwischen Kunst und Wissenschaft, bieten Kunstgeschichte zum Anfassen. Ausstellungen wie die Geschichte der »Titanic«, über Lego oder Harry Potter ziehen die Massen an und wandern um die Welt. 2011 wurde das Haus eröffnet. Erstmals verwendete der Architekt Moshe Safdie hier Fiberglas, so wie es für moderne Jachten genutzt wird. So schuf er 21 Galerien, die sich bis in die Spitzen der »Finger« schrauben.

Art Science Museum.
10–19 Uhr, 6 Bayfront Avenue,
Tel. 0065 66 88 88 88,
www.marinabaysands.com/museum

Modernes Trio: Museum, Riesenrad und Einkaufstempel

5,5 Milliarden Euro), 60 Prozent mehr als geplant. Es ist damit das teuerste alleinstehende Kasinoprojekt der Welt.

Kunstvolle Lotosblüte

Neben den Gesamtkosten wartet das MBS noch mit zwei weiteren Superlativen auf: Die drei parabolisch geschwungenen Säulen der Hoteltürme ragen 55 Stockwerke in die Höhe. Darauf liegt in 191 Metern Höhe der wie ein Surfbrett geformte Sky Park, mit 1,2 Hektar die größte Auslegerplattform der Welt, mit dem 146 Meter langen Infinity Pool, dem größten Außenschwimmbad weltweit in solch einer Höhe. Der Sky Park ist auch ein mit Bäumen bepflanzter Garten. Von hier können Besucher einen 360-Grad-Rundblick über die Stadt und die Meeresenge, die Straße von Malakka, bis zu den nahen indonesischen Inseln genießen.

Ins Auge springt ihnen dabei auch das Art Science Museum, neben dem MBS. Es öffnet sich wie eine Lotosblüte und setzt einen geradezu poetischen Kontrapunkt zu den alles überragenden Turmbergen hinter ihm. Das Regenwasser vom Dach der Blüte wird gesammelt, es fließt ins Gebäude in einen Teich hinab, wird wiederaufbereitet und dann für die Toilettenspülungen des Hauses verwendet. Das Museum selbst verfügt über eine Fläche von 6000 Quadratmetern, auf der Ausstellungen mit wissenschaftlichem Anspruch gezeigt werden – etwa über das Leben und Werk von Leonardo da Vinci oder Andy Warhol. Nach Einbruch der Dunkelheit wird das Museum als Projektionsfläche in die Laserlichtshow mit einbezogen.

Moderne Kunst und Palmen

Die meisten Bereiche des Gesamtkomplexes sind öffentlich zugänglich. Das Gebäude sollte keine

Marina Bay Sands

Barriere bilden zwischen der Bucht und dem dahinterliegenden Neuen Botanischen Garten Gardens by the Bay, sondern ein Verbindungsstück. Das Holzdeck zur Bucht, die Waterfront Promenade, verwandelt sich bei Bedarf automatisch in ein Open-Air-Theater. Hier stehen auch die Palmen, von denen jede einem Teilnehmerland der ersten olympischen Jugend-Sommerspiele gewidmet ist, die Singapur 2010 ausgerichtet hat.

Auch im Innenbereich wurde dem öffentlichen Raum viel Platz zugesprochen – im Grunde sind nur der Kernbereich des Hotels, die Zimmerfluchten und der Infinity Pool ausschließlich den Hotelgästen vorbehalten. Schon die monumentale Eingangshalle bricht den Hotelbereich auf: Hier beginnt mit seinen Restaurants, den Zugängen zum Sky-Park-Lift und zur Straße schon der öffentliche Raum, der sich durch das Gebäude bis zur Waterfront zieht. Zur Vervollständigung seiner natur- und menschenverbindenden Architektur bat Safdie fünf internationale Künstler, das Hotel auszustatten: James Carpenter, Antony Gormley, Ned Kahn, Sol LeWitt und Chongbin Zheng. In enger Zusammenarbeit mit dem Architekten schufen die Künstler acht Installationen in der Hotelhalle, alle für das Publikum zugänglich. Um die Verbindung zwischen draußen und drinnen noch deutlicher zu machen, legten die Planer kleine Gärten mit Hunderten von Bäumen in und auf dem Gebäude an.

Regenwasser fließt in einen spektakulären Auffangbrunnen, den Rain Oculus mit 22 Metern Durchmesser. Wird das Becken geleert, entsteht ein riesiger Wirbel. Das Wasser fließt in einen künstlichen Kanal, der im Inneren des Gebäudes durch dessen Mittelachse führt. Hier ist nichts unmöglich: Den Kanal befahren Gondeln (Sampan Ride, siehe S. 45), die besonders bei chinesischen Touristen beliebt sind.

Oben und Mitte: Der Rasapura Masters Food Court im Keller von Marina Bay Sands bietet für jeden Geschmack etwas, und auch der Cupcake-Liebhaber wird hier bedient.
Unten: Lichtspiele am frühen Abend an der Marina Bay

Infos und Adressen

Leckeres im Bambus-Körbchen:
Dumplings warten auf die Gäste

SEHENSWÜRDIGKEITEN

Marina Bay Sands. 10 Bayfront Avenue,
zentrale Hotline Tel. 0065 66 88 88 68,
www.marinabaysands.com

Art Science Museum. 10–19 Uhr,
6 Bayfront Avenue, Tel. 0065 66 88 88 88,
www.marinabaysands.com/museum

Sky Park Observation Deck. Mo–Do 9.30–22,
Fr–So 9.30–23 Uhr, Tel. 0065 66 88 88 26,
www.marinabaysands.com/sands-skypark
/observation-deck.html

Alle: U-Bahn CE1/DT16 Bayfront

ESSEN UND TRINKEN

Cé La Vi. Fine Dining im Restaurant oder Drinks
an der Skybar – der spektakuläre Ausblick lohnt
jeden Besuch. Und man spart das Eintrittsgeld
für die öffentliche Aussichtsplattform Sky Park.
Restaurant 12–14 und 18–23 Uhr, Lounge und Bar
ab 12 Uhr, Level 57–01, North SkyPark, Sands
Skypark Hotel Lobby, Tower 3, Tel. 0065 66 88 76 88,
für das Restaurant sind Reservierungen erwünscht,
www.sg.celavi.com

Sky on 57. Noch gehobener ist der Besuch im
Restaurant von Chefkoch Justin Quek. Seine Küche
ist mehrfach ausgezeichnet worden und eine
moderne Interpretation französisch-asiatischen
Essens, zusammen mit dem Ausblick wird der
Besuch hier sicher zu einem unvergesslichen Genuss. Sands SkyPark Tower 1, Level 57, Tel. 0065
66 88 88 57, für das Restaurant sind Reservierungen erwünscht, www.marinabaysands.com/
restaurants/celebrity-chefs/sky-on-57

Din Tai Fung. Dumpling-Himmel! Der Ableger im
MBS ist genauso begehrt und frequentiert wie alle
weiteren in der Stadt. Während man zu Haupt-
essenszeiten meist in einer Schlange vor dem
Restaurant wartet, kann man der Herstellung per
Hand zuschauen, denn die Küche ist verglast. Sehr
aufmerksamer und effektiver Service. The Shoppes,
Canal Level B2–63, Tel. 0065 66 34 99 69,
www.dintaifung.com.sg

Rasapura Masters Food Court. Hier bekommt
man einen schönen Einstieg in die Vielfalt der
typischen regionalen und lokalen asiatischen
Gerichte. Ab 7–23 Uhr, einige Stände sind 24 Stunden geöffnet. The Shoppes, Canal Level B2–50,
www.marinabaysands.com/restaurants/hawker-
and-local-food/rasapura-masters.

ÜBERNACHTEN

Marina Bay Sands Hotel. Zimmer mit Ausblick:
Die Übernachtung bietet den weltbekannten Infinity
Pool mit Blick auf die Skyline der Stadt natürlich
inklusive. Ab S$ 350, Tel. 0065 66 88 88 88,
www.marinabaysands.com/hotel

EINKAUFEN

The Shoppes @ Marina Bay Sands. Große elegante Mall mit zahlreichen Restaurants und Bars sowie

allen üblichen Markengeschäften, darunter eine Vielzahl von Luxusboutiquen. 10–22 Uhr, 2 Bayfront Avenue, www.marinabaysands.com. Unter www.marinabaysands.com/shopping.html findet man eine Liste aller Geschäfte in dieser riesigen Anlage.

AKTIVITÄTEN

Shows. Internationale Musical-, Ballett- und Theateraufführungen finden hier ihren Platz, aber auch viele lokale Darbietungen. Über das laufende Programm informiert www.marinabaysands.com, Karten gibt es über tickets@marinabaysands.com oder Tel. 0065 66 88 88 26 sowie über www.sistic.com.sg.

Kasino. Wer hier eine mondäne Atmosphäre mit großen Roulettetischen erwartet, wird enttäuscht: Es sieht wie in einer Automatenhalle aus. Aber die zahlreichen Spieler scheint das nicht zu stören. Für Touristen mit gültigem Pass kostenfreier Eintritt, auch die Erfrischungen sind kostenlos. www.marinabaysands.com/casino

Schlittschuhfahren im Skating Rink. Eine übersichtliche Kunststoffbahn gleich neben den Tischen des Food Courts – ein Spaß, vor allem für Kinder. 10.30–17, 18–20.30 Uhr, Canal Level B2, www.entertainment.marinabaysands.com/events/skating2014

Gondel fahren. Der Sampan Ride führt seine Gäste gemütlich in einer Gondel durch einen Kanal im Inneren des Gebäudes. An Geschäften vorbeigleitend umrundet man den Rain Oculus mit seinen herabstürzenden Wassern und wird anschließend wieder zurückgerudert. 11.30–20.30 Uhr, Tickets bei der Retail Concierge Level 1, Canal Level B2, www.marinabaysands.com/shopping/highlights-promotions/sampan-rides

Wonder Full. Umsonst und draußen – die beeindruckenden 15-minütigen Wasserspiele mit fulminanten Klang- und Lichteffekten finden jeden Abend in der Bay vor dem Gebäude statt. 20 und 21.30, Fr, Sa zusätzlich um 23 Uhr, www.marinabaysands.com/enteKurz

Blick über die ganze Insel: Der Drink im »Cé La Vi« auf der Dachterrasse des Marina Bay Sands beeindruckt mit atemberaubender Aussicht.

MEKKA
für moderne Architektur

Spitzenarchitektur: Das Art-Science-Museum an der Marina Bay erhielt von Moshe Safdie die Form einer Lotosblüte.

Schätze bietet Singapur viele – insbesondere für Architekturbegeisterte. *Shophouses*, Black-and-White-Anwesen, Art-déco-Häuser und britische Prachtbauten. Faszinierend ist jedoch vor allem die moderne Hochhausarchitektur: Der Bauboom seit der Jahrtausendwende führte alle großen Architekten in den Stadtstaat. Mit ihnen werden *green buildings* und Landschaftsarchitektur zum jüngsten Konzept der »City in the Gardens«.

Ikonen, wo man hinschaut

Geld, Bauwille und ein durchsetzungs-
starkes politisches System, gepaart mit
zeitgenössischen Stararchitekten aus der
ganzen Welt, erschufen viele Architektur-Ikonen – sowohl durch öffentliche
wie private Träger. Sie symbolisieren
auch Singapurs Weg der Öffnung, hin
zu mehr Kunst, Kultur und ökologischem
Bauen. Dazu gehört das neue Wahrzeichen der Stadt, Marina Bay Sands, geschaffen 2010 vom Harvard-Professor
Moshe Safdie und dem lokalen Architekturbüro Aedas Singapore. Sir Norman
Foster ist mit unterschiedlichen Partnern
mehrmals vertreten: Seit 2005 durch
den Bau des Supreme Courts mit seinem
UFO-Dach. 2009 entstand seine spektakuläre Erweiterung des »Capella«-Resorts
in Sentosa, 2015 der South-Beach-Kom-
plex gegenüber dem Raffles Hotel. Daniel
Libeskind baute 2011 die Luxuswohnan-
lage Reflections at Keppel Bay mit ihren
unverwechselbaren gebogenen Hoch-
hausprofilen. Der neue deutsche Archi-
tekturstar Ole Scheeren schuf 2013 das
preisgekrönte Wohnhaus The Interlace,
das an aufeinandergestapelte Container
erinnern soll. Das 2006 nach organischen
Formen gebildete Einkaufszentrum Vivo
City des japanischen Architekten Toyo Ito
(siehe S. 152) und das Theaterzentrum
Esplanade in der Form einer Durian,
der typischen Singapurer Stinkfrucht,
2002 von DP Architects und Wilford &
Partners gebaut, ergänzen die Palette
der Ikonen.

Die grüne Großstadt

2008 entstand mit der Marine Barrage
ein erstes großes Beispiel für Dachbe-
grünung. Nun werden Hochhausfassaden
aufgeschnitten, um darin Hochgärten
anzulegen. Das bekannteste Beispiel ist
der Turm One George Street. Das ausge-
klügelte Konzept der vertikalen Begrünung und *sky gardens* ist in vielen der
neuen Gebäude verwirklicht. Beispiele
sind das jüngste *national icon*, die Gardens by the Bay mit den Domes und
Supertrees, erbaut von Grant Associates
2012. Aber auch die Singapore Manage-
ment University im Stadtzentrum zählt
dazu, 2006 geschaffen von Edward
Cullinan, ebenso das wunderbar grüne
Hotel Parkroyal on Pickering, 2013 von
WOHA errichtet. Neben dem vertikalen
Grün setzt Singapur aber auch mehr
und mehr auf Landschaftsarchitektur.
Hier gibt es zwei neue beeindruckende
Beispiele: Der von dem deutschen Atelier
Dreiseitl 2012 renaturierte Park Bishan-
Ang Mo Kio mit seinem Bach. Und die
Wege und Brückenkonstruktion in den
Southern Ridges mit den Henderson
Waves und dem Forest Walk. Sie wurden
2008 von Look Architects, IJP Architects
und RSP Architects entworfen.

2 Marina Bay
Die magische Bucht

Keine Frage: Wer nicht wenigstens einmal rund um die Marina Bay spaziert ist, war nicht in Singapur. Entlang der Bucht liegen einige der schönsten Sehenswürdigkeiten der Stadt – vom Hotel und der Einkaufsmeile Marina Bay Sands bis zum altehrwürdigen Fullerton-Komplex. Am Wochenende erfreuen sich Singapurer und Touristen an der künstlichen Bucht, die ein Freizeitparadies ist – dabei entstand sie aus einem ganz anderen Grund.

Das Geheimnis der künstlichen Bucht

Singapur ist Chinatown und Little India, der Zoo ist weltberühmt und die Orchard Road lädt zum Bummeln ein. Doch wird niemand die Stadt besuchen, ohne die Marina Bay in Augenschein genommen zu haben. Schimmernd liegt sie inmitten der Hochhaustürme, an einem Ende das weltbekannte Marina Bay Sands (MBS) mit seiner Dachplattform, auf der anderen Seite das neoklassizistische Gebäude des wunderbar renovierten Fullerton Hotel (siehe S. 56). Wer die 3,5 Kilometer um die Bucht schlendert, spaziert einmal durch Singapur: Von hier aus sind der Neue Botanische Garten (siehe S. 145) und die Brücken zu sehen, Hafenkräne und Hochhäuser, Kolonialviertel und Konzerthalle, Museum und Meer. Nicht auf den ersten Blick zu erkennen ist der Ursprung der künstlichen Bucht: Sie entstand inmitten von Land, das in den 70er-Jahren des vergangenen Jahrhunderts dem Meer abgerungen wurde. Der eigentliche Zweck des rund 360 Hektar großen Geländes ist nicht die Unterhaltung der Bürger und ihrer Gäste – auch

Oben: Träume, die in den Himmel wachsen: Singapurs Finanzbezirk
Unten: Wissenschaft als Brücke: die Helix-Bridge bei Nacht

Das Esplanade hat die Form der Durian-Frucht.

Nicht verpassen

wenn es am Wochenende ganz sicher so wirkt. Die Marina Bay ist der größte Wasserspeicher der Tropenstadt. Als 2008 das Stauwehr Marine Barrage (siehe S. 148) gebaut wurde, mündete der Singapore River fortan in den künstlichen Wasserspeicher. Über Jahre soll aus dem Salzwasser Süßwasser werden.

Feuerwerk der guten Laune

Nicht nur am Wochenende ist die Bay inzwischen zum liebsten Ausflugsziel der Singapurer geworden. »Live – Work – Play« lautet ihr Motto. Mit Recht: Denn hier können sich auch die Banker und Rohstoffhändler aus den angrenzenden Bürotürmen in der Mittagszeit erholen. Am Abend erleuchten spektakuläre Lasershows vor dem MBS den Himmel, an Festtagen werden Feuerwerke gezündet. Die Bänke hier wurden aus dem Altholz des abgerissenen Sportstadions gebaut. Liegestühle laden auf der Holzplattform am Wasser zum Ausruhen ein. Und der Mist-Walk, der Nebelweg, bietet Erfrischung: Aus der geschwungenen Stahlkonstruktion wird feiner Wassernebel gesprüht. Abkühlung versprechen auch die hohen Palmen, die die Promenade säumen. Jede von ihnen trägt eine Plakette am Boden, sie erinnern an die Nationen, die 2010

KONZERTE VOR DER ESPLANADE

Natürlich ist Singapur eine teure Stadt. Und doch gibt es immer wieder Nischen für jene, die ohne Geld auf ihre Kosten kommen wollen. Unter dem strahlend weißen Segel des Esplanade Outdoor Theatre treten am Wochenende ganz offiziell heimische Showgrößen auf. Dazu zählen Bands, klassische Orchester, aber auch Unterhalter. Die Akustik ist manchmal etwas zweifelhaft, dafür sind Stimmung und Blick auf die Bay umwerfend. Und das ganze kostet keinen Cent. Denn Singapur hat sich auf die Fahnen geschrieben, nicht nur – teure – Hochkultur zu bieten, sondern jedermann am Musikgenuss teilhaben zu lassen. Hier kann man noch Entdeckungen machen. Denn Bands, die vielleicht in einigen Jahren auf der ganz großen Bühne auftreten werden, verdienen sich im Open-Air-Atrium ihre Sporen.

Esplanade Concourse. Freilichtbühne vor der Esplanade an der Esplanade Waterfront, www.esplanade.com

49

die ersten Olympischen Jugendspiele überhaupt in Singapur bestritten. Auch für Deutschland ist eine Plakctte zu finden.

Der Blick fällt schnell auf die beiden Pavillons, die ins Wasser gebaut wurden. Beide sind übers Wasser, aber auch durch Tunnel aus der Einkaufsmeile zu erreichen. Im ersten liegen eine Diskothek und eine Lounge, der zweite beherbergt den Flagshipstore von Louis Vuitton (siehe Seite 39). Dazwischen liegt die hölzerne Veranstaltungsplattform, ihre Stufen können hydraulisch angehoben und zur Tribüne werden. Der riesige Brunnen vor dem Haupteingang am Event Plaza leitet Wasser in den im Einkaufszentrum liegenden Kanal. Einige nett gelegene, aber überteuerte Restaurants bieten Erfrischungen an. Zu ihnen zählt auch die »Bread Street Kitchen« des britischen Fernsehkochs Gordon Ramsey.

Wissenschaft und Lotosblüten

Unübersehbar ist der weiße Bau im Hintergrund. Für manche wirkt er wie eine geöffnete Hand, auf andere wie eine Lotosblüte. Das imposante, strahlende Gebäude beherbergt die Räume des Art

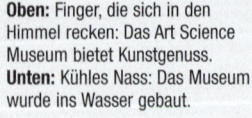

Oben: Finger, die sich in den Himmel recken: Das Art Science Museum bietet Kunstgenuss.
Unten: Kühles Nass: Das Museum wurde ins Wasser gebaut.

GUT ZU WISSEN

SCHWIMMENDE TAXIS
Warum nicht einmal statt mit dem Taxi mit dem River Taxi fahren? Für drei Singapur-Dollar (nur mit der EZ-link-Karte zu bezahlen, siehe S. 275) kann man ohne Verkehrsstaus erholsam auf dem Wasser gleiten und sieht wunderbare Stadtpanoramen. Von der Promenade der Marina Bay zur gegenüberliegenden Seite, dann zur Esplanade und immer im Wechsel den Singapore River hinunter zum Boat Quay, Clarke Quay und Robertson Quay (www.rivercruise.com.sg).

Science Museum und lohnt insbesondere für Familien den Besuch (siehe S. 42). Die Wasserbecken mit ihrem herrlichen Teppich aus Lotosblüten und der Parabol-spiegel des britisch-indischen Künstlers Anish Kapoor fordern Fotografen heraus. Auch neben dem Museum geht es wissenschaftlich weiter: Die von australischen Architekten gestaltete Metallbrücke heißt Helix Bridge, denn sie bildet eine Spirale, die an die DNA des menschlichen Körpers erinnert. Wer den Weg rechts an der 280 Meter langen Brücke vorbei wählt, kommt von hier in den Neuen Botanischen Garten (siehe S. 144 ff.). Die Brücke erstrahlt abends unter Tausenden LED-Leuchten. Ihre vier Aussichtsplattformen bieten tolle Fotomöglichkeiten mit Blick auf das MBS und die Stadt am anderen Ende der Bucht.

Stinkfrucht mit Kunstgenuss

Ein kleiner Park am anderen, nördlichen Ende der Brücke erinnert – auch mit Kunstwerken von Kindern – an die Olympischen Jugendspiele. Wer sich hier am Wasser nach rechts wendet, erreicht das Riesenrad (siehe S. 88). Geht man aber nach links, kommt man zu einem riesigen Ponton mit bunten Plastiksitzen, der schon von der Helix Brücke aus ins Auge sticht: Hier auf The Float@Marina Bay zelebriert Singapur einmal jährlich seinen Gründungstag, und auch die Formel 1 dreht eine Runde an den Tribünen vorbei. Wer noch weiter links die Bucht entlanggeht, kommt der Kultur näher: Die Esplanade, das große Kulturzentrum mit seinen beiden gewölbten Hallen, zieht Besucher magisch an. Für eine Stärkung bietet sich zunächst der Makansutra Gluttons Bay Food Court an – mit den zwölf besten fliegenden Händlern der Stadt. Die Preise liegen spürbar über jenen, die sonst in der Stadt verlangt werden, das Essen aber ist gut und der Blick über das Wasser herrlich.

Geheimtipp

AUF DEM HOLZWEG

Natürlich kann man auch in Singapur Chinakitsch, Lampions und bestickte Täschchen für Tempotaschentücher als Mitbringsel kaufen. Man muss es aber nicht. Denn im ersten Stock der Esplanade gibt es den Kunstgewerbeladen Arch. Er bietet mit Laser ausgeschnittene Stadtansichten aus feinem Holz an, fertig gerahmt. Die Shophouses im Miniaturformat erscheinen dreidimensional. Gesägt wird in Singapur, zusammengeklebt in Malaysia, wo die Löhne niedriger sind. Was dabei herauskommt, sind geschmackvolle, liebevoll gefertigte Bilder aus Holz, die Singapur daheim lebendig werden lassen – und auch vor dem Auge eines Architekten Bestand haben. Wer keine Stadtansicht will, der kann auch Holzschmuck wie Anhänger kaufen, viele von ihnen mit Swarovski-Steinen verziert. Die Preise für die Bilder liegen zwischen 39 und 300 Singapur-Dollar.

Arch. 11–21 Uhr, Esplanade 02-07, Tel. 0065 63 38 01 61, www.archsingapore.com.sg

Der moderne Musentempel: die Esplanade

51

Wer hier nichts findet, kann auch in die Restaurants innerhalb der Esplanade ziehen. Doch eigentlich betritt man die Gebäude, um Kultur zu erleben: in den beiden Sälen, für die es Karten an der Kasse im Untergeschoss gibt, aber auch schon im Foyer mit kostenlosen Konzerten und Vorführungen an Wochenenden. Der Bau der Esplanade-Theatres by the Bay beeindruckt: wegen seiner »harten Schale«, der Dachkonstruktion, von Singapurern scherzhaft Durian genannt, wie die stinkende Nationalfrucht; die »Stachel« auf den Glaskuppeln halten die Sonne ab. Das Glasdach wurde übrigens von deutschen Ingenieuren entwickelt. Die Gesamtarchitektur stammt von Singapurs DP Architects und Londons Michael Wilford & Partners. Die beiden schön gestalteten Hallen fassen 1300 und 1900 Menschen.

Wo die Einwanderer ankamen

Hinter der Esplanade führt der Weg geradeaus unter der Autobrücke hindurch in die Altstadt. Links geht es über die Cavenagh Bridge zum Merlion-Park bis zum Fullerton-Komplex (siehe S. 56). Der Merlion und sein 2002 vor ihm postiertes Baby-Merlion sind eine Mischung aus Löwe und Fisch und das Sinnbild von Singapurs Gründungsmythos. Ursprünglich stand der Merlion an der Mündung des Singapore River. 1972 wurde er an dieser Stelle enthüllt. Während einer der Biennalen Singapurs war es sogar möglich, eine Nacht in einem extra errichteten Hotelzimmer hoch oben am Merlion-Kopf zu verbringen.

Durch den Fullerton-Komplex mit seinen einladenden Restaurants und dem berühmten Luxushotel auf der rechten Seite der Straße hindurch erreicht man den Clifford Pier. 1933 wurde er eröffnet, war aber aufgrund seines Namens zunächst umstritten. Die Händler zogen es vor, den Pier wegen seiner

großen roten Laternen auf dem Dach als Red Lantern Pier zu bezeichnen. Einst legten hier Ozeanriesen an, die die Einwanderer in die Tropenstadt brachten. Heute strahlt das Gebäude in seiner Art-déco-Fassade mit ihren roten Lampen und beherbergt ein empfehlenswertes Restaurant mit Spezialitäten der Region. Entlang der südlichen Seite der Bay ragen die Türme des neuen Financial Center in den Himmel. Auf der Veranstaltungsfläche The Promotory@Marina Bay werden alle großen Events rund um die Bucht abgehalten. Hier ist an praktisch jedem Wochenende etwas los. Die Rolltreppen ein paar Schritte weiter führen hinunter in die Marina Bay Link Mall, die lange, unterirdische Verbindung zu den Bürohäusern. Auf dem Ground Plaza am Fuße der Türme kann man nach Feierabend in den Bars mit den Angestellten von Google oder BHP Billiton plaudern.

Oben: Gut gespuckt, Löwe! Der Merlion, Fabeltier aus Löwe und Fisch, ist Singapurs geliebtes Wappentier.
Unten: Ausflug auf dem Wasser: das Rivertaxi in der Marina Bay

Infos und Adressen

Berauschender Blick: Auf dem Dach des Marina Bay Sands lässt sich die Abendstimmung genießen.

SEHENSWÜRDIGKEITEN

Esplanade. Das markante Gebäude ist nicht nur ein hochkarätiger Veranstaltungsort, sondern beherbergt auch viele Läden und Restaurants. Bis auf die Konzertsäle ist alles kostenfrei zugänglich, sodass man neben den Kulturangeboten auch die spannende Architektur ungestört betrachten kann. Durch dieses Konzept ist das Areal immer gut besucht, auch außerhalb der Veranstaltungen. 1 Esplanade Drive, Tel. 0065 68 28 83 77, www.esplanade.com, U-Bahn CC3 Esplanade

The Float@Marina Bay. Veranstaltungsponton, 20 Raffles Avenue

Clifford Pier. siehe S. 57

The Promontory@Marina Bay. 11 Marina Boulevard

Marina Bay Sands Event Plaza. 12A Bayfront Avenue

Veranstaltungsprogramme für alle unter www.marina-bay.sg

ESSEN UND TRINKEN

Makansutra Gluttons Bay. Open-Air-*food Court*, der günstigste Platz an der Bay, um ein gutes Essen inklusive fantastischem Blick zu bekommen. 8 Raffles Avenue, www.makansutra.com

Orgo. Ein paar Etagen höher, vom Restaurant auf der Dachterrasse der Esplanade, hat man ebenfalls einen wunderbaren Panoramablick. Hier werden Martinis und kleine Gerichte aus der westlichen Küche gereicht. 1 Esplanade Drive Nr. 04-01, Tel. 0065 63 36 93 66, www.orgo.sg

Level33. Der Name ist Programm – im 33. Stock liegt die höchste Bierbrauerei mit Restaurant der Welt. Sowohl drinnen als auch draußen auf der Terrasse ist alles verglast, mit spektakulären Aussichten auf die Bay und die Inseln vor Sumatra. Das Restaurant bietet edle moderne europäische Küche an. 8A Marina Boulevard, Marina Bay Financial Centre Tower 1 Nr. 33-01, Tel. 0065 68 34 31 33, www.level33.com.sg

Marina Bay Link Mall. Mit etlichen Restaurants, Bars und Geschäften. 10–22 Uhr, 8A Marina Boulevard, www.marinabaylink.com.sg

Bread Street Kitchen. Das Restaurant von Starkoch Gordon Ramsay mit leckerer britischer Küche. Die Bar liegt direkt an der Promenade mit Blick auf Wasser und Skyline und ist empfehlenswert, zum sehen und gesehen zu werden. 2 Bayfront Avenue, Level 1-81, Tel. 0065 66 88 56 65, The Shoppes @ Marina Bay Sands, www.marinabaysands.com/restaurants

ÜBERNACHTEN
The Westin Singapore. Topmodernes und elegantes 5-Sterne-Hotel im Hochhaus, ab S$ 340. 12 Marina View, Asia Square Tower 2, Tel. 0065 69 22 68 88, www.thewestinsingapore.com

EINKAUFEN
Geschäfte rund um die Musik in der Esplanade:

Maestro Guitars & Ukuleles 12.30–22 Uhr, 1 Esplanade Drive, Nr. 02-02, Tel. 0065 63 33 32 38, www.maestroguitars.com

The Band World. 11.30–20.30 Uhr, 1 Esplanade Drive, Nr. 02-08, Tel. 0065 65 61 21 63, www.band-world.com

Tong Ming Xi Gallery. 11.30–20.30 Uhr, 1 Esplanade Drive, Nr. 02-06, Tel. 0065 63 38 88 06, www.tongmingxi.com

Diese drei Läden bieten ihre feinen Instrumente an. Doch die Gitarren, Flöten und Streichinstrumente sind auch ohne Kauf einen Blick wert.

The Analog Vault. Beachtliche Sammlung von Vinylschallplatten. 12–21 Uhr, 1 Esplanade Drive, Nr. 02-13, Tel. 0065 90 22 44 97.

AKTIVITÄTEN
Das Faltblatt »Marina Bay Heritage Trail« informiert über einen Rundgang um die Bay und das angrenzende Kolonialviertel. 21 Kulturstätten und Baudenkmäler können angelaufen werden. In den Singapore-Visitor-Zentren, z. B. 216 Orchard Road, 9.30–22.30 Uhr

Gut beschirmt

3 Fullerton Heritage
Postamt mit fünf Sternen

Majestätisch, massiv und unübersehbar steht das neoklassizistische Fullerton Hotel an der Mündung des Singapore River in die Marina Bay. Das Haus hat eine wechselhafte Geschichte hinter sich. Heute bildet es das Kernstück des siebenteiligen Heritage-Komplexes. Er ist der Gegenpol zur gegenüberliegenden, hochmodernen Marina-Bay-Sands-Anlage.

Art déco am Wasser

Das heutige Fullerton Hotel wurde 1928 von dem britischen Architekten Major P. H. Keys erbaut. Als Ausdruck von Macht und Pracht des britischen Imperiums zitierte er antike Elemente, wie die dorischen Säulengänge. Der gesamte Komplex rund um das Hotel ist nach dem ersten Gouverneur der britischen Ansiedlungen entlang der Straße von Malakka benannt, Robert Fullerton.

Das große Hotel steht auf historischem Grund an der strategisch wichtigsten Stelle am Singapore River. Hier lag seit 1820 das Fort Fullerton, das für den Neubau abgerissen wurde. Seine militärischen Anlagen verlagerten die Briten auf die damals noch unbedeutende Insel Sentosa. In das Fullerton-Gebäude zogen das Hauptpostamt, die Börse und etliche Behörden der blühenden Handelsstadt. So spiegelte das Anwesen sehr deutlich das neue Selbstverständnis der britischen Kolonie wider. 1958 wurde eine Leuchtstation zur Regelung des Schiffsverkehrs, das Lighthouse oder Fullerton Light, auf seinem Dach errichtet. Bis 1979 in Betrieb, beherbergt das Lighthouse heute ein bekanntes Spitzenrestaurant.

Einer der edelsten Eingänge Singapurs: das Fullerton Hotel

Fullerton Heritage

Von 1997 bis zur seiner Eröffnung 2001 wurde das Traditionshaus aufwendig renoviert; dann zog das heutige Luxushotel hier ein. Edle Restaurants und 428 Fünf-Sterne-Betten warten auf gut betuchte Gäste. Der Gang durch den Tunnel vom Restaurant-Kai an der Bay zum Hotel lohnt aber auch für Touristen, die nur einen Blick auf den Luxus werfen wollen. Ganz hinten rechts im Foyer gibt es eine kleine Ausstellung über die wechselvolle Geschichte des Baus.

Feste feiern beim Hafenmeister

Um das Hotel herum gruppieren sich die weiteren sechs Gebäude des Fullerton Heritage: Am Singapore River liegt das Fullerton Waterboat House, ein denkmalgeschütztes Art-déco-Gebäude, 1941 erbaut von Swan & Maclaren. Hier saß der Hafenmeister und überwachte aus dem halbkreisförmigen Ecktürmchen alle Aktivitäten. Heute werden auf der Dachterrasse rauschende Feste gefeiert. Entlang der Marina Bay bietet das »One Fullerton« eine Auswahl guter Restaurants mit Terrassen. Weiter entlang der Bucht folgt der Fullerton Pavilion – eine hässliche Silberkugel, die aber freien Zutritt auf die Dachplattform mit ihren guten Fotomöglichkeiten bietet. Schöner ist Clifford Pier, ein Art-déco-Bau von 1933 (siehe S. 50). Hier am »Red Lantern Pier« legten die Boote der chinesischen Immigranten und die Ozeanriesen an, geleitet von roten Laternen. Heute beherbergt der Pier ein feines Restaurant.

Das danebenliegende Fullerton Bay Hotel ist zweifelsohne eines der schönsten der Stadt. Man muss aber nicht hier schlafen, um abends einen Drink auf der herrlichen Dachterrasse am Pool zu nehmen. Als Letztes folgt das Customs House mit seinem 23 Meter hohen Turm, hier befand sich ehemals der Sitz der Hafenpolizei.

Infos und Adressen

SEHENSWÜRDIGKEITEN

The Fullerton Hotel. 1 Fullerton Square, Tel. 0065 67 33 83 88, www.fullertonhotel.com

The Fullerton Waterboat House. 3 Fullerton Road, Tel. 0065 65 38 90 38, www.1919waterboathouse.com

One Fullerton. 1 Fullerton Road

The Fullerton Pavilion. 82 Collyer Quay, Tel. 0065 65 34 08 86

The Fullerton Bay Hotel. 80 Collyer Quay, Tel. 0065 63 33 83 88, www.fullertonbayhotel.com

Customs House. 70 Collyer Quay

Clifford Pier. 80 Collyer Quay

Alle: U-Bahn NS26, EW14 Raffles Place

ESSEN UND TRINKEN

Lantern. Edle Bar auf dem Dach des Fullerton Bay Hotel mit grandioser Aussicht. Tel. 0065 65 97 52 99, www.fullertonbayhotel.com

The Pelican. Seafood-Bar und Grill an der Bay, 1 Fullerton Road, Tel. 0065 64 38 04 00, www.thepelican.com.sg

Einst kamen hier die Einwanderer an, heute wird im Clifford Pier lokale Küche zelebriert.

4 Kolonialviertel
Juwele aus britischer Hand

Eine alte Feuerwache, eine armenische Kirche, und ein gutes Dutzend wundervoll renovierter Kolonialbauten am Fuße des Hügels von Fort Canning – das ist das koloniale Herz Singapurs. Längst hat die Stadt den Wert der prunkvollen Gebäude erkannt und sie für den vorsichtigen Umbau zu Hotels oder Museen geöffnet. Entstanden ist ein Prachtensemble restaurierter Gebäude der Siedler, dass sich kein Gast der Stadt entgehen lassen darf.

Als der britische Stadtgründer Sir Stamford Raffles 1819 Singapur erreichte, rief er aus: »Dieser Platz besitzt einen hervorragenden Hafen. Singapur ist alles, was wir uns nur wünschen können.« Also blieben die Briten und bauten aus einem Hafen einen Handelsposten, der knapp 200 Jahre später zu einer Art Kommandobrücke Südostasiens herangereift ist. Denn von der Tropenmetropole aus werden viele der Konzerne in den umliegenden Ländern gesteuert, an der Börse in Singapur sind ihre Aktien gelistet, mit den Banken auf der Insel werden die Geldgeschäfte abgewickelt. Welchen Plan die Briten hegten, lässt sich mit dem Blick auf alte Karten, aber auch bei der Betrachtung der Noblesse der großen Kolonialgebäude erkennen: Singapur war schon im 19. Jahrhundert eine Tropenmetropole, ein Verwaltungszentrum für die Plantagenbesitzer und Kolonialtruppen, in das immer mehr Menschen aus den umliegenden Ländern drängten. Raffles und seine Beamten legten die Stadt nach strengen Vorstellungen an: Chinesen, Malaien und Inder bekamen eigene Stadtteile zugewiesen, die Kolonialherren sicherten sich den bestimmenden Hügel der Stadt und das

Mit ihm fing alles an: die schwarze Statue von Sir Stamford Raffles vor der Victoria Theatre and Concert Hall

Rundgang durch das Kolonialviertel

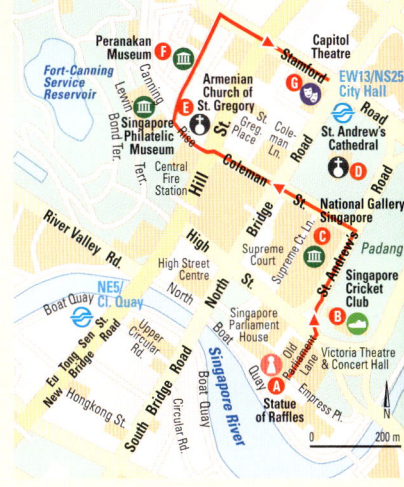

Ⓐ Von der weißen Marmorstatue des Stadtgründers **Sir Stamford Raffles** geht es in seiner Blickrichtung die Old Parliament Lane entlang zum Old Parliament House von 1827, worin sich heute das Arts House befindet.

Ⓑ Am Ende der Lane sieht man den grünen Rasen des Padang vor sich mit dem ehrwürdigen **Singapore Cricket Club** von 1852.

Ⓒ Linker Hand liegt das neue Ensemble der **National Gallery**. Die ehemaligen Gebäude der City Hall und des Supreme Court sind durch eine Art goldenes Vlies miteinander verbunden.

Ⓓ Gleich daneben steht die gotische **Kathedrale St. Andrew's** von 1875 mit ihrem 63 Meter hohen Glockenturm.

Noch einmal Raffles: Die weiße Statue am Singapore River ist weltbekannt, aber deutlich jünger als ihr schwarzes Pendant.

Ⓔ Die Coleman Street hoch über die Hill Street erreicht man links die **Central Fire Station** in ihrem rot-weißen Backsteingebäude von 1908, die älteste Feuerwache der Stadt. Daneben steht das **Singapore Philatelic Museum** in einem alten Schulgebäude von 1906, rechts liegt die Armenian Church, das Meisterstück des Architekten Coleman von 1835, mit ihrem Friedhof.

Ⓕ Rechts in der Armenian Street liegen auf der linken Seite das **Peranakan-Museum**, ebenfalls im Gebäude einer Schule von 1910, und das Restaurant True Blue.

Ⓖ Rechts hinunter entlang der Stamford Road erreicht man an der Ecke North Bridge Road das neue **Capitol Singapore** mit den drei denkmalgeschützten Gebäuden Stamford House von 1904, Capitol Theatre von 1930 und Capitol Building von 1933, in der neuen Capitol Piazza findet man das Restaurant »Kaiserhaus« und kann bei österreichischem Kaffee und Kuchen entspannen.

Feiern unter Tropenbäumen im Chijmes

Nicht verpassen

**KNEIPEN
IN DER SCHULE**

Das Chijmes ist ein Knei-
penviertel im Herzen der
Stadt – und doch so ganz
anders. Einst eine katholische Mäd-
chenschule, sind heute Restaurants,
Bars und Cafés in das abgeschirmte
Gelände rund um die neugotische
Kapelle aus dem Jahr 1904 gezogen.
Der Blick in die Höhe lohnt sich: die
alten Glasfenster sind erhalten, und
jede Säule zeigt andere tropische
Pflanzen. Architekt George Coleman,
der auch das Old Parliament House
zeichnete, baute hier zunächst das
Caldwell House. 1853 übernahm
der Mönch Father Beurel das Gelände.
Heute brummt hier die Luft, die Möglichkeiten auszugehen sind endlos.
Und doch findet man noch Zeichen
aus der Vergangenheit: Eine Baby-
klappe an der Victoria Street erinnert
an die frühen Jahre, als das Gelände
auch ein Waisenhaus beherbergte.

Chijmes. 12–24 Uhr, 30 Victoria
Street, Tel. 0065 63 37 78 10,
www.chijmes.com.sg,
U-Bahn NS 25, EW13 City Hall

Gebiet um die Flussmündung. Singapur
schätzt sich heute glücklich, anders
als die Rivalin Hongkong, eine Vielzahl
der wunderbaren Gebäude vor allem englischer und schottischer Architekten aus dem
19. Jahrhundert erhalten zu haben. Damals waren
sie vor allem Verwaltungsgebäude, Schulen oder
Gerichte, heute sind sie Hotels, Museen und
Kunsthallen.

Ein wiederentdeckter Schatz

Prunkstück dieser »weißen Architektur« der frühen
Tropenarchitekten war und ist das Raffles Hotel,
das von den armenischen Sarkies-Brüdern gebaut
wurde. An der Beach Road gelegen, reichte der
Garten der »Grand Old Lady« einst bis ans Meer.
Heute stehen vor diesem Grundstück die massigen
Türme des von Norman Foster gebauten South-
Beach-Komplexes. »Das Raffles« ist eine Institution,
deren Ruf bis weit über die Stadt hinausreicht.
Die einen kennen es, weil in seiner »Long Bar«
der Singapore Sling kredenzt wird (siehe S. 63).
Die anderen, weil hier über Jahrzehnte Schriftsteller
und Intellektuelle abstiegen. Nachdem es Ende 2015
an die Accor-Gruppe verkauft wurde, dürfte einiges
von seinem alten Glanz wiederhergestellt werden.

Kolonialviertel

Eine Straße weiter, an der Ecke Stamford/North Bridge Road, sind drei denkmalgeschützte Kolonialbauten renoviert und zu einem neuen Ensemble zusammengefügt worden: das im venezianischen Renaissancestil 1904 erbaute Stamford House, das neoklassizistische Capitol Theatre von 1930 und das Capitol Building mit seiner konkaven Eckbebauung von 1933. Sie wurden um eine Shoppingmall mit Sechs-Sterne-Hotel und Privatwohnungen, die Capitol Piazza, erweitert. Der Gesamtkomplex heißt jetzt Capitol Singapore. Das Stamford House war ehemals ein Hotel, das auch das »Raffles« für seine Gäste nutzte. Das Capitol Theatre wird von den Singapurern heiß geliebt, da es das erste klimatisierte Großkino war und mit vielen Erinnerungen verbunden ist. Der Eingang ist im Art-déco-Stil, im Inneren zeigt seine Kuppel die zwölf Tierkreiszeichen, geflügelte Pferde umrahmen die Bühne.

Raffles blickt in die Zukunft

Das koloniale Singapur findet seinen Mittelpunkt an der weißen Statue von Sir Stamford Raffles, direkt am Singapore River. Die Arme vor der Brust verschränkt steht er da und blickt in die Ferne. Neben ihm erhebt sich das wundervolle Ensemble um das Arts House (Old Parliament House) und das Asian Civilisations Museum (ACM). Das Arts House aus dem Jahr 1827 ist das älteste Verwaltungsgebäude der Stadt, ehemals ein Privathaus. Es liegt nur einen Steinwurf vom neuen Parlament und dem Obersten Gerichtshof mit seiner markanten Glaskuppel von Norman Foster entfernt. In dem schönen Kolonialgebäude tagte bis 1963 die gesetzgebende Versammlung Singapurs. Heute werden hier Kunstevents geboten. Abends spielen Bands unter freiem Himmel im angrenzenden Restaurant. Das Nebengebäude ist das zauberhafte ACM aus dem Jahr 1867. Einst ein Gericht, spielte

Nicht verpassen

HISTORISCHES GRÜN
Selten ist in Singapur der Hauch der wechselvollen Geschichte so direkt zu spüren wie im 18 Hektar großen Fort Canning Park. Hier wurden die Hinterlassenschaften der malaiischen Könige ausgegraben, hier ließ Stadtgründer Stamford Raffles sein Fort bauen, aus den Bunkern auf dem Berg (The Battle Box) führten die Briten im Zweiten Weltkrieg ihren erfolglosen Verteidigungskampf gegen die japanischen Invasoren. Heute sollte sich niemand die zauberhaften abendlichen Konzerte und Theateraufführungen in dem wunderbaren Tropengarten entgehen lassen. Die nur 60 Meter hohe Erhebung, wegen des Schreins für den verstorbenen König »verbotener Berg« genannt, bietet alte Gräber, einen Gewürzgarten und ungestörte Naturerlebnisse.

Fort Canning Park. Zwischen Hill Street, Canning Rise, Clemenceau Avenue und River Valley Road, U-Bahn Clarke Quay, Dhoby Ghaut

Den Elefanten vor dem Arts House schenkte 1871 der König von Thailand.

das Haus eine große Rolle während der Unabhängigkeitsbewegung Singapurs. Seit 2003 bietet es als Museum die Grundlage für jeden, der sich Asiens Kulturgeschichte nähern will. Mit den umliegenden Kolonialgebäuden – wie der neuen Nationalgalerien und dem Höchsten Gericht, dem Victoria-Theater, dem Fullerton Hotel auf der anderen Seite des Flusses und dem historischen Haus des Cricket Club von 1852 – bildet das Ensemble einen wunderbaren Rahmen für den Padang, Singapurs zentralen Platz. Hier kamen die Bürger etwa am 12. September 1945 zusammen, um das Ende der japanischen Besatzung zu feiern. Auf Millionen von Fotos erscheint die Statue des Stadtgründers in weißem Marmor. Und doch ist dies nur eine Kopie der Bronzefigur, die heute vor dem wunderbar renovierten Victoria-Theater mit seiner Konzerthalle steht – nur ein paar Hundert Meter weiter. Sie geht auf den Bildhauer Thomas Woolner zurück und stammt aus dem Jahr 1887.

Fort mit Geschichte

Der Brite ließ auf der später als »Regierungshügel« benannten Erhebung oberhalb des Flusses nach seiner Ankunft den Union Jack hissen. Hier oben

Oben: Markant gestreift: 1909 wurde die alte Feuerwache aus roten und weißen Backsteinen errichtet.
Mitte: Strenger Blick: der Concierge im ehrwürdigen Raffles Hotel
Unten: Das alte Singapur: Statuen der ersten Händler und Kulis von Malcolm Koh am Singapore River

GUT ZU WISSEN

DAS KAFFEEALPHABET

Zu »Starbucks« zu gehen wäre schade! Viel schöner ist es, sich ins Kaffeealphabet einzuarbeiten: Das Café heißt *Kopitiam*. Dort bestellt man einen *Kopi* – Kaffee mit Kondensmilch, gesüßt. *Kopi Peng* ist dasselbe, nur auf Eis. Weniger Zucker führt zum *Kopi Siew Tai*, ganz schwarz ist es der *Kopi O*. *Kopi C* ist ein gesüßter Kaffee mit Milch, verlangt man den *Kopi C Kosong,* so kommt er mit Milch, aber ungesüßt. Die Krönung: der *Kopi C Peng*, geeist, mit Kondensmilch und Zucker.

Erfrischung in der Tropenhitze
bietet der Singapore Sling.

siedelten sich die Gouverneure der Kolonialherren an, von hier wurden die Schiffe
in den Hafen gelenkt, hier bauten die Briten
1859 ihre erste Festung – Fort Canning. Dabei
waren sie nicht die Ersten, die die strategische Lage
des Berges erkannten: Denn er war schon Zentrum
des alten Königreiches Temasek im 14. Jahrhundert,
wie Grabfunde belegen. Goldmünzen, Armreifen
und Vasen aus dieser frühen Zeit sind heute im
Nationalmuseum unterhalb von Fort Canning zu
entdecken. Seit 1981 heißt der Berg Fort Canning
Park. Hier finden Freiluftkonzerte statt, und es gibt
gute Restaurants.

Weniger bekannt und doch stilbildend für das
Kolonialviertel sind die historische Feuerwache
und die gegenüberliegende armenische Kirche.
Die mit ihrer rot-weißen Fassade und dem vierecki-
gen Turm markante Feuerwache aus dem Jahr 1909
wird bis heute genutzt. Die 1835 gebaute weiße
Kirche auf der anderen Seite mit dem spitzen Turm
und den Säulenvorhallen ist die älteste christliche
Kirche Singapurs und schließt den Bogen zu den
armenischen Erbauern des Raffles Hotel. Hier
liegt Agnes Joaquim: Sie entdeckte Singapurs
Nationalblume, die Orchidee Vanda Miss Joaquim,
die neben ihrem Grab wächst.

Nicht verpassen

SINGAPORE SLING

Dies ist kein Drink, dies
ist eine Institution: Man
kann den Singapore Sling
mögen oder nicht, probieren
aber muss man ihn. Und das schon
wegen seiner Geschichte. Obwohl –
darüber gibt es Streit. Zwar behaup-
tet das edle Raffles Hotel, sein
chinesischer Barmixer Ngiam Tong
Boon habe ihn erstmals vor 1915 in
seiner »Long Bar« gemixt. Doch sind
in der Stadt unschwer Barmixer an-
zutreffen, die erklären, sie hätten
das Originalrezept auf dem Sterbe-
bett des Erfinders bekommen. Dennoch ist unbestritten, dass der einzig
richtige Ort, diesen Longdrink auf
Basis von Gin, gemixt mit Kirschlikör
und verziert mit Kirsche und Ananas,
zu sich zu nehmen, die malerische
»Long Bar« ist und bleibt. Zumal sie
der einzige Ort der Stadt ist, wo man
Abfall – Erdnussschalen – ungestraft
auf den Boden werfen darf.

»Long Bar«, Im Raffles Hotel,
Beach Road, Tel. 0065 63 37 18 86,
www.raffles.com/singapore/dining
U-Bahn CC3 Esplanade

Infos und Adressen

Einst siedelte hier Stadtgründer Sir Stamford Raffles. Heute genießen Hotelgäste die Hügellage rund um Fort Canning.

SEHENSWÜRDIGKEITEN

Central Fire Station mit Civil Defense Heritage Gallery. Gallery Touren Di–So 10–17 Uhr, Tower Tour Di–Fr 19–20 Uhr, Open House jeden Sa 9–11 Uhr, 62 Hill Street, Tel. 0065 63 32 29 96, www.scdf.com.sg

Armenian Church. 9–18 Uhr, 60 Hill Street, Tel. 0065 63 34 014, www.armeniansinasia.org

Arts House im Old Parliament House. 10–22 Uhr, 1 Old Parliament Lane, Tel. 0065 63 32 69 19, www.theartshouse.sg

Parliament of Singapore. 1 Parliament Place, www.parliament.gov.sg

Supreme Court. 1 Supreme Court Lane, www.supremecourt.gov.sg

National Gallery. (siehe S. 75)

Victoria Theatre. 9 Empress Place, Tel. 0065 69 08 88 10, www.esplanade.com/venue-hire/victoria-theatre-and-victoria-concert-hall

Singapore Cricket Club. Connaught Drive, Tel. 0065 63 38 92 71, www.scc.org.sg

Capitol Singapore. 11 Stamford Road, Tel. 0065 64 99 51 68, www.capitolsingapore.com

Alle: U-Bahn NS 25, EW13 City Hall

South Beach. Das neue Gebäude von Norman Foster mit großer Shoppingmall und vielen Restaurants. 38 Beach Road, www.southbeach-sb.com, U-Bahn CC3 Esplanade

Raffles Hotel. 1 Beach Rd, Tel. 0065 63 37 18 86, www.raffles.com/singapore, U-Bahn CC3 Esplanade

The Battle Box, Museum. 2 Cox Terrace, Tel. 0065 63 38 61 44, www.museums.com.sg, U-Bahn CC1, NE6, NS24 Dhoby Ghaut

ESSEN UND TRINKEN

Bar&Billard Room im Raffles. Zum Sonntagsbrunch – ein besonderes Highlight unter den Champagnerfrühstücken der Stadt. So 12–15 Uhr, Reservierung Tel. 0065 64 12 18 16, www.raffles.com

Kaiserhaus. Österreichisches Café-Restaurant, 17 Stamford Road, Capitol Singapore Nr. 02-06/03-06, Tel. 0065 63 77 00 13, www.kaiserhaus.sg

Equinox. Restaurant mit westlicher Küche im 70. Stock des »Swissôtel The Stamford«, beeindruckender Panoramablick über Stadt und Wasser. 2 Stamford Road, Tel. 0065 68 37 33 22, www.swissotel.com/hotels/singapore-stamford

Timbre@The Arts House. Musikclub mit Singapurer Künstlern und Restaurant. Mo–Sa ab 18 Uhr, 1 Old Parliament Lane 01-04, www.timbregroup.asia

The Fabulous Baker Boy. 26 Sorten Kuchen, aber auch herzhaftes Frühstück den ganzen Tag. Am Fuß des Fort-Canning-Parks unweit des Singapore River, 70 River Valley Road Nr. 01-15, www.thefabulousbakerboy.com

Table by Rang Mahal. Traditionelle indische Küche mit modernem Twist. Im Naumi Hotel,

41 Seah Street, Tel. 0065 64 03 60 05,
www.rangmahal.com.sg

Asia Grand. Gehört zu den besten chinesischen
Restaurants in Singapur, ist dabei aber schnell
und unprätentiös im Service. Zu empfehlen ist
die Peking-Ente. 331 North Bridge Road,
Nr. 01-02 Odeon Towers, Tel. 0065 68 87 00 10

Zu den Restaurants und Cafés
in den Museen siehe S. 83

EINKAUFEN

Raffles Hotel Arcade. Für den, der stilvoll und in
Ruhe unter kolonialen Arkaden einkaufen möchte.
Unter den 40 Boutiquen gibt es hier die exzellenten
thailändischen Seidenwaren von Jim Thompson,
den angesehenen Antiquitätenhändler Elliott's und
den Raffle's Shop mit schönen Souvenirs des
Hotels. 328 North Bridge Road,
www.raffles.com

Bunte Tropennacht: Der Springbrunnen vor
dem Capitol Theatre wechselt die Farben.

Raffles City. Große, edle Shoppingmall gegenüber
dem Raffles, mit guten Restaurants im Untergeschoss. 10–22 Uhr, www.rafflescity.com.sg

Tong Tong Friendship Store. Moderne
Cheongsams und Kleidung im China-Chic.
Mo–Sa 12–20 Uhr, 100 Beach Road,
01-04/05 Shaw Towers,
Tel. 0065 6396 3887, www.tongtong.sg

Funan Digitalife Mall. Sehr gute Adresse,
um IT-Geräte und Elektronika zu kaufen.
10–22 Uhr, 109 North Bridge Road,
www.funan.com.sg

ÜBERNACHTEN

Raffles Hotel. *Die* Institution unter den Singapurer
Hotels, ab S$ 700, 1 Beach Rd., Tel. 0065 63 37 18 86,
www.raffles.com/singapore

Hotel Fort Canning. Prächtiges Kolonialhotel
in sehr ruhiger Lage im Park, ab S$ 340.
11 Canning Walk, Tel. 0065 65 59 67 69,
www.hfcsingapore.com

Naumi Hotel. Modernes Designer-Boutique-Hotel
neben dem »Raffles«, ab S$ 300 .
41 Seah Street, Tel. 0065 64 03 60 00

AKTIVITÄTEN

Touren. In deutscher Sprache mit der German
Association, Tel. 0065 64 67 88 02,
www.german-association.org.sg. In englischer
Sprache mit The Original Singapore Walks,
Tel. 0065 63 25 16 31,
www.journeys.com.sg

Touren durch den Fort-Canning-Park:
www.nparks.gov.sg/gardens-parks-and-
nature/parks-and-nature-reserves/fort-canning-park

Willow Stream Spa. Prämierter großer Spa im
Fairmont Hotel, die 90-minütige Jet-Lag-Relief-
Massage tut besonders Reisenden gut.
80 Bras Basah Road, Tel. 0065 63 39 77 77,
www.fairmont.com/singapore

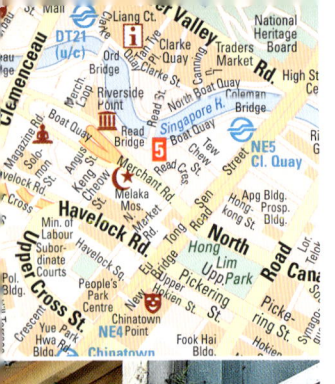

5 Am Singapore River
Heiße Meilen am Flussufer

Hier begann Singapurs Herz zu schlagen. Und heute schlägt es hier schneller denn je zuvor, insbesondere nach Sonnenuntergang: Boat Quay, Clarke Quay und Robertson Quay sind die Ausgehmeilen der Stadt. Links und rechts des Singapore River gelegen, bieten sie ganz unterschiedliche Erlebniswelten – von Bierschwemme bis zum französischen Restaurant. Eines aber gilt für sie alle: Langweilig wird es hier bestimmt nie.

Von Lasten und Lastern

Die Mündung des Singapore River war der Geburtsort des Stadthafens Singapur. Hier stehen bis heute die großen alten Lagerhäuser, hier legten die breiten Lastkähne an, hier wurde gehandelt, gezockt und geschachert, und manchmal, zu Zeiten der Triaden, auch heftig gekämpft. Bis heute erinnert die Raffles-Statue an den Landeplatz des britischen Stadtgründers im Jahr 1819. Heute liegt hier, auf der linken Seite des Singapore River, das Museumsufer mit seinen wunderschönen Kolonialbauten (siehe S. 62 ff.) und dem Parlament des Stadtstaates.

Gegenüber, dort, wo das Fullerton Hotel steht und die Bankentürme in den Himmel ragen, brummt das Leben. Dies ist der äußerste Rand Chinatowns, des Ur-Viertels der Stadt. Hier schleppten einst die Kulis die Lasten in die Godowns, die Lagerschuppen. Es waren Gewürze von den Plantagen, aber auch Vogelnester oder Haifischflossen. Die Geldzähler rechneten nach, die Verwalter nahmen Bestellungen entgegen. Den ganzen Kai entlang, so sieht man es noch auf alten Fotos, lagen die schweren

Oben: Für Katzenliebhaber und Kaffeetrinker: das »Cat Café«
Unten: Trinken mit Tradition: »Harry's Bar« am Boat Quay

Am Singapore River

Lastkähne dicht an dicht. Moderne Bronzeskulpturen entlang des Flusses erinnern noch an jene Tage. Erst in den 80er-Jahren des vergangenen Jahrhunderts wurde aus der Kloake des Hafenbeckens ein Fluss, der heute besonders in den Abendstunden zauberhaft wirkt. Aus den Schuppen entwickelten sich Bars, die Nachfahren der Kulis verdingen sich als Kellner: Heute wird hier das Geld vor allem mit den Touristen verdient.

Laut und schrill: der Boat Quay

Der Boat Quay ist von den drei Kneipenvierteln entlang des Flusses das ehrlichste. Hier spürt man, dass es die Wirtschaften in den bunt bemalten Lagerhäusern auf das Geld der Gäste abgesehen haben. Die Schönheit ist hier grell geschminkt, die Musik zu laut – und doch macht genau dies den Reiz des Uferstreifens aus. Blickt man in Richtung Meer, erkennt man die Cavenagh Bridge (1869) und die dahinter gelegene Anderson Bridge (1910), über die die Formel 1 kurvt. Das obere Ende des Boat Quay ist begrenzt von der Elgin Bridge (1926). Sie wurde mehrfach neu errichtet, weil sie für den Verkehr wichtig ist – schließlich ist sie die Verbindungsbrücke zwischen Chinatown und dem Kolonialdistrikt.

Entlang des Boat Quay befinden sich Dutzende Restaurants, Kneipen, Bars. Direkt am Wasser liegen überdachte Terrassen, oft nutzen die Restaurants auch die Obergeschosse der schmalen Häuser, manche bieten Dachterrassen. Auch in der Parallelstraße zum Quay, der Circular Road, setzt sich die Fülle der Restaurants und Bars weiter fort. Hier zeigt sich der neue Trend zu Bollywood: Tanzbars wie das »Krishz«, der Club »Colaba« oder die »Kanggan Lounge« zwischen Boat Quay und Circular Road heizen mit Hindi-Rythmen kräftig

Geheimtipp

DRUCK AM KAI
Natürlich kommen die meisten Menschen zu den Kais, um zu feiern. Und doch bieten die alten Lagerschuppen mehr als nur aufgedrehte Zapfhähne. Denn hier residiert auch das STPI, ein zauberhaftes Institut für den Kunstdruck, vor allem von Grafiken. Etwas verschämt ist der Name, der sich nur jenen erschließt, die seine Geschichte kennen: Es begann als Singapore Tyler Print Institute, in dem der legendäre Drucker Kenneth Tyler aus New York einen Anteil hielt. Damals sollte es Singapurs Weg zu einer Kunstmetropole ebnen. Heute bietet das STPI hervorragende Seminare, großartige Ausstellungen, auch deutschen Künstlern Studienaufenthalte, und es verkauft bestechend schöne Grafikarbeiten. Voll Selbstbewusstsein, aber berechtigt nennt es sich eine »der ersten Adressen für zeitgenössische Kunst in Asien«.

STPI. Mo–Fr 10–19, Sa 9–18 Uhr, 41 Robertson Quay, Tel. 0065 63 36 36 63, www.stpi.com.sg, U-Bahn CC1, NE6, NS24 Dhoby Ghaut

Einfach gut!

IM RÜCKEN DES HAFENS

Noch vor wenigen Jahren war die Mohamed Sultan Road hinter den Kais die erste Adresse der Stadt für jene, die es abends richtig krachen lassen wollten. Damals waren »Front Page« und später »Next Page« die Bars, in denen das Leben tobte. Das legte sich, als die Regierung begann, die Kais zu entwickeln. Doch so schnell geht die Mohamed Sultan Road nicht unter. Hier gibt es noch Kneipen, in denen eher Expats und Singapurer verkehren als Touristen. Die alten *shophouses* in der Straße im Rücken des Hafens wirken immer noch morbide und doch verwunschen, der taoistische Tempel Hong San See, von chinesischen Einwanderern im Jahr 1913 errichtet, strahlt eine wohltuende Ruhe aus. Das ganze Ensemble ist angenehm unfertig in dieser so perfekten Stadt. Und wird es wohl nicht mehr lange bleiben – denn hier liegen Millionen der Unterhaltungsindustrie förmlich auf der Straße, die nur gehoben werden wollen.

Einst Lagerhäuser, heute Kneipen: der Boat Quay

ein. Das Viertel beginnt hinter den Banken mit dem australischen »Boomarang«, wo man ein zünftiges Frühstück wie im Outback bekommt. In »Harry's Bar« trank schon der weltweit berühmt-berüchtigte Börsenmakler Nick Leeson, der 1995 mehr als 1,4 Milliarden Dollar verzockte und damit den Zusammenbruch der Barings Bank einleitete. Auch heute noch kehren hier gern die Banker ein.

Feiern ohne Ende: der Clarke Quay

Wer flussauf schlendert, kommt entlang der neuen Einkaufsmeile Central Mall zum Clarke Quay. Auf der linken Seite geht es ruhiger zu – hier liegt ein Stück höher das »Brewerkz«, die erste Mikrobrauerei der Stadt, die solides Kneipenessen bietet. Auch das »Swissôtel« residiert hier. Über den Fluss spannen sich die moderne Coleman Bridge (1990), die Read Bridge (1889) und die alte Ord Bridge (1886).

Die Musik spielt – im wahren Sinn des Wortes – auf der rechten Seite flussaufwärts: Die alten Lagerhäuser dort sind zu einem komprimierten Kneipenviertel zusammengefasst worden. Dutzende Lokale laden ein – von Fish and Chips über Paella, Tacos, Sushi oder Pizza ist hier wirklich alles zu haben, was die internationale Kneipenküche anbietet. Hinter der Aluminiumfassade der »Wings Bar« lässt sich im Stil der US Air Force der 1940er-Jahre feiern. Bei der amerikanischen Kette »Hooters« servieren auch für Singapur-Verhältnisse leicht bekleidete Kellnerinnen. Im riesigen »Warehouse« wird jeden Abend Livemusik geboten. Und überall rund um den zentralen Platz fließt das Bier in Strömen. Am Kai selber liegen die Tongkangs, zwei alte Flusskähne, die zu beliebten Restaurants hergerichtet wurden.

Der Clou des Viertels aber zeigt sich erst beim
Blick nach oben: Alle Straßen hier sind von großen,
weißen Schirmen überspannt. Sie halten die Hitze
zurück und schützen zugleich auch beim Regen.
Im Hintergrund glänzen die regenbogenfarbenen
Fensterläden der einstigen Polizeihauptwache
Singapurs, die heute das Ministerium für Kunst
und Kultur beherbergt.

Wer vor oder nach dem Feiern noch zusätzlich
eine ganz andere Herausforderung sucht, sichert
sich einen Platz auf dem G-Max oder dem GX-5
Extreme Swing nebenan – zwei unterschiedlichen
Riesenschaukeln am Bungeeseil. Es geht im freien
Fall 40 Meter hinab, die Geschwindigkeit reicht
an die 100 Stundenkilometer. Zu viel Bier sollte
man seinem Magen zuliebe allerdings vorher
besser nicht getrunken haben!

Oben: Feiermeile: Die bunten Häuser am Clarke Quay bieten abends
Unterhaltung für jeden Geschmack.
Unten: Auch bei Tropenregen bleiben die Gäste trocken unter den
riesigen Schirmen am Clarke Quay.

Entspannen am Fluss: der Robertson Quay

Ruhiger geht es im oberen Drittel des Flusslaufes zu, am Robertson Quay zwischen der Clemenceau Bridge (1991) und der knallbunt bemalten Alkaff Bridge (1997). Auf der linken Seite erstrecken sich Wohnhäuser, auf der rechten Seite des Robertson Quay aber findet man schöne Restaurants, einige direkt am Kai. Hier bekommen auch Kulturinteressierte genug Nahrung: Das Kunstdruck-Institut STPI sitzt hier (siehe S. 67), genauso wie das DBS Arts Centre mit seiner Theaterbühne. Der Robertson Walk birgt in einer Apartementbebauung einige kleine Lokale, am Ufer liegen weitere gediegene Restaurants. Ihre Reihe endet hier so, wie sie an der Mündung des Flusses am Boat Quay begann: mit »Boomarang«, der großen australischen Kneipe.

Oben: Kunstliebhaber willkommen: das Singapore Tyler Print Institute
Unten: Selbst gebraut: »Brewerkz«, das älteste Brauhaus der Stadt, gelegen am Singapore River

Infos und Adressen

SEHENSWÜRDIGKEITEN

Hong San See Temple. 2009 von Handwerkern aus China restauriert, ausgezeichnet von der UNESCO. 31 Mohamed Sultan Road, U-Bahn CC1, NE6, NS24 Dhoby Ghaut

Bronzefiguren. Viele der Bronzeskulpturen entlang des Flusses, von verschiedenen Künstlern gestaltet, stellen das Leben in Singapurs Gründerjahren dar: so die spielenden Kampong-Kinder an der Cavenagh Bridge, die Singapur-Katzen daneben oder die Geldhändler vor dem ACM.

ESSEN UND TRINKEN

Harry's Bar. 28 Boat Quay, Tel. 0065 65 38 30 29, www.harrys.com.sg

Boomarang (Boat Quay). 52 Circular Road, Tel. 0065 65 36 49 90, www.boomarang.com.sg

Brewerkz. 30 Merchant Road, Nr. 01-05/06 Riverside Point, Tel. 0065 64 38 74 38, www.brewerkz.com

Wings Bar. Blk 3D River Valley Road, Nr. 01-02, Clarke Quay, Tel. 0065 63 33 44 60, www.wingsbar.sg

Hooters. Blk 3D River Valley Road, Nr. 01-03 Shophouse Row, Clarke Quay, Tel. 0065 63 32 10 90, www.hooters.com.sg

Warehouse Bistro. 3E River Valley Road, Nr. 01-02, Clarke Quay Block E, Tel. 0065 63 37 55 85

Tonkang Riverboat Dining. 3D River Valley Road, Nr. 01-06, Tel. 0065 63 33 48 68, www.tongkang.com.sg

Boomarang (Robertson Quay). 60 Robertson Quay, Nr. 01-15 The Quayside, Tel. 0065 67 38 10 77, www.boomarang.com.sg

Zouk. In aller Welt bekannte In-Diskothek. 17 Jiak Kim Street, allerdings ist der Umzug in Block C, The Cannery, Clarke Quay, geplant. Tel. 0065 67 38 29 88, www.zoukclub.com

Hoch hinaus mit der Bungee-Schaukel am Singapore River

AKTIVITÄTEN

Bungeespringen. G-Max Reverse Bungy/GX-5 Extreme Swing, 3E River Valley Road, Nr. 04-02, Clarke Quay, Tel. 0065 63 38 17 66, www.gmaxgx5.sg

DBS Arts Centre/Singapore Repertory Theatre. Gehört zu den führenden englischsprachigen Theatern Asiens. 20 Merbau Road, Tel. 0065 62 21 55 85, www.srt.com.sg

ÜBERNACHTEN

Swissôtel Merchant Court. Gediegenes Hotel, zentral gelegen an der U-Bahn. Ab S$ 230. 20 Merchant Road, Tel. 0065 63 37 22 88, www.swissotel.com/hotels/singapore-merchant-court

6 Museen im Kolonialviertel
Das Finanzzentrum als Museumsinsel

Wohl keine Metropole hat sich ein so radikales Kunst- und Museumsprogramm verordnet wie Singapur. In nur 15 Jahren schuf der Stadtstaat Tausende Quadratmeter spektakulärer Ausstellungsräume und Galerien, kreierte Messen und Kunsthochschulen. Heute ist Singapur ein – staatlich gefördertes – Kreativhaus und designierte UNESCO Creative City of Design, in der Europäer wunderbare Entdeckungen machen können.

Künstler sorgen für frischen Wind

Singapur hat vor der Jahrtausendwende bemerkt, dass der Stadt Entscheidendes fehlt: Sie bot Sicherheit, Natur, Fortschritt und Wachstum. Wo aber blieben der Spaß, das Spielerische? Die Äquatorinsel besaß damals den Ruf der verlässlichen Gouvernante, die ihre Kinder gängelt. Das sollte sich ändern, und es war gut so: Denn dank eines grundlegenden Wandels zieht die Stadt heute Künstler und Kreative an wie nie zuvor. Natürlich wird weiter zensiert. Aber inzwischen hat die Regierung ein Rahmenwerk an Museen und Kunstinstituten geschaffen, das eine nicht mehr umzukehrende Atmosphäre freieren Denkens schafft. Messen und Festivals ziehen nicht mehr nur Asiaten an, und Kunst darf auch provozieren, solange sie die ganz heißen Eisen wie direkte Kritik an Politikern oder offene Sexualität außen vor lässt.

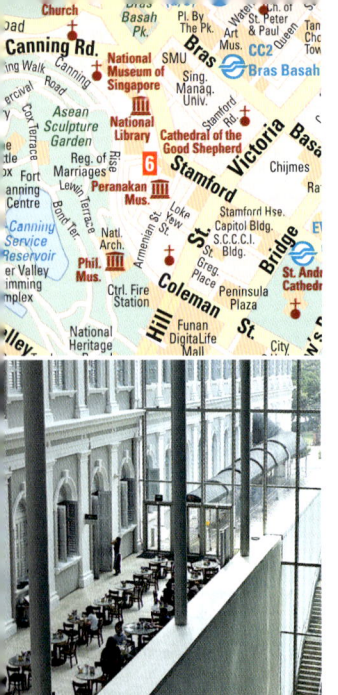

Oben: »Food for Thoughts«: Schmausen im Nationalmuseum
Unten: Immer im Blick: Skulpturen von Ju Ming vor dem Nationalmuseum

Drei-Museen-Tour

Kunst und Kultur Asiens, Südostasiens und der Welt machen diesen Rundgang zum Genuss. Hunger muss niemand leiden unterwegs: Jedes der Museen bietet eine Auswahl guter Restaurants und Cafés.

🅐 Ausgangspunkt ist das berühmte **Art Science Museum**, das wie eine riesige Lotosblüte vor Marina Bay Sands liegt. Nicht nur die ständig wechselnden Ausstellungen großer Künstler, Designer und Fotografen aus aller Welt, multimedial präsentiert, sind sehenswert, auch die Ausstellungsräume selbst bieten einen ungewöhnlichen, dabei sehr modernen Rahmen.

🅑 Vom Ausgangspunkt geht man über die spiralförmige Helix Bridge zur Marina Promenade. Vorbei am Float, wo Veranstaltungen wie der National Day stattfinden, am Food Court Makansutra Gluttons Bay und dem Kulturzentrum Esplanade führt der Weg durch die Unterführung zum **Asian Civilisations Museum (ACM).** Kunstschätze Asiens aus den vergangenen Jahrhunderten werden in diesem imposanten Kolonialbau mit Blick auf den Singapore River ausgestellt. Hier sollte man mindestens zwei Stunden für den Besuch einrechnen.

🅒 Ein Abstecher zur danebenliegenden, gerade aufwendig renovierten **Victoria Theatre and Concert Hall** lohnt sich. Vor dem Gebäude steht die originale Bronzestatue von Sir Stamford Raffles, 1887 geschaffen von Thomas Woolner.

🅓 Die bekanntere und meistfotografierte weiße **Marmorstatue von Raffles,** etwas weiter die Promenade hinunter, ist eine Kopie dieser Bronzefigur und wurde hier 1969 an der vermuteten Stelle der Landung aufgestellt.

🅔 Weiter geht es durch die **Old Parliament Lane** am alten Parlamentsgebäude vorbei, in dem heute das Arts House beherbergt ist.

🅕 Die Gasse führt auf den **Padang**, den zentralen Platz im Zentrum des Kolonialviertels. Linker Hand liegt die neue National Gallery mit Kunst aus Südostasien in ihrem wunderbar restaurierten Gebäudekomplex. Auch hierfür sollte man mindestens zwei Stunden einkalkulieren.

🅖 Zum Abschluss der Tour kann man von einer der beiden **Dachbars der National Gallery** einen einzigartigen Panoramablick über den Padang auf die Skyline der Marina Bay genießen.

Das Zentrum

ALT UND NEU

Nicht jeder, der nach Singapur fliegt, wird sich einen Stuhl oder Esstisch als Mitbringsel mit nach Hause nehmen wollen. Dennoch: Wer ein bisschen Zeit hat und sich im Kunst- und Kulturviertel tummelt, sollte Space Furniture einen Besuch abstatten. Das Einrichtungshaus, das seinen Ursprung in Australien hat, siedelte sich 2001 in der Löwenstadt an. Zehn Jahre später zog es in die für mehr als 50 Millionen Singapur-Dollar renovierten Räume in alten Shophouses im Herzen des Kunstviertels um. So entstand ein architektonisches Juwel, das zeigt, was die Reichen und Schönen Singapurs in ihre viele Millionen teuren Wohnungen und Häuser stellen. Neben den Kennern bekannter europäischer Möbeln findet man bei Space auch immer mehr asiatische Designer mit ihren oft wundervollen Kreationen.

Space Furniture. 10.30–20.00 Uhr, 77 Bencoolen Street, Tel. 0065 64 15 00 00, www.spacefurniture.com.sg

Einfach gut!

Lorenzo Rudolf, Gründer der Art Basel, hat mit der Singapurer Kunstmesse Art Stage Singapore eine fantastische Plattform geschaffen, die mit dem selbstbewussten Slogan »We are Asia« alljährlich im Januar für sich wirbt. Die Singapore Biennale zieht alle zwei Jahre Zehntausende in die Stadt. Das Galerienviertel Gillman Barracks (siehe Seite 200 f.) brilliert mit junger Kunst. Die Kulturzentren in den einzelnen Stadtteilen beleuchten das Leben der jeweiligen Ethnien, die dort überwiegen.

Das Herz des Kultur- und Kunstlebens in Singapur aber schlägt im Kolonialviertel: Hier hat die Stadt eine Fülle spektakulärer Museen angesiedelt. Sie beleuchten nicht nur die Historie, sondern auch die Kunst- und Zivilisationsgeschichte dieser Region Südostasiens – bis hin zu Briefmarken und Spielzeug.

National Museum of Singapore

Das Herzstück des Museumsviertels wurde schon 1849 gegründet. Nach einer umfangreichen Renovierung bis 2006 bietet das riesige weiße Kolonialgebäude am der Stadt zugewandten Hang des

GUT ZU WISSEN

TAXI MIT RECHNUNG

Wäre es nicht so heiß, ließe sich zwischen den wunderbaren Museen hin und her schlendern. Doch so wird man lieber einem Taxi winken. Das bringt einen rasch zum nächsten Highlight – nur: Man versteht die Rechnung nicht. Zwar wird niemand betrogen, doch statt einen Gesamtbetrag auszuweisen, kommen zig Zuschläge hinzu: fürs Anhalten auf offener Straße, für besondere Zeiten, für Fahrten in der Innenstadt. Dies erhöht die sonst so günstige Rechnung spürbar.

Museen im Kolonialviertel

Hügels von Fort Canning heute modernste Ausstellungstechnik. Die Stadtgeschichte, die jeder Besucher kennenlernen sollte, wird in einer riesigen Rotunde (Singapore History Gallery) gezeigt, in der man abwärts geführt wird, vorbei an ansprechend und multimedial, auch für Kinder sehr anschaulich gestalteten Themenbereichen. Die anderen Galerieräume werden mit Wechselausstellungen zu Themenschwerpunkten, aber auch für internationale Sonderausstellungen genutzt. Die Architektur brilliert nicht nur durch die riesige Rotunde, die der chinesisch-amerikanische Spitzenarchitekt I. M. Pei entwickelte, sondern auch durch die Kuppel im Eingangsbereich mit ihren viktorianischen Glasfenstern und die schwingenden roten Deckenleuchter, die den Anbau bestimmen.

National Gallery Singapore

Das Meisterwerk der Singapurer Museen: Eröffnet im November 2015, haben Stadtväter und Architekten hier die ehemalige Stadtverwaltung mit dem Obersten Gerichtshof auf spektakuläre Art miteinander verbunden, um im Zentrum der Stadt ein Statement für die Kunst zu bauen. Das riesige Gebäude bietet auf 64 000 Quadratmetern eine Dauerausstellung mit über Jahrzehnte gesammelter Kunst aus Südostasien und mehrere Wechselausstellungen, zum Beispiel über Tuschezeichnungen.

Doch schon der Bau selbst ist einen Besuch wert: Die Architekten des französischen Studio Milou Singapore renovierten gemeinsam mit CPG Consultants aus Singapur und legten eine glänzende Beschichtung wie ein goldenes Vlies über den Verbindungsbereich der beiden bis dahin getrennten Gebäude. Sie entwickelten außerdem eine fantastische Dachterrasse. Und sie konnten auf diese

Nicht verpassen

SCHÖN UND TEUER

Mit hungrigem Magen lässt sich Kunst nur schwer konsumieren. Also bieten Singapurs Museen viele zauberhafte Restaurants in unterschiedlichen Preiskategorien. Das »Flutes« zählt zweifellos zu den teureren Optionen – und doch lohnt sich der Besuch. Schon als es noch in einem schwarz-weißen Kolonialbau am Fuß von Fort Canning residierte, trafen sich hier die Geschäftsleute. Heute liegt es im ältesten Teil des ältesten Museums der Stadt und will ein Statement sein. Mit seiner Traditionsküche, an moderne Zeiten angepasst, erobert das »Flutes« Plätze auf den Bestenlisten. Gespeist wird im Jubilee Room mit seinem kolonialen Charme oder auf der Terrasse.

»Flutes«. Mo–Fr 11.30–14.00, 18.30–22.00, Sa, So Brunch 10.30–14.30 Uhr, 93 Stamford Road, Nr. 01-02, National Museum of Singapore, Tel. 0065 63 38 87 70, www.flutes.com.sg

Weise gleichzeitig die historisch bedeutenden
Stätten in Rathaus und Gericht erhalten, wo etwa
Lord Louis Mountbatten die Kapitulation der Japa-
ner Mitte September 1945 entgegennahm, oder
wo in späteren Jahren der Staatsgründer Lee Kuan
Yew seines Amtes waltete.

Asian Civilisations Museum

Wer nur wenig Zeit in Singapur verbringt, aber
tief in Asien eintauchen möchte, der muss das
ACM besuchen. Auf gut 14 000 Quadratmetern
zeigt das weiße Kolonialschmuckstück an der
Mündung des Singapore River, direkt gegenüber
dem beeindruckenden Fullerton-Hotel, alles,
was Asien-Interessierte anspricht: In elf Galerien
geben 1300 Kunstwerke aus China, Indien, Südost-
und Westasien einen sehr guten Überblick. Die
Spanne reicht von alten Religionen und Traditio-
nen bis hin zur Gegenwartskunst. Das Haus selbst
wurde 1865 von den Briten als erstes Gerichts-
gebäude in der Kolonie gebaut.

Singapore Art Museum

Aufgrund der wunderbaren Museumsneubauten
in seinem direkten Umfeld scheint das SAM
an Bedeutung verloren zu haben – zu Unrecht.
Es konzentriert sich auf die Gegenwartskunst Singapurs und der Region und legt besonderen Wert
auf Aus- und Fortbildung. Das weiße Kolonialgebäude diente 1867 zunächst als Missionsschule.
Aus dem St. Josephs Institute entstand 1996 das
erste renovierte Kunstmuseum der Stadt.

Oben: Das Singapore Art Museum
war einst eine Schule.
Unten: Lass uns ins Peranakan-
Museum gehen!

Peranakan Museum

Dieses Museum ist etwas für Singapur-Kenner und
solche, die es werden wollen: Hier befindet sich
auf drei Etagen eines Kolonialbaus die schönste

Museen im Kolonialviertel

Sammlung der Welt für jene Kunst- und Kulturgegenstände, die die eigene Volksgruppe auf der Malaiischen Halbinsel hervorgebracht hat. Die besonderen Hochzeitsrituale und Feste werden hier ebenso geschildert wie die Sprache, Tracht und natürlich das Essen. Die Peranakan sind die Nachfahren chinesischer Immigranten, die entlang der Straße von Malakka heimisch wurden und sich mit den dortigen Einwohnern und den britischen Kolonialisten vermischten. Daraus entstand eine ganz eigene, farbenfrohe und kunstvolle Kultur, die bis tief in die Kochkunst, in Architektur und Schmuck sowie Kleidung hineinreicht.

Singapore Philatelic Museum

Das farbenfrohe Kolonialgebäude, am Fuß von Fort Canning gelegen, wird leider viel zu oft übersehen. Dabei ist es ein Kleinod nicht nur für jene, die Briefmarken sammeln. Denn die kleinen Marken und die anschauliche Art, wie sie hier präsentiert werden, erzählen Kulturgeschichte. Sogar manche Erstdrucke sind zu finden, darunter auch die einzige Sammlung indischer Briefmarken in den Kolonien entlang der Straße von Malakka. Nicht nur kleine Besucher freuen sich daran, dass das Postamt hier personalisierte Briefmarken anbietet.

Mint Museum of Toys

In diesem Privatmuseum des Singapurers Chang Yang Fa geht es schön bunt zu: Gut 50 000 Ausstellungsstücke lassen wohl eher die Herzen jung gebliebener Erwachsener schneller schlagen – denn man kann natürlich nicht mit ihnen spielen, sie liegen unter Glas. Doch bietet das Spielzeugmuseum eine immense Auswahl von Exponaten aus über 40 Ländern der Erde, manche von ihnen sind mehr als einhundert Jahre alt.

Nicht verpassen

HÖREN UND SEHEN
Die Nationalgalerie liegt mit der neu entwickelten kostenlosen National Gallery Explorer App ganz vorn beim digitalverwöhnten Besucher und in der Museumsdidaktik. 100 Meisterwerke der Galerien können damit vertieft betrachtet, Hintergrundinformationen in Bild und Ton gesammelt werden. Das Programm führt langsam durch die insgesamt 64 000 Quadratmeter großen Ausstellungen, aber man kann auch seinen ganz persönlichen Rundgang kreieren. Und diesen oder andere Kommentare dann mit anderen Besuchern und Kunstinteressierten auf dem privaten Social Network des Museums oder per Facebook austauschen. Die App beinhaltet auch wissenswerte Informationen über die Architektur der beiden unterschiedlichen Museumsgebäude und ihren wunderbaren neuen, verbindenden Mittelteil mit dem »Goldenen Vlies«. Darüber erfährt man in der Building History Tour der App.

Infos und Adressen

Eingang zum Food-Paradise: die Tür
zum Peranakan-Restaurant True Blue

SEHENSWÜRDIGKEITEN

National Museum of Singapore. 10–19 Uhr,
93 Stamford Road, Tel. 0065 63 32 36 59,
www.nationalmuseum.sg, U-Bahn CC2 Bras Basah

National Gallery Singapore. So–Do 10–19,
Fr, Sa 10–22 Uhr, 1 St. Andrew's Road,
Tel. 0065 62 71 70 00, www.nationalgallery.sg,
U-Bahn EW13, NS25 City Hall

Asian Civilisations Museum (ACM).
Sa–Do 10–19, Fr 10–21 Uhr, der Eintritt ist freitags
ab 19 Uhr um 50 Prozent reduziert, außerdem
werden günstigere Packages mit dem Peranakan-
Museum angeboten, 1 Empress Place,
Tel. 0065 63 32 77 98, www.acm.org.sg,
U-Bahn EW, NS Raffles Place

Singapore Art Museum (SAM). Sa–Do 10–19,
Fr 10–21 Uhr, Eintritt freitags 18–21 Uhr frei,
71 Bras Basah Road, Tel. 0065 65 89 95 80,
www.singaporeartmuseum.sg, U-Bahn CC2
Bras Basah

Peranakan Museum. Sa–Do 10–19,
Fr 10–21 Uhr, Eintritt freitags 50 Prozent,
Packages mit dem ACM, 39 Armenian Street,
Tel. 0065 63 32 75 91,
www.peranakanmuseum.org.sg,
U-Bahn EW13, NS25 City Hall

Singapore Philatelic Museum. Mo 13–19,
Di–So 9.30–19 Uhr, 23B Coleman Street,
Tel. 0065 63 37 38 88, www.spm.org.sg,
U-Bahn EW13, NS25 City Hall

Mint Museum of Toys. 9.30–18.30 Uhr,
26 Seah Street, Tel. 0065 63 39 06 60,
www.emint.com, U-Bahn CC3 Esplanade

ESSEN UND TRINKEN

Food for Thoughts. Restaurant in der Halle des
National Museum mit kleinen, feinen Mahlzeiten
und Kuchen. Tel. 0065 63 38 98 87,
www.foodforthought.com.sg

National Kitchen By Violet Oon; Aura; Odette.
Gleich drei Spitzenrestaurants hat die neue National
Gallery zu bieten. Gehobene Peranakan-, italienische und französische Küche lassen das Speisen in
diesen fantastischen Räumen zum Erlebnis werden.

National Kitchen: City Hall Wing Nr. 02-01,
Tel. 0065 98 34 99 35, www.violetoon.com.
Aura: City Hall Wing Nr. 05-03 und 06-02,
Tel. 0065 68 66 197 7, www.aura.sg.
Odette: Supreme Court Wing Nr. 01-04,
Tel. 0065 63 85 04 98,
www.odetterestaurant.com

Privé ACM und Empress ACM. Zwei Restaurants im Asian Civilisation Museum, sie bieten
einerseits unkomplizierte leckere westliche Gerichte, andererseits gehobene kanton-chinesi-
sche Küche und eine Bar an. Beide verfügen über
eine Dachterrasse und damit verbunden einen
wunderbaren Blick auf den Singapore River
und die Skyline des CBD.
Privé ACM: Nr. 01-02,
Tel. 0065 67 76 07 77,
www.priveacm.com.sg

Empress ACM:
Nr. 01-03, Tel. 0065 62 38 87 33,
www.empress.com.sg

Trattoria Lafiandra. Ein italienisches Restaurant im Haus und im schattigen Hof des Singapore Art Museum mit typischen Gerichten wie Pizza und Pasta und rot-weiß karierten Tischdecken.
Nr. 01-02, Tel. 0065 68 84 40 35,
www.lafiandra.com.sg

True Blue. Am Peranakan-Museum gibt es natürlich ein Restaurant mit Peranakan-Küche. Es ist bekannt für seine authentischen, seit Generationen überlieferten Rezepte, denn es hat seinen Ursprung im Peranakan-Stadtteil Katong. Wer neugierig auf diese Küche ist, sollte sie hier probieren. In der True Blue Pantry im Museum selbst gibt es typische Erfrischungsgetränke und kleine Küchlein.
47/49 Armenian Street, Tel. 0065 64 40 04 49/45 48,
www.truebluecuisine.com

Stuttgart Blackforest Boutique S-Café.
Die Schwabenecke in Singapur. Zünftige Küche, Weine und Biere aus Baden-Württemberg.
Die Schwarzwälder Kirschtorte darf natürlich dabei nicht fehlen. 9 Bras Basah Road, »Rendezvous Hotel« Gallery Nr. 01-01, Tel. 0065 63 36 86 75

The Auld Alliance. Wem nach all den Museen der Sinn nach einer hochprozentigen Stärkung steht, ist hier richtig: Eingerichtet mit schweren Ledersesseln und dezenter Beleuchtung wie in einem altenglischen Club, reihen sich Hunderte Flaschen ausgesuchter Whiskeysorten an den Wänden entlang. Ab 17 Uhr, »Rendezvous Hotel« Gallery Nr. 02-02A, Tel. 0065 63 37 22 01,
www.theauldalliance.sg

ÜBERNACHTEN
Rendezvous Hotel. Modernes Hotel im Retro-Stil, das teilweise in einem restaurierten Kolonialbau residiert, zentral gelegen im Kunst- und Museumsviertel. Angegliedert ist die Rendezvous Hotel

Gallery mit Restaurants und Geschäften.
Ab S$ 180, 9 Bras Basah Road,
Tel. 0065 63 36 02 20,
www.stayfareast.com/en/hotels/rendezvous-hotel-singapore.aspx

EINKAUFEN
Museumsshops. Wunderbare Stätten, um Kunsthandwerk, Bücher und ansprechende Souvenirs zu erstehen. Jedes Museum besitzt einen solchen Laden, das Angebot ist dabei auf das jeweilige Haus zugeschnitten. Künstlerisch bedruckte Seidenschals, ausgefallener Schmuck, Informationsbücher und Prachtbände, aber auch kleine, witzige Mitbringsel und natürlich Postkarten – die Vielfalt ist groß und immer geschmackvoll.

Supermama. Einer der wichtigsten, prämierten Singapurer Designläden hat ein Geschäft im Singapur Art Museum (SAM). Hier gibt es handverlesene Designartikel aus der ganzen Welt. Besonders schöne und ausgefallene Souvenirs sind das One Singapore Plate Set, bemalt mit allen Singapore Icons, sowie das Merlion Bundle Set, beide aus blau-weißem Porzellan. Sa–Do 10–19, Fr bis 21 Uhr, 71 Bras Basah Road Nr. 01-04, www.supermamastore.com

Der rechte Ort für Spieler: das Mint Museum of Toys

7 Orchard Road – Nordwesten
Königin unter Asiens Einkaufsmeilen

Champs-Élysées? Königsallee oder Kudamm? Singapur selbst preist seine Orchard Road als »Asias Most Famous Shopping Street« an, die berühmteste Einkaufsstraße Asiens. Darüber mag man trefflich streiten. Doch hat sich die Achse der Stadt mit ihren unzähligen Geschäften enorm herausgeputzt. Luxus ist hier Normalzustand. Und am Sonntag ist es so voll, dass mancher Platzangst bekommen könnte.

Boulevard zu den Plantagen

Wen interessieren angesichts solcher Pracht die nackten Daten? 2,2 Kilometer misst der Boulevard, er zerlegt Singapur in zwei Hälften. Ganz grob betrachtet – und geografisch nicht ganz sauber – erstreckt sich die Einbahnstraße vom Alten Botanischen Garten und dem Tanglin-Einkaufszentrum bis hinunter zum Raffles Hotel (hier heißt die Achse Bras Basah Road), nah an der Marina Bay. Damit ist sie die Hauptverkehrsader in den Geschäftsbezirk. Letztlich war sie das schon immer: Denn schon ihr Name verweist darauf, dass die lang gestreckte Achse einst Hafen und Geschäftsareal mit den weitläufigen Plantagen im zentralen Bereich der Insel verband, wo Großbauern Muskatnuss, Früchte und Pfeffer anbauten. Allerdings wird über die Herkunft des Namens gestritten: Die einen führen ihn auf die Obstplantagen (Orchard) zurück. Die anderen sehen seinen Ursprung in einem Briten namens Orchard, der seinerseits Obstbauer war. Erstmals genannt wurde die Straße

Moderne Kunst vor der Shoppingmall: das ION, ein Konsumtempel im Herzen der Stadt

Orchard Road

schon 1836 in George Colemans heute
berühmter Karte von Singapur. In jenen
Jahren war sie aber noch nicht mehr als
ein breiter Lehmweg durch den Dschungel.
Wenige Jahre später jedoch säumten schon die
ausladenden Tropenbungalows der Kolonialherren
die Straße. Heute sprechen Einheimische und Touristen längst nur noch von »der Orchard«, auf der
man sich treffen wolle.

Einkaufen unter Tage

Bestens dafür geeignet ist die Kreuzung mit der
Scotts Road am oberen, nordwestlichen Ende der
Straße. Hier liegt das Singapore Marriott Tang
Plaza Hotel mit seinem unverkennbaren chinesischen Dach. Im Erdgeschoss bietet das Hotel eine
offene Bar, von der aus sich das Leben auf der
Straße und seine Akteure hervorragend beobachten
lassen. Hier pulsiert das Zentrum der Orchard
Road: Gegenüber strahlt das riesige Einkaufszentrum ION Orchard mit seinen Hunderten von
Geschäften und vielen Restaurants. Im Untergeschoss liegt ein guter *food court*. Allerdings ist
das Zentrum so angelegt, dass man sich leicht
verlaufen kann und wohl auch soll: Die Gassen
entlang der Läden winden sich wie in einer italienischen Kleinstadt.

Durch einen Gang im Untergeschoss kommt man
zum Wheelock Place, einer Mall mit markantem
Glaskegel als Dach. Wer weiter »unter Tage«
bleibt, kommt auch bei Regen trockenen Fußes
auf die andere Straßenseite und kann entlang des
Kaufhauses Isetan unter der Scotts Road hindurch
zurück zum Hotel gelangen, oder in das beliebte
Kaufhaus Tangs. Die Eigentümer dieser Singapurer Institution sind Christen, deshalb ist es zur
Weihnachtszeit immer besonders schön und aufwendig dekoriert.

Nicht verpassen

LECKEREIEN IM UNTERGRUND

Wer genug hat von den
Cartiers und Louis Vuittons
dieser Welt, der kann auch
in Singapur preiswert einkaufen.
Das geht auch mitten im Zentrum:
Im Untergeschoss der für mehr als
eine halbe Milliarde Dollar gebauten
Einkaufsmeile Ngee Ann City liegt
eine große Sonderverkaufsfläche.
Hier bieten Händler ihre Überschuss-
waren an – das können Küchenge-
räte sein, Spielwaren, Kleider oder
Turnschuhe. Alles meist billiger als
in Europa und oft nur eine Saison alt.
Besonders strahlt die Fläche aber
dann, wenn Singapur feiert: Denn im
Herbst, während des Mid-Autumn-
Festes, bieten hier alle Hotelbäcke-
reien ihre gefüllten Mooncakes an:
Küchlein, gefüllt mit Lotospaste und
Eigelb. Das schönste: Man darf an
jedem Stand probieren.

Ngee Ann City. 10¬22 Uhr,
391 Orchard Road,
ww.ngeeanncity.com.sg

Thailands König beweist Weitblick

Wer sich nur in diesem Viereck entlang der Straßenkreuzung bewegt, kann zwar Tage beim Einkauf verbringen, verpasst aber eine Besonderheit der Straße: Etwas höher liegt ein großes, altes Gebäude umgeben von Rasen. Ein ungewöhnlicher Anblick, denn der Grund hier kostet Milliarden, und deshalb reiht sich normalerweise Hochhaus an Hochhaus. Doch hat König Chulalongkorn des damaligen Siam Weitsicht bewiesen, als er um 1890 dieses Grundstück kaufen ließ. Hier baute die thailändische Botschaft – und sie residiert noch heute im Stil des vergangenen Jahrhunderts.

Wer von der Kreuzung gen Osten Richtung Hafen spaziert, kommt an vielen neu gestalteten Einkaufspalästen vorbei. Um sie klimatisieren zu können, liegen die Geschäfte alle innen – das heißt, ein Schaufensterbummel entlang der Straße ist nur begrenzt möglich und zeigt vor allem die Luxusgeschäfte. Zu empfehlen ist das riesige Zentrum Ngee Ann City mit dem Kaufhaus Takashimaya. Sie bieten ein Überangebot an Luxusmarken und die sehr gut sortierte Buchhandlung Kinokunya im vierten Stock. Gegenüber liegt das Paragon, ein Zentrum, in dem Luxusmarken, aber auch Sportgeschäfte ohne allzu viel Gedränge zu erreichen sind.

Oben: Auch nachts ein Augenschmaus: das ION auf der Orchard Road
Mitte: Pariser Macarons in allen Pastellfarben: Ladurée im Takashimaya
Unten: Nicht nur Chicken Rice: Burger in der Tiong Bahru Bakery.

Infos und Adressen

Lichtermeer im Paragon: Sun Yu-Lis Skulptur weist in den Himmel.

SEHENSWÜRDIGKEITEN

Orchard Road Nordwesten. U-Bahn NS22

Kunst auf der Orchard Road. Viele Objekte bekannter Künstler stehen entlang der Einkaufsmeile, oft vor den Kaufhäusern: Vor dem Ion Orchard befindet sich die Muskatnuss und -blüte des Japaners Kumari Nahappan (2009). Sie erinnert an die Plantagen, die hier einst gepflegt wurden (ION Orchard, 2 Orchard Turn). Vor dem Paragon stehen sechs Skulpturen von Sun Yu-li aus dem Jahr 2002. Sie erinnern an Höhlenmalereien früherer Zivilisationen.

Royal Thai Embassy. 370 Orchard Road, Tel. 0065 67 37 26 44

ESSEN UND TRINKEN

Nanbantei Schlichtes japanisches Grillrestaurant. 14 Scotts Road, Far East Plaza, Nr.05-132, Tel. 0065 67 33 56 66, www.nanbantei.com.sg

Wild Honey. Den ganzen Tag üppig frühstücken. 6 Scotts Square, Tel. 0065 66 36 18 16, www.wildhoney.com.sg

TWG. Tea time im Edelstil. Im ION Orchard, Nr. 02-21

EINKAUFEN

Tangs. Kaufhaus mit vielen Produkten lokaler Designer, trendige Mode- und Küchenutensilienabteilung. 310 Orchard Road, www.tangs.com

ION Orchard. 2 Orchard Turn, www.ionorchard.com

Hier: Daiso, Nr. B4-47, alles für 2 S$. Uniqlo, Nr. B2-38, gute Modebasics ohne Label

Wheelock Place. 501 Orchard Road, www.wheelockplace.com

Hier: Marks & Spencer, Nr. 01-01, gut sortierte Dessousabteilung, Kleidung, Schuhe in großen Größen. Rustic Room, Nr. 03-07, Leinenkleidung. Threadbare & Squirrel, Nr. 02-20, Designerkleidung

Paragon. 290 Orchard Road, www.paragon.com.sg

Hier: Metro, Nr. 02-28, sehr gute Schuhabteilung

Takashimaya. Gute Mode-und Schmuckabteilung, 391 Orchard Road, www.takashimaya.com

Kinokuniya. Buchhandlung mit sehr großer Auswahl. In: Ngee Ann City, 391 Orchard Road, Nr. 04-20/20B/20C

ÜBERNACHTEN

Royal Plaza on Scotts. Exklusives Nichtraucher-Hotel. Ab S$ 180. 25 Scotts Road, Tel. 0065 65 89 77 77, www.royalplaza.com.sg

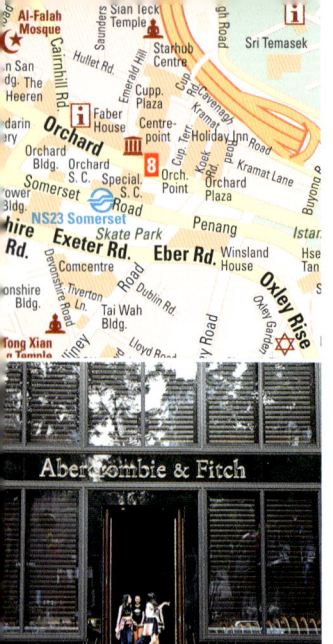

8 Orchard Road – Südwesten
Einkaufs- und Regierungstempel

Auch eine altehrwürdige Dame wie die Orchard Road braucht dann und wann ein Facelift. Während der obere Teil der berühmten Einkaufsstraße eher von eingesessenen Kaufhäusern und Luxusmarken bestimmt ist, scheint der untere mehr dem jungen Publikum gewidmet. Wäre da nicht auch der riesige, freilich meist verschlossene Park mit der schlossähnlichen Istana, von der aus Singapur regiert wird.

Shop till you drop

Es fällt leicht, die Orchard Road in zwei imaginäre Hälften zu zerlegen. Denn der Übergang hinter dem Großkaufhaus Ngee Ann City auf der einen und dem Paragon auf der anderen Seite markiert den Wechsel zwischen Luxusgeschäften und Einkaufszentren mit deutlich erschwinglicheren Marken, die eine jüngere Kundschaft anziehen. Hier sitzen Abercrombie&Fitch ebenso wie der Flagshipstore von H&M.

An der Ecke liegt der neue große Laden von Robinsons The Heeren mit ausgewählten Designermarken aus der ganzen Welt, außerdem einer schönen Abteilung für Küchenutensilien. Nur ein paar Schritte weiter auf der linken Seite findet man auch das Tourismusbüro Singapore Visitor Centre, wo es nicht nur Karten und Broschüren, sondern vor allem kompetente Auskunft gibt. Gegenüber, und durch den unterirdischen Gang des Orchard Gateway verbunden, liegt der beliebte

Oben: Singapur bietet Weltmarken ein Zuhause.
Unten: Hier wird regiert: der Palast Istana

Orchard Road

Einkaufspalast 313. An ihn grenzen die Glasbauten von Orchard Gateway und Orchard Central. Spätestens sonntags ist das Einkaufen hier eine Herausforderung: Gerade 313 quillt dann über vor gut gelaunten Asiaten, die auf ein Schnäppchen hoffen. Gleichwohl ist die Atmosphäre immer freundlich und trotz der Fülle entspannt. Gegen den europäischen Hunger gibt es hier einerseits einen »Marché«, zum anderen die deutsche »Brotzeit« mit Currywurst und Sauerkraut. Wer es asiatischer mag, kehrt gegenüber in die Cuppage Terrace ein – eine kleine Gasse zwischen alten, bunt bemalten Häusern, an deren Ende einige Bistros und Touristenrestaurants liegen.

Palast im Park

Der Höhepunkt dieses unteren Teils der Orchard Road wird den meisten Touristen leider verschlossen bleiben: Hinter dem streng bewachten Tor auf der linken Seite, gegenüber der U-Bahn-Station Dhoby Ghaut, liegt die Istana, der Sitz des Präsidenten Singapurs und Arbeitsort des Ministerpräsidenten. Das weiße, schlossähnliche Gebäude wurde von indischen Gefangenen im Auftrag der Briten 1867 auf einer früheren Muskatnussplantage errichtet. Breit hingestreckt und streng symmetrisch – durch Säulen gegliedert, mit deutlich vortretendem Mitteltrakt und zwei seitlichen Giebeln –, ist der Bau ganz auf Repräsentation ausgerichtet. Er ist jedoch nur an hohen Festtagen für die Öffentlichkeit zugänglich.

Auf dem Gelände stehen weitere historische Bungalows, in denen bis in die 90er-Jahre des vergangenen Jahrhunderts Staatsgäste untergebracht wurden. Sie alle liegen, von der Straße aus nicht einsehbar, in einem großen Landschaftspark im Herzen der Stadt, der allein vier Seen zählt. Gleich

Geheimtipp

FANTASIEVOLLER SCHMUCK

Der Designladen Keepers ist ihr Aushängeschild, doch eigentlich braucht sie ihn gar nicht mehr: Denn Carrie K., so der Künstlername von Carolyn Kan, hat geschafft, was bislang wenigen Singapurern gelang. Sie baute sich eine eigene Karriere als Schmuckdesignerin auf. Bei einer Reise nach Italien verfiel sie der Schmuckkunst und lernte gemeinsam mit ihrem Mann, filigrane Ringe, Halsketten und Armbänder zu gestalten. Heute zeigen die beiden ihren Schmuck in der Designkollektive Keepers im Laden im National Design Centre, neben wechselnden anderen lokalen Designern. Dabei fußt vieles auf einem fantasievoll-charmanten Marketingkonzept, das sie seit ihrem ersten Leben als Werbefachfrau beherrscht. Erst 2009 gegründet, ist Carrie K. heute im internationalen Geschäft gut vertreten.

Carrie K. bei Keepers. Mo–Sa 12–19 Uhr, National Design Centre Nr. 02-03, 111 Middle Road, Tel. 0065 63 52 25 59, www.keepers.com.sg

Viel Raum für lokale Künstler: das National Design Centre

85

neben der Istana erhebt sich das neu gestaltete Einkaufszentrum Plaza Singapura, das keine Luxusmarken vertritt, sondern prallvoll ist mit asiatischen Markenboutiquen, Restaurants und Gebrauchswarengeschäften. Und mit Leben: Hier gehen vor allem viele Singapurer gern einkaufen und essen.

Art-déco-Kaufhaus

Schließlich ist man am letzten Kleinod der Straße angekommen: dem Einkaufszentrum The Cathay mit seiner wunderbaren Art-déco-Fassade: wellenförmig gegliedert, mit schlichten Fenstern, die von eleganten, halbrunden Vordächern wie von einem Band überragt werden. Den Kontrast bildet die fächerförmige Eingangsfront mit dem Treppengiebel. 1939 wurde The Cathay als Sitz der Rundfunkanstalt gebaut und galt damals als das höchste Hochhaus Südostasiens. Kurz darauf nutzten es die japanischen Invasoren. Nach einer umfassenden Renovierung gibt es heute hier nicht nur ein Kino, sondern auch zahlreiche Läden und Cafés, vornehmlich für das studentische Publikum der angrenzenden Hochschulen.

Danach geht die Orchard Road über in die Bras Basah Road, und die Zahl der Einkaufstempel nimmt spürbar ab, diejenige der Hotels und Kolonialbauten zu. Hier beginnt der Kunst- und Kulturbezirk Singapurs (siehe S. 72 ff.).

Oben: Schöner Ausblick für Politiker: der Park der Istana
Mitte: Bunte Vögel: Singapur ist ein Paradies für Tiere.
Unten: Weihnachtsrummel auf der Orchard Road

Infos und Adressen

SEHENSWÜRDIGKEITEN

Istana. Geöffnet für Besucher nur fünf Tage im Jahr: zu Chinese New Year, Tag der Arbeit, Hari Raya Puasa, National Day und Deepavali. Orchard Road, www.istana.gov.sg

The Cathay. 2006 von Architekt Paul Noritaka Tange umgebautes Art-déco-Gebäude. 10–22 Uhr, 2 Handy Road, www.thecathay.com.sg

Beide: U-Bahn CC1, NS24, NE6 Dhoby Gaut

ESSEN UND TRINKEN

Marché Mövenpick@Somerset. Im 313@Somerset Level1, 313 Orchard Road, Tel. 0065 68 34 40 41, www.marche-restaurants.com/en/marche-313 somerset

Brotzeit. Im 313@Somerset, 313 Orchard Road, Nr. 01-27, Tel. 0065 68 34 40 38, www.brotzeit.co

Künstliche Weihnachtsbäume, wie nur die Tropen sie bieten.

ÜBERNACHTEN

Hotel Jen Orchardgateway. Sehr modern, mit großartigem Panorama vom Dachpool aus. Ab S$ 220. 277 Orchard Road, Tel. 0065 67 08 88 88, www.hoteljen.com/singapore/orchardgateway

EINKAUFEN

Robinsons The Heeren. 10.30–22 Uhr, 260 Orchard Road, www.robinsons.com.sg/tag/robinsons-the-heeren

313@Somerset. 313 Orchard Road, www.313somerset.com.sg

Orchardgateway. 10.30–22.30 Uhr, 277 und 218 Orchard Road, www.orchardgateway.sg

Hier: Naiise, Nr. 02-02/24, Produkte junger, auch Singapurer Designer, ganz neue Arten von Souvenirs und Töpferwaren vom Dragon Kiln (siehe S. 266 f.), www.naiise.com

Orchard Central. 11–22 Uhr, 181 Orchard Road, www.orchardcentral.com.sg

Hier: Pact, Nr. 02-22, ein Zusammenschluss (»Pakt«) aus drei Läden und einem Restaurant, www.visitpact.com

Plaza Singapura. 68 Orchard Road, www.plazasingapura.com.

Friseur. Wer gern in Singapur einmal seine Frisur richten möchte und Angst hat vor Verständigungsschwierigkeiten, der ist bei der Deutschen Heidi Rupp in sehr guten Händen. 111 Killiney Road, Tel. 0065 83 95 97 19

INFORMATIONEN

Singapore Visitor Centre Orchard. 9.30–22.30 Uhr, 216 Orchard Road, gegenüber Orchardgateway, Tel. 0065 67 38 05 79, www.yoursingapore.com/about-singapore/traveller-information/tourism-centre

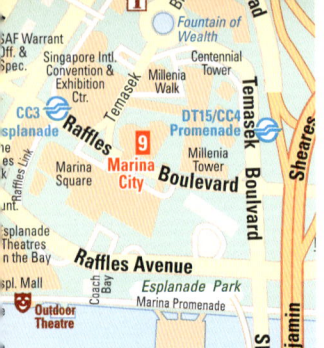

9 Marina City
Einkaufs- und Rennwagen

Ein eigener Stadtteil ist Marina City eigentlich nicht, denn die Verwaltung zählt das Areal zwischen der überwältigenden Shoppingmall Suntec City und dem Riesenrad zur Marina Bay. Und doch hat das Gebiet ein ganz eigenes Gesicht. Das sehen gut 400 Millionen Menschen rund um die Erde einmal im Jahr: Denn die Formel 1 trägt hier ihren Singapore Grand Prix aus. Die Nachtbilder, die weltweit übertragen werden, sind spektakulär.

Große und schnelle Räder

Man mag es kaum glauben: Jedes Jahr im Spätsommer werden entlang der Boulevards zwischen Riesenrad und Suntec City Mall hohe Metallzäune und Lichtbrücken aufgebaut. Denn Ende September drehen hier die Boliden der Formel 1 im ersten Nachtrennen der Welt ihre Runden. Der innerstädtische Parcours führt entlang der Esplanade und der Marina Bay bis zum Fullerton Hotel und dann zurück bis zum Riesenrad. Denn in seinem Schatten steht das Boxenstopp-Gebäude: Außerhalb der Rennwoche wird es für andere Zwecke genutzt, wie etwa die Kunstmesse Affordable Art. Auf der geteerten Strecke, wo sonst Start und Ziel liegen, üben die Teilnehmer der Paraden, die in Singapur abgehalten werden. Rennenthusiasten können hier aber auch außerhalb ihrer Saison ein wenig Formel-1-Luft schnuppern.

Besonders auf Kinder wirkt das danebenliegende Riesenrad, der Singapore Flyer, anziehend. Nachts strahlt es in allen Bonbonfarben, und es dreht sich so sachte, dass man die Bewegung auch tags-

Oben: Immer im Kreis: Singapore Flyer, das Riesenrad an der Marina Bay
Unten: Der größte Brunnen der Stadt ist die Fountain of Wealth in Suntec City.

über kaum wahrnimmt. Gerade das macht seinen Charme aus: Wer hier einsteigt, hat genügend Zeit für den Ausblick bis weit hinüber auf die indonesischen Inseln. Allerdings birgt das riesige Rad besonders für manchen Deutschen eine sehr hässliche Erinnerung: Sein Gründer, ein deutscher Unternehmer, und die beteiligten deutschen Banken versprachen Kleininvestoren Traumrenditen, die sie jedoch niemals erreichten. Diese dubiosen Geschäftspraktiken fielen schließlich auch Singapurs Behörden auf, und es kam zu drastischen Eingriffen. Dann litt das Rad unter dem Fernbleiben der Touristen, die aus gutem Grund lieber auf das Dach des gegenüberliegenden MBS-Komplexes umzogen, um dort ohne zeitliche Begrenzung den Blick in die Ferne genießen zu können. Technische Mängel führten das Rad sogar bis an den Rand der Schließung. Inzwischen ist der Investor über alle Berge, das Rad dreht sich mit Staatshilfe weiter, und Familien aus der ganzen Welt haben in den Gondeln ihre Freude.

Fünf Finger einer Hand

Das gilt auch für Suntec City. Nach einer umfassenden Renovierung bietet die Mall nicht nur das große Kongresszentrum Singapore International Convention and Exhibition Centre, das viel genutzt wird. Sondern auf mehr als 82 000 Quadratmetern gut 200 Geschäfte, die jedes Bedürfnis decken. In Suntec City starten auch die beliebten Duck Tours, die mit umgebauten Amphibienfahrzeugen der Armee über die Straßen der Altstadt direkt ins Wasser der Bucht führen.

Die Fountain of Wealth, ein riesiger Springbrunnen im Zentrum des Verkehrskreisels, spricht besonders Chinesen an, denn sie versprechen sich von dem positiven Wasserstrom ein gutes »Qi«,

---

Geheimtipp

FUNDGRUBEN FÜR KENNER

Handgenähte Lederwaren von kleinen, feinen Marken oder Vintagekleidung von den ganz großen Herstellern – diese beiden Geschäfte im Millenia Walk sind Fundgruben für Kenner. Goodgoods führt Taschen und verschiedene Lederprodukte, die handgemacht sind und aus kleinen Werkstätten, vor allem aus Amerika und England stammen. Diese Qualitätsarbeiten sind nicht billig, aber wegen ihrer Haltbarkeit ihren Preis wert. Déjà Vu Vintage bietet gebrauchte Designermode aus Europa, USA, Australien und Japan an. Viele Stücke sind von den großen Marken der italienischen und französischen Modewelt, Schuhe, Taschen und Schmuck sind ebenfalls im Sortiment.

Goodgoods. 11–20 Uhr, Millenia Walk Nr. 01-30, Tel. 0065 93 20 00 33, www.goodgoods.com.sg
Déjà Vu Vintage. 11–21 Uhr, Millenia Walk Nr. 01-70, Tel. 0065 63 38 80 13 www.dejavuvintage.com

das für Wohlstand steht. Spätestens jetzt würde es sich lohnen, einen Hubschrauber zu chartern: Denn die fünf Gebäude von Suntec City sind angelegt wie die Finger der linken Hand, wobei der riesige Brunnen den Ring darstellt, der in der Handfläche ruht. Dies entspricht dem chinesischen Feng Shui, nach dessen Vorgaben gerade in den 80er- und 90er-Jahren des vergangenen Jahrhunderts in Singapur viel gebaut wurde. In den Hochhäusern residieren nicht nur Botschaften, sondern auch einige deutsche Unternehmen, wie zum Beispiel Daimler.

Interessant ist der Millenia Walk gegenüber dem Conrad Centennial Hotel. Hier wird versucht, die für Singapur eher untypischen kleinen Marken anzusiedeln. Dazu zählen auch deutsche Firmen wie etwa der Kofferhersteller Rimowa (der auch Reparaturen annimmt) und die Hemdenfirma van Laack (allerdings teurer als in Deutschland).

Entlang der Parkplätze haben sich zahlreiche Restaurants niedergelassen. Unter ihnen das Paulaner Bräuhaus, in dem zünftige bayerische Küche geboten wird. Seine Fußballübertragungen während der Weltmeisterschaften und das Oktoberfest sind unter Deutschen in Singapur legendär. Die umliegenden Luxushotels vom lange unter deutscher Führung stehenden »Conrad Centennial« bis zum Ritz Carlton mit Blick auf die Bay bieten herausragende Restaurants.

Oben: Durchblick: In Suntec City wachsen die Türme in den Himmel.
Mitte: Immer nach oben: im Suntec Convention and Exhibition Centre
Unten: Nah am Wasser gebaut: der Millenia Walk

Infos und Adressen

Im Paulaner Bräuhaus fließt bayerisches Bier.

SEHENSWÜRDIGKEITEN

Singapore Flyer. 8.30–22.30 Uhr, 30 Raffles Avenue, www.singaporeflyer.com, U-Bahn CC4, DT15 Promenade

Suntec City mit Fountain of Wealth. 10–12, 14–16 und 18–19.30 Uhr, 3 Temasek Boulevard, www.suntecity.com.sg, U Bahn CC3 Esplanade

ESSEN UND TRINKEN

Golden Peony. Sehr gutes kantonesisches Restaurant im Conrad Centennial Hotel (siehe rechte Spalte). 2 Temasek Boulevard, Tel. 0065 64 32 74 82, www.conradhotels3.hilton.com

Paulaner Bräuhaus Singapore. Ab 12 Uhr, 9 Raffles Boulevard, Millenia Walk, Nr. 01-01, Tel. 0065 68 83 25 72, www.paulaner-brauhaus.com

PasarBella. Ableger der Markthalle in Turf City (siehe S 197). 10–22 Uhr, 7 Temasek Boulevard, Suntec City, Nr. 01-455 North Wing, www.pasarbella.com

EINKAUFEN

Suntec City Mall. 10–22 Uhr, 3 Temasek Boulevard, Tel. 0065 68 22 15 37, www.suntecity.com.sg

Millenia Walk. 10–22 Uhr, 9 Raffles Boulevard, Tel. 0065 68 83 11 22, www.milleniawalk.com

AKTIVITÄTEN

Duck Tours. 60-minütige Fahrt auf der und um die Marina Bay mit dem Amphibienfahrzeug. Tgl. 9–18.30 Abfahrt in Suntec City Mall, Safari Gate, Nr. 01-330 oder vom Singapore Flyer, Tel. 0065 63 38 68 77, www.ducktours.com.sg

ÜBERNACHTEN

Conrad Centennial Singapore. Das preisgekrönte Hotel erinnert nicht nur wegen seines guten Services an die Zeiten der Grandhotels. Ab S$ 280. 2 Temasek Boulevard, Tel. 0065 63 34 88 88, www.conradhotels3.hilton.com

Blau vor Grau, Kunst vor Beton: Marina City

10 Little India
Indien ohne Risiko

Farben, Düfte und Musik – wer in Little India ist, merkt es sofort: Die engen Gassen links und rechts der Serangoon Road scheinen aus einer anderen Welt zu stammen. Zwar liegt auch das indische Viertel in Sichtweite der Hochhäuser des Finanzdistrikts, und doch ist dieser Stadtteil ein ganz eigener. Für viele Besucher ist er der schönste und spannendste Singapurs. Denn hier lassen sich Indien und seine Facetten spüren. Und das ohne jedes Risiko.

Der Stein eines jeden Hauses, jeder Straßenname atmet hier Geschichte. In mancher der Gassen von Little India hat sich in den fast zwei Jahrhunderten seit seiner ersten Besiedlung nicht viel verändert. Schon die Kleidung der Menschen zeugt von ihrem Traditions- und ihrem Selbstbewusstsein: Hier gehen viele Frauen noch im Sari aus. Die Männer tragen oft Goldschmuck. Und bei einem der zahlreichen Feste putzen sich alle heraus und zeigen, wie wichtig und eigen ihre Kultur ist.

Arme Gefangene, reiche Händler

Little India hat für Singapur Geschichte geschrieben. Die ersten Inder, die ab 1825 in die Stadt kamen, waren Gefangene, die die Briten von der einen Kolonie in die andere verlagerten, um dort den Aufbau voranzutreiben. Kurz darauf folgten aber schon Beamte und Händler, die im britischen Indien ausgebildet worden waren. Aus ihrer Heimat führten vor allem die Händler aus Gujarat Opium, Stoffe, aber auch Salpeter ein – manche von ihnen schufen so die Grundlage großer Handelshäuser. Traditionell liegen bis heute der Geldwechsel und

Vorbereitung auf das große Fest: Thaipusam naht

Rundgang durch Litte India

Ⓐ Der beste Ausgangspunkt für das Viertel ist das **Indian Heritage Centre,** 5 Campbell Lane

Ⓑ Schräg gegenüber liegt der Eingang in die **Little India Arcade,** bestehend aus Shophäusern von 1920. Die Preise hier sind günstig, die Händler fair. Besonders schön ist es für weibliche Gäste, sich an den Ständen die Hände mit Henna-Mustern bemalen zu lassen. Aber Achtung: Das Henna bleibt über Stunden färbend – weiße Kleidung lässt sich so leicht dauerhaft verschmutzen. 9–22 Uhr, 48 Serangoon Road, Tel. 0065 62 95 59 93

Ⓒ Am Ende der Gasse residiert der **Moghul Sweet Shop.** Hier gibt es die besten indischen Süßigkeiten und Plätzchen, wie Kokosnussmilchkekse oder Rasgulla, Milchbällchen in Zuckersirup. 48 Serangoon Road Nr. 01-16

Ⓓ Der **Pusat Tekka** gegenüber ist einer der wichtigsten Märkte Singapurs. Besonders interessant ist es hier frühmorgens, wenn die Hausfrauen oder Köche im Erdgeschoss an den Ständen mit frischen Fischen handeln. Gewürze gibt es hier genauso wie tropisches Obst. Im Obergeschoss ist einer der besten Plätze, um indische Saris oder Stoffe zu kaufen. 6.30–21 Uhr, 665 Buffalo Road

Ⓔ Ein paar Meter weiter auf der Serangoon Road befindet sich **Komala Vilas.** Das vegetarische Restaurant wurde 1947 gegründet – und scheint sich innen kaum verändert zu haben. In Singapur ist das Komala Vilas eine Institution und hat inzwischen entsprechend viele Ableger. 76–78 Serangoon Road, Tel. 0065 62 93 69 80, www.komalavilas.com.sg

Ⓕ Das **Tan Teng Niah House** gehörte einem Geschäftsmann, der mit Konditoreien sein Geld gemacht hatte. 1900 für seine Frau gebaut, ist das kunterbunte Haus eine der letzten original erhaltenen chinesischen Villen – mitten in Little India gelegen. 37 Kerbau Road

Ⓖ Eine Vielzahl von Restaurants gibt es auf der **Race Course Road.** Hier ist der beste Ort, um das berühmte Fish Head Curry zu probieren, eines von Singapurs Nationalgerichten. Aber auch vegetarische Restaurants oder solche mit nordindischen Kebabs gibt es hier.

ESSEN WIE AM EVEREST

Geheimtipp

An Restaurants herrscht in der Chander Road wirklich kein Mangel. Aber eines ist besonders empfehlenswert: »New Everest Kitchen« von Martin Pun. 2006 gegründet, bietet sein nepalesischer Koch Yam Taha Dur Thapa die besten Momos (gefüllte Teigtaschen), Ladyfingers und Chicken Tikka Masala (Hühnchenbrust in hauseigener Soße). Raita (Yoghurt-Soße) und Lassi (süßer oder salziger Joghurtdrink) erfrischen. Das Restaurant ist, so wie die in seiner Nachbarschaft, ganz einfach eingerichtet. Doch kommen die Nordinder und Nepali oder Gurkhas der Stadt nicht grundlos zu Pun – das Essen ist einfach lecker. An den Wänden hängen Bilder des Himalaja – allein das sorgt für eine kühle Verschnaufpause im heißen Little India.

»New Everest Kitchen«. Mi–Mo 10.30–22.30 Uhr, 55 Chander Road, Tel. 0065 62 99 07 45, www.neweverestkitchen.com

Frische Nudeln sind in Singapur für jeden eine Delikatesse.

das Mediengewerbe in Singapur in den Händen der Inder. Viele sind heute auch Richter und Anwälte. Die Chettiars waren dank der Geldgeschäfte aus ihren Kittangis, ihren Geschäftshäusern, heraus schon während der ersten Besiedlungsphase gegen Ende des 19. Jahrhunderts bestens in die Finanzlage der Plantagenbesitzer eingeweiht – und konnten so oft selbst ihr Glück machen. Narayana Pillay, der mit Stadtgründer Raffles bereits 1819 auf die Tropeninsel kam, wurde ihr erster Beamter. Zu Wohlstand gekommen, baute er später den heute berühmten Sri-Mariamman-Tempel (siehe S. 119 f.).

Gegenwind für Kolonien

Bis heute ist Little India geschichtsträchtig. Von hier aus kämpfte Subhas Chandra Bose in den 40er-Jahren des 20. Jahrhunderts für seinen Plan, Indien mit seiner Indischen Nationalarmee und der Hilfe der Japaner und Nazis von den britischen Kolonialherren zu befreien. In diesem Stadtteil sammeln sich traditionell die Gastarbeiter aus Südasien, denn hier gibt es das für sie leckerste Essen und ihre Tempel. 2013 kam es zu einer Auseinandersetzung mit der Singapurer Polizei,

GUT ZU WISSEN

SONNTAGSRUMMEL

Natürlich reist man, um Land und Leute kennenzulernen. Doch manchmal wird es etwas viel. So ist es freitagsabends und sonntags in Little India: Wenn die Arbeiter frei haben und der Besuch der Moschee beendet ist, dann gibt es hier kaum einen freien Platz. Denn diejenigen, die die Woche über in Containern leben und hart arbeiten, treffen sich dann in Little India mit ihren Freunden. Besser erkunden lässt sich das Viertel zu anderen Tages- oder auch Nachtzeiten.

Little India

die unter anderem zur Änderung der Gesetze für den Alkoholkonsum führte. Gerade sonntags ist Little India extrem überlaufen, weil die Gastarbeiter ihren freien Tag in der Stadt verbringen. Die Inder in Singapur sind mehrheitlich Tamilen aus dem Süden des Subkontinents und aus Sri Lanka. In »ihrem« Stadtteil gibt es nicht nur zahlreiche Hindu-Tempel, sondern auch einen Sikhtempel und ein Versammlungshaus der Parsen – der vor vielen Jahrhunderten aus dem Iran nach Indien geflohenen Gemeinschaft, die Zarathustra verehrt.

Rinderzucht und Bollywood

Der Stadtteil ist einfach zu erforschen. Raffles hatte vorgesehen, die Tamilen in einem eigenen Distrikt anzusiedeln. Als ihre Zahl stieg, machten sie sich das Gebiet um den Serangoon River zu eigen, denn der Boden hier war fruchtbar. Die Inder konnten deshalb hier ihre Kühe aufziehen. Sie verkauften Milch, und an der heutigen Buffalo Road gab es einen Schlachthof. Heute zerschneidet die Serangoon Road das Viertel in zwei Teile – sie ist eine Art Orchard Road für Little India. Denn an ihr entlang liegen die meisten Tempel, Restaurants und Geschäfte. Doch gerade die Bummel durch die Gassen links und rechts machen Freude. Die Lebensmittelhändler hier türmen mit viel Gefühl ihre Gemüse und Früchte auf, es gibt Goldschmuck zu günstigen Preisen, alte Gewürzmühlen, Wahrsager, Händler der traditionellen Jasmin-Ketten und natürlich Heilkräuter, Pasten und Bollywood-Musik auf CDs.

Metallspieß in der Wange

Den Mittelpunkt aber bilden die indischen Tempel. Ihre bunten, mit Hunderten von Gottheiten und mythologischen Figuren übersäten turmähnlichen Eingangstore, die Gopuram, sind im gleißenden

Oben: Er ist unter anderem für Wohlstand »zuständig«: Elefantengott Ganesha ist überall in Little India zu sehen.
Unten: Immer barfuß: Eingangstor zum Tempel Sri Veeramakaliamman in Little India

Stille Andacht: Hindus verehren ihre Götter.

TRADITION ZUM ANFASSEN

Das wurde wirklich Zeit: Seit Sommer 2015 besitzt Little India ein eigenes Zentrum, das der Kultur seiner Menschen und der Geschichte des Stadtteils gewidmet ist. Das Indian Heritage Centre ist ein Juwel und sicher einen ausgedehnten Besuch nicht nur an Regentagen wert: Mit modernsten Mitteln wird hier der große Bogen von der indischen Geschichte über die Auswanderung und die Anfänge der Diaspora bis zum Leben im heutigen Little India geschlagen. Dabei ist das Museum ganz besonders auch für Kinder sehr attraktiv. Denn hier lässt sich vieles anfassen und ausprobieren, die Inhalte sind auf Videoleinwänden und zahlreichen Computerspielen mit Touchscreen aufbereitet. Langweilig wird es hier garantiert niemandem.

Indian Heritage Centre. Di–Do 10–19, Fr, Sa 10–20, So 10–16 Uhr, 5 Campbell Lane, Tel. 0065 62 91 16 33, www.indianheritage.org.sg

Sonnenlicht schon aus der Ferne zu sehen. Das macht es Hindus möglich zu beten, auch wenn sie nicht zu einem Tempel kommen können. Der 1885 gebaute Sri Srinivasa Perumal Temple an der Serangoon Road ist einer der ältesten der Stadt. Sein Gopuram ist Vishnu gewidmet, aber wesentlich neuer – er wurde erst 1966 für damals 300 000 Dollar ergänzt. Natürlich darf Vishnu dann auch im Tempel nicht fehlen: Mit seinen Gefährten Lakshmi und Anal und dem mythischen Vogel Garuda als ihrem Reittier ist er als Statue verewigt.

Für Singapur und auch seine Gäste kommt dem Tempel aber noch eine ganz besondere Bedeutung zu: Hier beginnt alljährlich die große Thaipusam-Prozession. Um ihren Gott Murugam zu verehren, stechen sich die Teilnehmer in Trance lange Metallspieße durch die Wangen oder die Zunge. Viele ziehen Wagen, die an Sicherheitsnadeln in der Haut befestigt werden. Die Gläubigen spüren weder Schmerzen noch bluten sie. Auf diese Weise bewegt sich der lange Zug, der in der Nacht beginnt, bis zum Chettiar-Hindu-Tempel in der Tank Road quer durch die Stadt. Für Singapurer, aber gerade auch für Touristen, ist das Fest eines der farbenfrohesten und spektakulärsten, die Asien zu bieten hat.

Märkte und ein Einkaufspalast

Einfach gut!

Doch in Little India wird vor allem gehandelt und verkauft: Auf der einen Seite gibt es die kleinen Läden, die die Hauptstraße und die Gassen säumen. Dann gibt es den Tekka-Markt am Eingangstor zum Stadtviertel. Der Name ist eine Verballhornung: Denn die Hokkien-Chinesen nannten die Gegend einst Teh Kia Kha, die Wurzel des kleinen Bambus. Der Name bezog sich auf die zahlreichen Bambushaine, die sich hier entlang der Flüsse ausbreiteten. Heute ist das Tekka Centre ein großer, bunter, heißer Markt. Im Erdgeschoss gibt es Lebensmittel und sehr frischen Fisch – viele Singapurer kommen frühmorgens her, um günstig und gut einzukaufen. Im Obergeschoss verkaufen Inder Saris und Chinesen Billigkleidung. Wer es etwas geordneter mag, sollte sich zu Mustafa vorwagen: Das riesige indische Kaufhaus erstreckt sich entlang einer ganzen Straße und ist rund um die Uhr geöffnet. Hier gibt es alles, von Elektrowaren über Turnschuhe bis zu Gewürzen. Aber es ist voll, und das zu jeder Tages- und Nachtzeit. Für Singapur ist Mustafa eine Institution, für die Touristen ein Erlebnis.

Delikatessen vom Bananenblatt

Kaum jemand aber beendet seinen Bummel durch Little India, ohne hier gegessen zu haben. Von vegetarischen Restaurants bis zur nepalesischen Küche reicht die Auswahl. Besonders entlang der Race Course Road und in deren Nebenstraßen reihen sich die Lokale auf. Niemand darf sich von Plastikstühlen abschrecken lassen: Was hier gekocht wird, ist sauber und ordentlich, auch wenn es von Bananenblättern mit der rechten Hand gegessen wird. Erfrischend nach einem heißen Tag in Little India ist besonders ein Mango-Lassi, ein Yoghurt-Getränk.

SCHÖN SCHARF

Indische Gewürze – gibt man diesen Begriff bei Google ein, findet man 343 000 Treffer. Man lernt, wo man sie online kaufen kann oder wie man sie zum Kochen nutzt. Aber viel mehr Spaß macht es doch, durch die engen Gassen von Little India zu bummeln – immer dem Duft nach. Denn dort findet man nicht nur Saris oder Armreifen, sondern auch eine schier endlose Menge von Gewürzen. Gerade Chilipulver und Kreuzkümmel sind sehr wichtige Bestandteile der indischen Küche. Die Düfte, die Farben und die Konsistenz der Gewürze Little Indias lassen sich in Worte kaum fassen. Aber das Gewürz-Wunder dieses Stadtteils lässt sich mitnehmen: Die Händler wiegen gern auch kleine Portionen ab. Also: Wieso nicht mal ein paar Gramm einkaufen für daheim – das wäre doch ein tolles Andenken an Little India. Und selten gibt es sie so günstig wie hier.

Infos und Adressen

SEHENSWÜRDIGKEITEN

Sri Srinivasa Perumal Temple. Erbaut 1885 und deklariert als National Monument. Tgl. 6.30–12, 18–21 Uhr, 397 Serangoon Road;
U-Bahn NE8 Farrer Park

Sri Veeramakaliamman Temple. Aus dem Jahr 1855 und mit seinem prächtigen Gopuram dem vielarmigen Gott der Macht, Kali, gewidmet. 8–12.30, 16–20 Uhr, 141 Serangoon Road, www.sriveeramakaliamman.com

Jalan Besar. Kaum zu glauben, dass hier mal Schwemmland war. Die Gegend rund um diese Straße entwickelt sich gerade zu einem neuen In-Viertel mit zahlreichen hippen Cafés und Restaurants.

ESSEN UND TRINKEN

Jaggi's North Indian Restaurant. Gutes Essen in ruhiger Atmosphäre, hier isst man Butter Chicken in dicker Soße oder Gegrilltes aus der Punjab-Küche, aber auch Vegetarisches. 34/36 Race Course Road, Tel. 0065 62 96 61 4

Mustard. Die scharfe bengalische und mildere, aber variationsreiche Punjab-Küche machen das Essen hier zu einem Gaumenerlebnis. 32 Race Course Road, Tel. 0065 62 97 84 22, www.mustardsingapore.com

Raj Restaurant. Seit vielen Jahren ganz der guten vegetarischen Küche verschrieben. 76 Syed Alwi Road, Tel. 0065 62 97 17 16, www.rajrestaurant.com.sg

Kebabs 'n Curries. Erschöpft von der Vielfalt des Angebotes im Mustafa Centre kann man sich in diesem hauseigenen Restaurant im obersten Stock des Gebäudes wieder erholen. Den Weg dorthin weisen, wie bei einer kleinen Schnitzeljagd, die überall auf den Boden des Geschäfts geklebten Restaurantsticker. Das moderne Ambiente erinnert zwar eher an eine Kantine mit Dachgarten, aber dafür ist die Karte sehr reichhaltig. Die Qualität der

Beim Hindu-Fest Thaipusam fügen sich die Träger freiwillig Schmerzen zu.

nord- und südindischen Gerichte, ob mit Fleisch oder vegetarisch, ist überzeugend. 171 Syed Alwi Road, Mustafa Centre, Level 7, Tel. 0065 64 19 07 49, www.mustafa.com.sg/mkebabs

Jewel Café & Bar. Das Projekt eines Ex-Bankers ist mit seinen außergewöhnlichen Kaffeevarianten und einer reichhaltigen Karte (sehr leckere Burger!) auch mit diesem Ableger ein Renner.
129 Rangoon Road, Tel. 0065 62 98 92 16

Chye Seng Huat Hardware. Feines Handwerk für Kaffeeliebhaber – eine eigene Rösterei mit Café und Schulungen. Es versteht sich, dass der Kaffee exzellent ist. Allein die alten Röstmaschinen lohnen den Besuch, aber auch im darüberliegenden Stockwerk gibt es etwas Besonderes (siehe rechts).

150 Tyrwhitt Road, Tel. 0065 63 96 06 09,
www.papapalheta.com

ÜBERNACHTEN

Wanderlust. Hippes Hotel in einer umgebauten
alten Schule aus dem Jahr 1920. Jedes der vier
Stockwerke mit insgesamt 29 Zimmern wurde von
einer anderen preisgekrönten Designergruppe gestaltet. Auch das französische Restaurant Cocotte
im Hotel ist sehr gut. 2 Dickson Road,
Tel. 0065 63 96 33 22, www.wanderlusthotel.com

Perak Hotel. Bietet mehr Lokalkolorit. Die 35
gemütlichen Zimmer in einem renovierten Haus,
erbaut um das Jahr 1940, verfügen über High
Speed Internet – wie meist in Singapur.
12 Perak Road, Tel. 0065 62 99 77 33,
www.theperakhotel.com

EINKAUFEN

Mustafa Centre. *Das* indische Einkaufszentrum
der Stadt. In den labyrinthischen und meist gut
besuchten Gebäudekomplexen findet man wirklich
alle Dinge des täglichen Lebens zu sehr günstigen
Preisen. Auch das Restaurant Kebabs. Tgl. 24
Stunden geöffnet, 145 und 171 Syed Alwi Road
und 320 Serangoon Road (Serangoon Plaza),
Tel. 0065 62 95 58 55,
www.mustafa.com.sg

Tyrwhitt General Company. Dieser kleine Laden
über dem Chye Seng Huat Hardware Café
bietet ausschließlich handgefertigte und gut de-
signte Produkte an. Taschen, Lederwaren, Krawat-
ten und Schmuck verschiedener, auch lokaler
Labels und Workshops, in denen man Handwerks-
künste erlernen kann. Di–Do 12–17, Fr und So
12–19 Uhr, Tel. 0065 84 44 55 89,
150A Tyerwhitt Road,
www.thegeneralco.sg

AKTIVITÄTEN

Fahrradtour. Die Highlights von Little India kann
man auch sportlich auf einer Fahrradtour erkunden. Geführt von einem englischsprachigen Guide
beinhaltet die Tour von 9–13 Uhr für 60 S$ auch
ein Mittagessen (www.letsgobikesingapore.com/
intoxicating-little-india-walk).

Der bunte Tekka-Market an der Seragoon Road bietet etwas für jeden Geschmack.

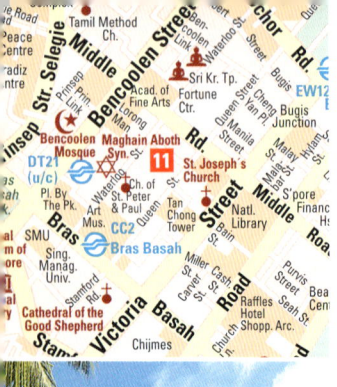

11 Bugis
Das farbenfrohe Kunstquartier

Früher haben in diesem Viertel malaiische Händler ihre Waren feilgeboten. Die jüdische Gemeinde fand hier ihr Zuhause. Heute ist aus dem bunten Viertel der Kunstdistrikt Singapurs geworden. Hier liegen die Kunsthochschulen mit ihren Theatersälen, das neue Designzentrum der Stadt und Cafés, die von Künstlern und Expats gleichermaßen geschätzt werden.

Das kleine Areal zwischen Little India und dem Colonial District wirkt unaufgeregt, zwar innerstädtisch gelegen, doch mit noch erschwinglichen Mieten und deshalb vielen lokalen Restaurants und Geschäften.

Seefahrer und Juden

Seinen Namen hat das Viertel in Erinnerung an die Bugis, ein malaiisches Volk von seefahrenden Händlern und Kriegern, die hier rund um die Bugis Street ihre Handelshäuser ansiedelten. Ihre Blütezeit in Singapur war um 1830. Auch die jüdische Gemeinde fand bis zum Anfang des 20. Jahrhunderts ihre Heimstatt hier nahe Waterloo- und Selegie Road. Davon zeugt das David Elias Building aus dem Jahr 1928, ein Geschäftshaus an der Ecke Selegie/Middle Road, gebaut im damals populären neoklassizistischen Stil mit Art-déco-Elementen. An seiner Front prangt noch heute gut sichtbar der Davidstern. Aus jener Zeit stammt auch die älteste noch existierende Synagoge Singapurs, die Maghain-Aboth-Synagoge aus dem Jahr 1878, in der Waterloo Street gelegen. Das neoklassizistische Gebäude mit seiner symmetrischen Fassade und den drei neoromanischen Bogenfenstern und

Oben: Offen für jedermann: der Tempel Kwan Im Thong Hood Cho in Bugis.
Unten: Die Lichtfassade an der Shoppingmall Bugis entwarfen Berliner Architekten.

Säulen hat innen auch eine große, klassische Gebetshalle mit altem Gestühl und reich besticktem Stoffbaldachin. Das angeschlossene Gemeindezentrum Jacob Ballas Centre beherbergt auch das koschere Restaurant »Awafi«.

Kunsthochschulen und Designcenter

Heute sieht man hier viele Studenten aus den umliegenden Kunst- und Designschulen wie etwa von SOTA (School of The Arts) an der Bras Basah Road, NAFA (Nanyang Academy of Fine Arts) an der Bencoolen Street und Lasalle College of the Arts in der McNally Road. Zusammen mit dem National Design Centre an der Middle Road und vielen Galerien und Designgeschäften formen diese Institute im Traditionsviertel Bugis einen neuen Kunst-Kultur-Bildungs- und Unterhaltungsdistrikt im Herzen Singapurs.

In den vergangenen Jahren hat die Stadt die Ansiedlung von Künstlern und Designern massiv gefördert, um ihr Image aufzuwerten. Auch architektonisch werden jetzt Akzente gesetzt: Die Neubauten von SOTA mit ihren hängenden Gärten (2011) und Lasalle mit seiner auffälligen Architektur, dem in der Mitte aufgebrochenen Gebäude (Canyon-Konzept, 2007), wurden beide von namhaften Architekturbüros entworfen. Beide Bauten sind bewusst darauf ausgerichtet, die Kunst, die hinter ihren Mauern geschaffen wird, einer breiten Öffentlichkeit zugänglich zu machen. Im Lasalle kann man in der jedermann zugänglichen Café-Bar »Lower Case« dem Kunstbetrieb ganz nah sein.

Die meisten staatlichen Bildungseinrichtungen wurden in aufwendig renovierten Gebäuden aus den Anfängen des 20. Jahrhunderts angesiedelt –

Geheimtipp

MODE FÜR INDIVIDUALISTEN
MU heißt das Label von Alfie Leong, einem preisgekrönten Singapurer Jungdesigner, der auch international sehr gefragt ist. Seine ausgefallenen Schnitte sind ein moderner west-östlicher Mix und muten dabei sehr japanisch an. So gibt es weite, kimonoartige Kleider mit schräger Knopfleiste und Hemdkragen, Kleider mit einem Hosenbein, eine asiatische Variante der Culotte-Hose mit asymmetrischen Beinen oder überschnittene weiße Blusen mit ungewöhnlichen Stoffdrapierungen und Kragenlösungen. Diese Mode ist etwas für Individualisten, die klare Farben, gute Stoffe und starke Silhouetten lieben. Und die außerdem noch günstige Preise schätzen, denn diese ausgefallene Mode bleibt im Vergleich ausgesprochen erschwinglich.

MU. 200 Victoria Street, Bugis Junction Nr. 01-48/49, Tel. 0065 63 37 75 05, www.mu-apparel.com, U-Bahn NS23 Somerset

Der Bau selbst ist ein Kunstgenuss: die Lasalle-Kunsthochschule

Oben: Nicht nur Studenten sind im Café »Lower Case« der Kunsthochschule willkommen.
Unten: Alles im Blick: Hindugott Krishna im gleichnamigen Tempel in der Waterloo Street

ein neuer Trend in Singapur, das sich seines kolonialen Erbes allmählich bewusst wird. Das schönste Beispiel dafür ist das National Design Center (NDC) an der Middle Road. Es erstreckt sich über vier Gebäudeblöcke und vereint Alt und Neu auf wunderbare Art. Hier befinden sich auch die lokalen Designkollektive Keepers (siehe S. 85) sowie Kapok, eine Boutique mit ausgewählten Lifestyleprodukten, Damen- und Herrenmode und Accessoires.

Am Rande des Viertels liegt die Bugis Street, bis in die 1980er-Jahre der Ort für ein ausschweifendes Nachtleben der Transvestitenszene, heute ein Straßenmarkt, wo Kleidung und modische Accessoires sehr günstig angeboten werden. Hierher strömen die Menschen besonders am Wochenende, auch wegen der Vielfalt des Essens.

Infos und Adressen

Die stinkende Durian ist Singapurs Nationalfrucht.

SEHENSWÜRDIGKEITEN

National Design Centre. 9–21 Uhr,
111 Middle Road, Tel. 0065 63 33 37 37,
www.designsingapore.org, U-Bahn EW12 Bugis

Lasalle College of the Arts. Mo–Fr 9–17 Uhr,
1 McNally Street, Tel. 0065 64 96 50 00,
www.lasalle.edu.sg, U-Bahn EW12 Bugis

Maghain Aboth Synagogue. Besuch nur nach
Voranmeldung unter Tel. 0065 63 37 21 89 (Durch-
wahl 103) oder E-Mail jewishwb@singnet.com.sg,
24/26 Waterloo Street. U-Bahn CC2 Bras Basah

EINKAUFEN

Bugis Street Market. 11–22 Uhr, New Bugis Street

Bugis Village. Besonders in den oberen Etagen
dieses *shophouse*-Einkaufszentrums gibt es
günstige Kleidung und Accessoires. 10–22 Uhr,
4 New Bugis Street

New2U Thrift Shop. Gilt als der beste Second-
handladen für Designermode. Alle Erlöse gehen an
die Singapore Council of Women's Organisations.
Mo–Fr 10.30–2.30 Uhr, 96 Waterloo Street,
Tel. 0065 68 37 06 11, www.scwo.org.sg

Kapok. 01-05 National Design Centre, 111 Middle
Rd., Tel. 0065 63 39 79 87, www.ka-pok.com

Keepers. 02-03 National Design Centre, 111 Middle
Rd., Tel. 0065 63 52 25 59, www.keepers.com

ESSEN UND TRINKEN

Café Kapok. 01-05 National Design Centre,
Tel. 0065 66 94 29 43

Awafi. Koscheres Restaurant im Jacob Ballas Centre. 24–26 Waterloo Street, Tel. 0065 63 36 51 66

Wild Rocket. Stadtbekannt als Pionier für moderne
Singapurer Küche. 10A Upper Wilkie Road,
Tel 0065 63 39 94 48, www.wildrocket.com.sg

Artichoke. Mediterrane Küche. 11 Middle Road,
Tel. 0065 66 36 69 49, www.artichoke.com.sg

ÜBERNACHTEN

Ibis Hotel Singapore. Modernes, sauberes Hotel
mitten in Bugis. Ab S$ 150. 170 Bencoolen Street,
Tel. 0065 65 93 28 88, www.accorhotels.com

Täuschend echt: Cat Socrates ist nur ein
Geschenkartikel!

12 Kampong Glam
Muslimisches Traditions- und Szeneviertel

Bäume, deren Rinde für den Bau der frühen Handelsschiffe genutzt wurden. Düfte aus dem Orient. Stoffe aus orientalischer Seide. Und die angesagtesten Clubs und Boutiquen der Stadt. Das alles ist Kampong Glam, das muslimische Viertel in Singapur. Es ist farbenfroh, es lohnt den Bummel am Tag, aber auch am Abend. Und kaum einer wird in sein Hotel zurückkehren, ohne hier ein paar Andenken für die Daheimgebliebenen gekauft zu haben.

Weltoffene Händler edler Waren

Kampong Glam ist eines der buntesten Viertel Singapurs. Es grenzt auf der einen Seite an das farbenfrohe Little India, auf der anderen lag früher das Meer – daran erinnert noch die Beach Road, die das Viertel begrenzt. Heute ist die See in die Ferne gerückt, denn Singapur hat ihr enorm viel Land abgerungen in den vergangenen Jahren. Und doch bleibt Kampong Glam wie kaum eine andere Ecke der Metropole vom Meer und seinen Händlern geprägt.

Das fängt beim Namen an: Der »Kampong«, das Dorf, ist nach dem Glam-Baum benannt. Ein paar der einst berühmten Bäume finden sich noch im Vorhof des früheren Sultanspalasts. Ihre Rinde hatte sie unerlässlich für die Schiffsbauer gemacht, als Fugenfüller zwischen den Planken. Wer heute ein Stück der Rinde in die Finger nimmt, spürt gleich deren faserige Struktur. Die Schiffe aber machten Kampong Glam zu dem, was es bis heute ist: Ein Viertel der Händler, ein Scharnier zwischen

Zum Beten in die Sultan Mosque

Rundgang über die Haji Lane

Für alle Mode- und Designverliebten und solche, die genug von Shoppingmalls haben: Die historischen, bunten Shophausreihen mit den individuellen Läden und Bars entlang der engen Gassen mitten in Kampong Glam zwischen Beach Road und North Bridge Road sind ein Paradies. Die meisten öffnen allerdings erst mittags.

Ⓐ Von der North Bridge Road kommend liegt links die Nr. 74 **Spoilmarket** mit sehr günstigen, selbst entworfenen Lederhandtaschen.

Ⓑ Schräg gegenüber bei **Craft Assembly** gibt es Vintagekleider aus Japan und Schmuck lokaler Designer.

Ⓒ Ein paar Meter weiter folgt **Bar Stories,** eine Cocktailbar im ersten Stock von Nr. 57A. Hier kann man sich seine Drinks nach eigenen Wünschen mixen lassen. Ab 15 Uhr, www.barstories.com.sg

Ⓓ Daneben liegt **Tangers** mit sportlich eleganter Mode aus Korea auf zwei Etagen. Nr. 51, www.tangers.com.sg

Ⓔ Die Boutiquen **Beau, Simplicity** und **Raw** gegenüber bei Nr. 50 gehören einem Besitzer. Es werden schräge Pop-Art Bilder, aber auch Frauen- und Männermode, Parfüms und Accessoires angeboten. www.beau.com.sg

Ⓕ Daneben zeigt in **VGY** ein lokales Designerkollektiv ausgefallene Frauenmode. Nr. 42, www.vgystore.com

Ⓖ Jetzt einen Kaffee trinken im wunderbaren **Shop Wonderland.** Unten in Nr. 37 liegt »The Pantry« mit köstlichen Kuchen und viel Blumenschmuck, die Treppe hinauf geht es zum Workshop für Blumendekorationen aller Art. www.shop-wonderland.com

Ⓗ Gegenüber bei Nr. 34 bietet **SUP** auf zwei Etagen Männermode verschiedener Labels an. www.supclothing.com

Ⓘ **The Salad Shop** verkauft schöne Mode und Homeaccessoires. Nr. 27, www.thesaladshop.com.sg

Ⓙ Und am Ende belohnt das **Piedra Negra** mit kühlen Getränken und heißem mexikanischem Essen, www. piedra-negra.net

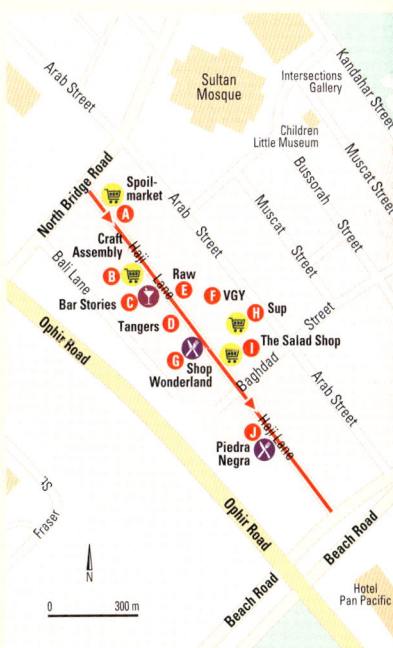

105

Die Sultan Mosque im arabischen Viertel ist die wichtigste Moschee des Stadtstaates.

Nicht verpassen

DER SCHIEFE TURM VON SINGAPUR

Dies ist die vielleicht schönste Moschee Singapurs. Dabei ist sie nicht besonders prächtig, wohl aber einzigartig in vielerlei Hinsicht: Der Blick fällt auf streng wirkende, ockerfarbene Außenmauern. Darüber wächst ein Turm mit einer Neigung von sechs Grad, deren Fortschreiten nur durch ein neues Fundament aufgehalten wurde. Errichtet wurde die Moschee von einer malaiischen Gewürzhändlerin, die die Geschäfte ihres verstorbenen Mannes fortführte. Sie war eine für ihre Zeit moderne Frau: Die Moschee wurde 1846 von dem britischen Architekten John Turnbull Thomson geplant und überwältigt mit Zitaten der europäischen, malaiischen und islamischen Architektur. Dorische Säulen und chinesische Kacheln bilden hier keinen Gegensatz. Im Hof liegen die Gräber der Erbauerin und ihrer Nachkommen.

Hajjah-Fatimah-Moschee.
9–21 Uhr, 4001 Beach Road,
Tel. 0065 62 97 27 74

Ost und West, das Eingangstor für die Entsandten der Inseln Südostasiens in die Handelsstadt Singapur. Über Jahrhunderte wurden in Kampong Glam Seiden und Gewürze, Parfüm und Porzellan gehandelt. Hier übernachteten die Matrosen beim Landgang, hier bestellten die Reeder ihre Schiffe. Diese Weltoffenheit ist dem Viertel noch heute überall anzumerken. Nur auf den ersten Blick mag es als Widerspruch erscheinen, dass hier viele Muslime in ihrer traditionellen Kleidung verkehren und die Frauen oft verschleiert zu sehen sind. Denn dies ist ihr Stadtteil: Nicht grundlos wird Kampong Glam auch immer wieder als das »arabische Viertel« bezeichnet. Schon die Straßennamen hier – Arab Street, Baghdad Street oder Muscat Street – verweisen auf die enge Verbindung zum Mittleren Osten. Doch auch das Essen und manche der Läden lassen mitten in Singapur an einen Aufenthalt auf der Arabischen Halbinsel denken.

Moschee, Sultanspalast und Gelbes Haus

Den Mittelpunkt bildet die Hauptmoschee mit ihrer goldenen Kuppel, die schon von Weitem im

Kampong Glam

Sonnenlicht strahlt. Auf Vorschlag von Sultan Hussain Shah, der damals noch Temasek, das spätere Singapur führte, gab der britische Gründervater Stamford Raffles 1824 die beträchtliche Summe von 3000 Münzen, um die erste Masjid Sultan erbauen zu lassen. In der heutigen Form wurde sie erst 1924 unter Führung des irischen Architekten Denis Santry aus Shanghai errichtet. Die Minarette der im indisch-sarazenischen Stil erbauten Hauptmoschee nutzten die Singapurer im Zweiten Weltkrieg, um die feindlichen Flieger der Japaner auszumachen. In der hellgrün und golden gehaltenen Gebetshalle finden mehr als 5000 Gläubige Platz. Dabei bemüht sich die Masjid Sultan bewusst um einen offenen Islam.

Das andere Wahrzeichen des Viertels ist der frühere Sultanspalast schräg gegenüber der Moschee. Heute ist hier das unbedingt sehenswerte Malay Heritage Centre untergebracht. Der wunderschön restaurierte Palast bietet mit einer Vielzahl von wechselnden Ausstellungen und Programmen eine gute Einführung in die malaiische Kultur. Einst residierte hier der durch den Verkauf der Insel an die Briten zu Reichtum gekommene Sultan, der sich seinen Palast 1819 erbauen ließ. Sein Sohn, Ali Iskandar Shah, nahm erneut einen irischen Architekten unter Vertrag, um schon 1840 einen Neubau konstruieren zu lassen. Nach Erb- und Rechtsstreitigkeiten fiel der Palast Ende des 19. Jahrhunderts an die Briten. Lange war er in beklagenswertem Zustand, dann ließ die Regierung ihn ausbauen. Heute liegt an seinem linken Rand auch ein kleiner Ziergarten, in dem der von Männern geschätzte Tongkat-Ali-Baum steht, dem sie Kräfte zusprechen, die Viagra übertreffen sollen. Das Gedung Kuning, das Gelbe Haus neben dem Palast, bietet malaysische Küche – hier finden viele Hochzeiten der Volksgruppe statt.

Geheimtipp

WOHNEN IM KOLONIALSTIL

An Hotels herrscht in Singapur kein Mangel. Und doch hebt sich das »Clover« ab. Der Besitzer verband zehn alte Shophäuser zu einem Hotelkomplex, der heute moderne individuelle Zimmer im Kolonialstil bietet. Soweit wie möglich erhielten die Architekten die Eigenheiten – auch die Kacheln vor dem Haupteingang stammen noch aus dem 19. Jahrhundert. Die hohen Säulen und Durchgänge, die tiefen Fenster, das alles erinnert an jene Tage, als Kampong Glam noch ein Geschäftsviertel war, in dem wagemutige Kaufleute in wenigen Jahren ein Vermögen machten. Hier ist es nicht ganz so touristisch wie in Chinatown oder Little India. Und doch sind die Gäste über das U-Bahn-Netz an die ganze Stadt angebunden. Das »Clover« erstreckt sich auch über die rückwärtige Gasse, sodass ein schöner Hinterhof entsteht, wo abends des Öfteren Jazz gespielt wird.

Hotel Clover. 33 Jalan Sultan, Tel. 0065 68 30 78 88, www.hotelclover.com

Das Malay Heritage Centre zeigt, was der Islam zu lehren hat.

Traditionelle Küche

Die Häuserzeile neben dem Palast entlang der Kandahar Street bietet einige wunderschöne Ensembles, denen der frühe britische Einfluss anzusehen ist. Eine Institution für die Singapurer ist der Rich and Good Cake Shop in einem hellblauen Gebäude, der sich auf Kuchen mit der lokalen »Stinkfrucht« Durian spezialisiert hat. Aber auch das mehr als ein halbes Jahrhundert alte Restaurant »Minang« mit seiner Spezialität Nasir Padang – gekochter Reis mit allerlei Zutaten wie Fisch, Gemüse und sehr scharfen Soßen – ist beliebt. Am schönsten aber ist es in den Gassen rund um die Moschee während des Fastenmonats Ramadan, wenn nach Sonnenuntergang das Fasten gebrochen wird. Dann wimmelt es hier vor Gläubigen, die von Stand zu Stand ziehen, um die leckersten Spezialitäten auszuprobieren.

Straße der Stoffe: Arab Street

Vor allem das bunte Leben entlang der wichtigsten Straßen und Gassen prägt dieses Viertel. Die Lebensader ist die Arab Street mit ihren Stoffhändlern

Oben: In Sichtweite der Moschee reiht sich in der Bussorah Street Boutique an Boutique.
Mitte: Ein Kleid in 24 Stunden: Die Auswahl der Stoffhändler in der Arab Street ist riesig.
Unten: Speisen lecker, Gäste jung: »Maison Ikkoku«, Kandahar Street

GUT ZU WISSEN

In Singapur herrscht babylonische Sprachenvielfalt. Jeder spricht irgendetwas, alle verstehen sich. Zu Englisch und Malaiisch gesellen sich das Tamil der Inder und chinesische Dialekte wie Hokkien. Die hohe Schule aber ist Singlish, ein Mischmasch aus allen, gewürzt mit feinem Singsang. Seine Höhepunkte: »after less« – womit ein Preisnachlass eingeräumt wird. Oder »same same, but different«, wenn man die gleiche Ware, aber in einer anderen Farbe bekommt. Der Allzeithit: »can la« und »can not la« – Zustimmung und Ablehnung, reduziert auf das Allernötigste.

auf beiden Seiten. Die Häuser hier sind zweistöckig, aber besitzen keine Treppe – die Familie wohnt traditionell im Obergeschoss, das nur über eine Außenleiter zu erreichen ist. Abends wird sie einfach eingeholt, und man lebt sicher in der ersten Etage. Wer hier Stoffe kauft, sollte auf jeden Fall handeln – wenigstens 20 Prozent Nachlass müssen möglich sein. Dann aber findet man eine lohnenswerte und bunte Auswahl aus vielen Teilen der Erde. Begehrt sind die preiswerten Seiden aus Thailand und Laos und die festlichen Brokate aus Indien.

Tee, Parfüm und Bücher

Wunderschön ist der Spaziergang in die kleine Bussorah Street, die Geschäftsgasse, die auf die Moschee zuführt: Die Häuser hier stammen noch aus der Mitte des 19. Jahrhunderts. Heute sind hier Touristenrestaurants und Boutiquen. Aber mit Wardah Books findet man in der Mitte des Sträßchens etwa auch eine Buchhandlung, die für einen weltoffenen Islam eintritt. Interessant ist auch das alte Parfümgeschäft Jamal Kazura Aromatics an der Ecke: Den Regeln des Glaubens entsprechend, werden die Düfte hier ohne Alkohol auf Ölbasis angerührt. Die erfahrenen Verkäufer sind auch bereit, individuelle Düfte zu mischen. Daneben, nur für erfahrene Reisende auf den ersten Blick zu erkennen, liegt einer der besten Teeläden Singapurs, der No Name Teh Sarabat Stall: Nicht mehr als ein Durchbruch in der blauen Wand, und doch gibt es in der Garküche den stadtbekannten Teh Tarik (Tee mit Milch) und Ingwertee. An Cafés indes herrscht im ganzen Viertel kein Mangel: Abends geht hier auch die Wasserpfeife um. Gerade Fotofans kommen in Kampong Glam auf ihre Kosten. Abseits der Touristengassen bietet das Viertel nicht weniger Charme als seine größeren Nachbarn Little India und Chinatown.

Nicht verpassen

EDEL SPEISEN

Das Gelbe Haus ist eine Ikone. Der malaysische Unternehmer Haji Yusoff kaufte den einstigen Sitz des Ministerpräsidenten des Sultans 1912. Zuvor hatte dort der Sohn des Sultans residiert. Nach wie vor sind die Eigentumsverhältnisse umstritten, das aber sollte die Gäste nicht stören, denn inzwischen gehört Gedung Kuning zum Komplex um das Malay Heritage Centre. Längst wirbt hier das Restaurant Mamanda damit, Singapurs erste Adresse für feines malaiisches Essen zu sein, das den Ansprüchen eines »Bendahara«, eines Ministerpräsidenten, genügt. Nur auf den ersten Blick entspricht die Speisekarte der eines indonesischen Restaurants. Doch sind der Fleischeintopf Rendang oder das Lemak Sayur Lodeh, die Gemüse in der feinen Kokosnuss-Soße, hier mit anderem gewürzt.

Mamanda. 11–22 Uhr, 73 Sultan Gate, Tel. 0065 63 96 66 46, www.mamanda.com.sg

Infos und Adressen

Parfüms ohne Alkohol: Dafür ist Sifr Aromatics in der Arab Street ein Geheimtipp.

SEHENSWÜRDIGKEITEN

Sultan Mosque. Mo–So 9.30–12, 14–16, Fr. 14.30–16 Uhr, 3 Muscat Road, www.sultanmosque.sg, U-Bahn EW12, DT14 Bugis

Malay Heritage Centre. Im ehemaligen Sultanspalast, Museum Di–So 10–18 Uhr, übriges Zentrum Di–Do und So 8–20, Fr, Sa 8–22 Uhr, Tourenangebote, 85 Sultan Gate, Tel. 0065 63 91 04 50, www.malayheritage.org.sg

ESSEN UND TRINKEN

Maison Ikkoku. Dreimal Spaß in einem Laden: unten ein Café, im ersten Stock ein trendiger Herrenausstatter und ganz oben eine angesagte Bar. 20 Kandahar Street, Tel. 0065 62 94 00 78, www.maison-ikkoku.net

Symmetry. Junges Restaurant mit ausgefallener, australisch-französischer Küche. 9 Jalan Kubor, Tel. 0065 62 91 99 01, www.symmetry.com.sg

Blu Jaz Café. Essen, Kunst und DJ oder Livemusik, 11 Bali Lane, Tel. 0065 91 99 06 10, www.blujazcafe.net

Singapore Zam Zam. Murtabak, frisch gebackener, salziger Pfannkuchen in allen Variationen. 697 North Bridge Road, Tel. 0065 62 98 63 20

La Marelle. Schönes, ruhiges Café im 1.Stock, hier kann man sich gemütlich vom Trubel erholen. Die Karte bietet auch kleine Mahlzeiten wie Burger, Pasta und Sandwiches (25A Baghdad Street).

Kampong Glam Café. Malaiisches Essen an Tischen auf dem Bürgersteig, sehr beliebt und immer voll. 17 Bussorah Street, Tel. 0065 62 94 16 97, www.kgglamcafe.ec-platform.net

EINKAUFEN

Wardah Books. Mo–Sa 10–21, So 10–18 Uhr, 8 Bussorah Street, Tel. 0065 62 97 12 32, www.wardahbooks.com

Amir and Sons. In der Familientradition seit 1921 bietet Mr. Amir seinen Kunden feine Perserteppiche an. Mo–Sa 11–18 Uhr, 36 Kandahar Street, Tel. 0065 67 34 91 12

In den folgenden Stoffgeschäften kann man auch schneidern lassen:

Bobby Fabrics. Große Auswahl an Seidenstoffen aus Thailand, Indien und China. Tgl. 10–18.30 Uhr, 57 Arab Street, Tel. 0065 62 94 85 07

Alta Moda. Spitze und bedruckte Seide für die Dame, **Scabal** und **Zegna** bieten Stoffe für den Herren. Mo–Sa 9.30–18.30, So 11–17.30 Uhr, 92 Arab Street, Tel. 0065 62 96 71 71

Toko Aljunied. Große Auswahl an schönen Batik- und Kebaya-Stoffen, Mo–Sa 10.30–19, So 11.30–18 Uhr, 91 Arab Street, Tel. 0065 62 94 68 97

Children Little Museum. Altes lokales Kampong-Spielzeug wird im Museum ausgestellt, kann aber auch im Laden darunter gekauft werden. Tgl. 11–20 Uhr, 42 Bussorah Street, Tel. 0065 62 98 27 13

The Heritage Shop. Mr. Phoa bietet in seinem gut bestückten Geschäft Antiquitäten und Trödel aller Art an, hier findet man gewiss ein ausgefallenes Mitbringsel. 13.30–20 Uhr,
93 Jalan Sultan,
Tel. 0065 62 23 79 82

Tuckshop And Sundry Supplies. Designer Johnny Low ist ein Herrenausstatter, der Rustikales liebt: Jeans aus Japan, Lederschuhe aus Amerika. Seine eigene handgefertigte Kollektion Obbi Good aus Ledertaschen und Accessoires rundet das Angebot ab. Seine Lederwerkstatt liegt über dem Laden, dort gibt er auch Kurse, in denen Mann sein eigenes Portemonnaie nähen kann. Laden Mo–Sa 11–21, So 12–18, Werkstatt Mo–Sa 12–19 Uhr, 25/25A Bali Lane, Tel. 0065 63 96 45 68,
www.tuckshopsundrysupplies.com

An der Ecke 123 Arab Street/North Bridge Road steht noch einer der letzten kleinen Straßenhänd-lerstände mit Dingen des täglichen Bedarfs, die es früher überall gab. Hier kann man Schokoriegel, Taschentücher und natürlich Wasser kaufen.
Der nun alte Besitzer ist der letzte in einer langen Familientradition. Neben seinem Laden sieht man noch eine der wenigen erhaltenen Leitern in das Obergeschoss eines *shophouses*.

AKTIVITÄTEN

Hounds of the Baskerville. Hier wird geschnitten und gestochen – Barber Shop und Tatoo Studio, Mi–Mo 11–22 Uhr, 24 Bali Lane,
Tel. 0065 62 99 11 97

ÜBERNACHTEN

The Sultan. Der Name passt zum Viertel mit dem einstigen Sultanssitz. Renoviertes *shophouse* und Boutiquehotel mit 64 klassisch eingerichteten Zimmern. Sein SingJazz Club bietet Livemusik, in der Bar Fresh kann man den Tag ausklingen lassen. 101 Jalan Sultan,
Tel. 0065 67 23 71 01,
www.thesultan.com.sg

Kurz geschoren: Singapurs Barbiere sorgen für einen coolen Haarschnitt unter tropischer Sonne.

DER SÜDEN

Legende (Kartensymbole):

- Sehenswürdigkeit, Museum
- Aktivitäten, Ausgehen
- Information
- Kirche, Moschee, Tempel
- Theater
- Shopping
- Restaurant, Bar, Café
- Übernachtungsmöglichkeit

0   300 m

N

Obere Karte (Marina Bay):

Pan Pacific Singapore
Raffles Boulevard
Millenia Tower
Marina Square
Temasek Blvd.
Marina Centre
Marina Promenade Park
Bus Terminal
Singapore Flyer
Marina Promenade

Esplanade Theatres on the Bay
Raffles Avenue
Esplanade Park
Coach Bay
Outdoor Theatre

Double Helix Bridge
Sheares Avenue
East Coast Parkway (ECP)

Marina Bay
servoir
-lion
-rvilles
-mah
-tre
-m

Art Science Museum
Crystal Pavilion North
Theatres
Event Plaza
Crystal Pavilion South

The Shoppes at Marina Bay Sands
18 DT16/CE1 Bayfront
Marina Bay Sands Hotel
Garden Bay Bridge
Sheares Link

Bayfront Avenue
Marina Bay City Gallery
Sheares Ave.
Boulevard
Marina Way
-rd
Bayfront Ave.
Marina Blvd.

OCBC Skyway

Silver Garden
Flower Dome
Indian Garden
Chinese Garden
Malay Garden
Bay East Garden
Pollen
Majestic Bay Seafood Restaurant
Cloud Forest
Sun Pavilion
Children's Garden
Café Crema
Satay by the Bay
Supertree
Water Lily Pond
OCBC Skyway
Supertree Dining
Kingfisher Lake

Marina Bridge
Marina Barrage

Marina Gardens Drive
Marina Mall
Marina Grove
Marina Gardens Drive

Sustainable Singapore Gallery

Untere Karte (Sentosa):

Keppel Way
Mount Faber Park
Bay Hotel
Keppel Way
Keppel Terminal Road M
Tanjong Pagar Port Terminal

Privé Cafe 20
Bay Drive
Singapore Cruise Centre
Food Republic
St. James Power Station
Keppel
Keppel Island
Marina At Keppel Bay
Tangs
Harbour Front Centre 19
VivoCity
Gateway
Brani Terminal Road
Brani Terminal Ave
Brani Terminal Road

-rt Siloso
Siloso Road
Sea Sports Centre
Siloso Rd.
The Crane Dance
Maritime Experiential Museum
Megazip Adventure Park
ESPA
Forest
Adventure Cove Waterpark
Trick Eye Museum
Pulau Brani

Trapizza 21
Festive Hotel
Robuchon
1
2
3
4
Wave House Sentosa
Madame Tussauds
Skyline Luge
Universal Studios Singapore
Resorts World Sentosa 22
Mövenpick Heritage Hotel Sentosa

Serapong Golf Course
Sentosa Orchid Gardens
Serapong Lake
Lake-shore Terrace
Ocean Drive

Capella Singapore
Palawan Island
Dolphin Lagoon
Allanbrooke Road
Allanbrooke Rd.
Bukit Manis Road
Artilery Avenue

Kith
Quayside Isle
ONE°15 Marina Club
Boaters' Bar
Crystal Jade Premium
Sentosa Cove
Ocean Drive

Sentosa Golf Club
Cove Drive
Sentosa

1 Butterfly Park & Insect Kingdom
2 Sentosa Nature Discovery
3 Images of Singapore LIVE
4 Sentosa Merlion

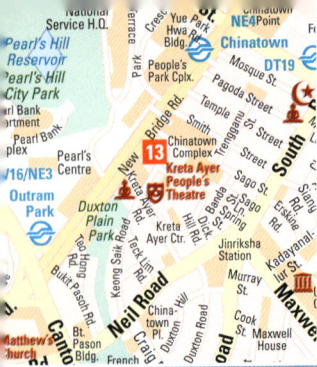

13 Kreta Ayer
Das Herz Chinatowns

Wer als Tourist in Singapur an Chinatown denkt, dem kommen unweigerlich Bilder aus Kreta Ayer in den Sinn. Das Viertel mit seinen Gotteshäusern, den unzähligen Verkaufsständen und Restaurants ist nicht nur zum chinesischen Neujahrsfest das farbenfroheste der Stadt. Hier lohnt es sich, die Kamera auszupacken und sich treiben zu lassen. Kreta Ayer, das Herz Chinatowns, hat noch jeden in seinen Bann gezogen.

Vergnügungsviertel der Neuankömmlinge

Chinatown gliedert sich in vier Viertel rechts und links der South Bridge Road. Wenn Touristen nur einen halben Tag Zeit haben, sollten sie zuerst Kreta Ayer besuchen – das Herz Chinatowns. In diesem Viertel nördlich der South Bridge Road hat es schon immer gebrummt: Im 19. Jahrhundert formten hier vor allem Kanton-Chinesen ein Vergnügungsviertel. Rund um die Uhr hatten die

Seite 112/113: Für manche die heißeste Ecke der Stadt: Chinatown **Oben:** Alt und neu, aber immer bunt: Die Straßen Chinatowns rund um den People's Park Complex laden zum Spaziergang ein.

GUT ZU WISSEN

VORSICHT DIEBE

Singapur ist wohl die sicherste Großstadt der Welt. Fremde werden hier fast nie angegriffen, belästigt oder bestohlen. Und doch kann es passieren. Wenn, dann ist es wie überall auf der Welt: Gelegenheit schafft Diebe. So kommen im Gedränge der Gassen von Chinatown schon mal Geldbörsen weg, oder ein Rucksack wird aufgeschlitzt. Tafeln der Polizei warnen davor. Und doch: Man muss schon viel Pech haben oder sich sehr dumm verhalten als Tourist, um in Singapur Opfer zu werden.

Rundgang: Tief in China

A **Bee Cheng Hiang Singapur.** Seit 1933 bietet man hier Bak Kwa an – geklopftes, in Honig gewendetes, gegrilltes Fleisch. Eine Delikatesse, für die rund um die Festtage viele in langen Schlangen anstehen. 10–20 Uhr, 189 New Bridge Road, www.beechenghiang.com.sg

B Von hier lohnt sich ein kurzer Abstecher in die **Mosque Street** mit den wie Speicherhäuser anmutenden ersten Sozialwohnungen Singapurs aus den 30er-Jahren des vergangenen Jahrhunderts. Heute logiert hier das Hotel The Porcelain, das hauptsächlich von Asiaten besucht wird.
42–50 Mosque Street, Tel. 0065 66 45 3 131, www.porcelainhotel.com

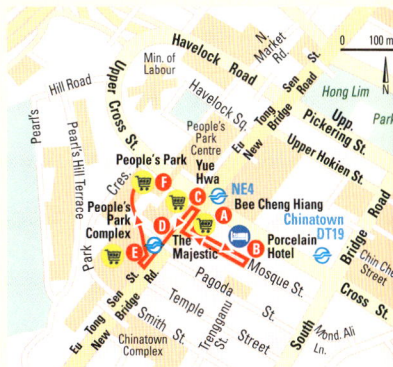

C Nun geht es auf dem Fußgängerüberweg über die New Bridge Road direkt auf den Eingang des Kaufhauses **Yue Hwa** zu. Es liegt in einem wunderschönen früheren Hotel, das einst als das »Raffles Hotel von Chinatown« galt. Hier stieg die Prominenz ab, die sich im angrenzenden Kreta Ayer amüsieren wollte. Heute bietet Yue Hwa edle Waren aus China, Medizin genauso wie Seide. 11–21 Uhr, 70 Eu Tong Sen Street, Tel. 0065 65 38 42 22, www.yuehwa.com.sg

Festschmaus auf chinesisch: Bak Kwa

D Links neben dem Yue Hwa liegt ein weiterer Schmuckbau: Das frühere **Majestic Theatre** wartet immer noch auf seine neue Bestimmung. Eine herrliche Art-déco-Fassade lädt zum Besuch ein. Sie zeigt handbemalte Kacheln, die Szenen berühmter Opern wiedergeben. Angeblich baute der wohlhabende Eu Tong Sen – siehe Straßenname – das Opernhaus für seine Frau, nachdem dieser in einer anderen Oper der Zugang verwehrt worden war.

E Rechts hinter dem Majestic wähnt man sich in China. Linker Hand liegt der Eingang zum **People's Park Complex** (tgl. 11–21 Uhr). Dies ist eine durch und durch chinesische Einkaufsmeile – bestimmt von Fußreflexzonen-Masseuren, Uhrengeschäften, Elektronikläden. Der Besuch lohnt sich, denn hier lockt die festlandchinesische Atmosphäre.

F Zurück durch den Haupteingang und dann links führt eine Rolltreppe zu den oberen Etagen der nächsten Einkaufsmeile, dem **People's Park.** In den beiden Obergeschossen liegt einer der zwei großen Stoffmärkte der Stadt. Zurück ins Zentrum von Kreta Ayer führt der Weg durch den People's Park Complex über die Fußgängerbrücke – und man steht wieder in der Pagoda Street.

HIER ISST SINGAPUR

Am Rande von Kreta Ayer treffen sich jene zum Speisen, die in der Stadt groß wurden: Im Restaurant Spring Court gibt es traditionelle chinesische Küche zu überschaubaren Preisen. Hier ist alles echt – die runden Tische für die Großfamilie, die Drehscheiben darauf, damit jeder an die Gerichte kommt, die hier vor allem rund um frische Meeresfrüchte und Fisch gekocht werden. Der Großvater der heutigen Besitzerin gründete das Restaurant 1929. Bis heute werden seine Rezepte genutzt. Jeder der Einheimischen kennt das »Spring Court« – schließlich ist es das älteste familiengeführte Restaurant Singapurs. Interessant ist ein Besuch auch mittags: Die Preise sind moderat, und an den Nebentischen werden viele Geschäfte besprochen.

»Spring Court«.11–14.30, 18–22.30 Uhr, 52–56 Upper Cross Street, Tel. 0065 64 49 50 30, www.springcourt.com.sg

Theater und Opernhäuser, die Bordelle, die Teehäuser geöffnet. Vieles davon ist heute noch zu spüren. Deshalb ist Kreta Ayer meist der erste Anlaufpunkt für Touristen, die in die Stadt kommen und auf der Suche nach dem »echten Singapur« sind. Das bunte Treiben auf der Straße ist heute auf sie ausgerichtet. Und dennoch: Wer sich mehr Zeit lässt, wird eine Unmenge an Zeugnissen der vorherigen Jahrhunderte finden und das geschäftige Treiben der chinesischstämmigen Singapurer bewundern lernen. Eine wunderbare Einführung in das Viertel gibt das Chinatown Heritage Centre in der Pagoda Street. Der Name Kreta Ayer ist übrigens nicht chinesisch: Er geht zurück auf die malaiische Bezeichnung für die Wasserkarren, die einst von Büffeln durch die Straßen gezogen wurden. Dass hier hart gearbeitet wird, merkt man besonders frühmorgens: Dann stehen die Kleinlastwagen, die die Stände des Viertels und die Restaurants mit frischen Waren versorgen, Schlange. Dies ist auch die Stunde, wo man noch die gebückten, alten Papiersammler durch die Gassen ziehen sieht – die Zeit scheint stehen geblieben zu sein.

Antiquitäten, Schmuck und Medizin

Kreta Ayer wirkt auf den ersten Blick unübersichtlich, ist aber recht einfach gegliedert. Die breite Einbahnstraße South Bridge Road begrenzt es nach Süden. Von ihr gehen fünf Querstraßen ab, von denen jede ihren ganz besonderen Reiz hat. Auf der South Bridge Road liegen nicht nur zahlreiche günstige Hotels, vor zehn Jahren siedelten hier noch vor allem chinesische Antiquitätenhändler. Einer von ihnen ist geblieben: PK Cheong bietet bei East Inspirations immer noch an, was er über Jahrzehnte in seinem Warenhaus gesammelt hat. Ein paar Schritte weiter lockt das Schmuckhaus

Kreta Ayer

On Cheong Jewellery die Gutbetuchten seit mehr als 80 Jahren mit seinen Preziosen. Seit einigen Jahren eröffnen hier mehr und mehr chinesische Apotheken und Kliniken für Traditionelle Chinesische Medizin (TCM) und verdrängen die Andenkenläden und Cafés. Die bekannteste Pharmazie ist diejenige von Eu Yan Sang, wo auch ein Arzt auf Patienten wartet. Die eigentlich aus Malaysia stammende Marke eröffnete in dem wunderschönen Gebäude 1910 ihr erstes Geschäft in Singapur.

Tempel und Moscheen in Eintracht

Die gegenüberliegende Seite der South Bridge Road ist eher dem Überirdischen gewidmet: Denn hier liegen in Sichtweite gleich drei Gotteshäuser unterschiedlicher Religionen: Am oberen Ende befindet sich die hellgrün gestrichene Jamae (Chulia)-Moschee, gebaut schon 1827 von den Chulia aus Südindien. Weil sie sich nach Mekka ausrichtet, liegt sie etwas abgewandt von der Straße. Der Hauptteil der Moschee mit den hohen Minaretten wurde von Singapurs »Hausarchitekten« George Drumgoole Coleman entworfen.

Ein paar Schritte weiter wartet eine der Hauptattraktionen des Viertels, der Sri-Mariamman-Tempel. Für die Hindus der Stadt hat ihr ältester Tempel, Baubeginn war schon 1827, eine enorme Bedeutung. Hier finden rund um das Jahr große Feste wie das Laufen über den Feuergraben (Theemithi, im deutschen Herbst) statt. Besucher können Stunden damit zubringen, die bunt gestrichenen mythischen Figuren und Götter, die den Tempel zieren, zu betrachten. Von beiden Enden der South Bridge Road sieht man den hohen, bunten Goturam, den mehrstufigen Götterturm. Er steht über dem Eingangstor, kunstvoll gefertigt aus Hunderten von Figuren aus

Geheimtipp

ECHTE EIERTÖRTCHEN

Für Schleckermäuler ist die Traditionsbäckerei Tong Heng der wichtigste Ort für eine Rast in Kreta Ayer. Hier darf man die Kaya-Marmelade, den süßen Aufstrich aus Ei und Zucker für den Frühstückstoast probieren. Niemand aber verlässt den mehr als 90 Jahre alten Laden, ohne ein Eiertörtchen (Egg-Tart, 2,80 S$) gekostet zu haben. Warmer Eier- oder Mandelpudding sind andere Köstlichkeiten der Konditorei. Sie wurde im frühen 20. Jahrhundert von einem Neuankömmling aus Kanton gegründet, der im wachsenden Hafen Singapur sein Glück machen wollte. Fong Chee Heng schob mehr als 20 Jahre seinen Handkarren durch das Viertel, kochte Kaffee und schmierte Brote. Heute bilden sich vor dem Geschäft gerade vor den Feiertagen lange Schlangen.

Tong Heng. 9–22 Uhr, 285 South Bridge Road, Tel. 0065 62 23 36 49, http://www.tongheng.com.sg/

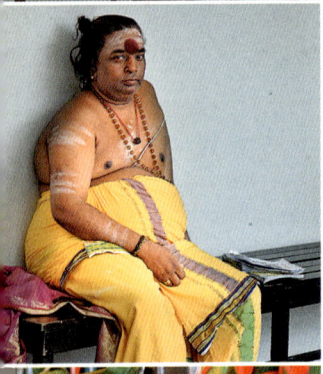

bemaltem Gips. Besucher betreten den Tempel durch das messingbeschlagene, gewaltige Holztor, um dann in die dunkle Eingangshalle zu treten. An Festtagen ist das Tor auf beiden Seiten mit Bananenstauden geschmückt. Täglich um 12 Uhr mittags bläst der Priester sein Horn, um zur Zeremonie zu rufen, Gäste sind willkommen.

Der letzte im Trio der Tempel ist der Buddha Tooth Relic Temple. Er ist neu, riesig und überwältigt mit seiner Fülle an Statuen, dem Duft der Räucherstäbchen und auch dem Ansturm der Besucher. Auf manchen Betrachter mag der Tempel aus dem Jahr 2002 kitschig wirken, die chinesischen Buddhisten aus Singapur aber verehren ihn, haben Tonnen von Gold für seinen Bau gespendet und stören sich nicht an den Gerüchten, dass der Zahn Buddhas in Wirklichkeit wohl einst einer Kuh gehörte.

Wichtig für Gäste: Auf der Rückseite des Tempels liegt das Chinatown Visitor Centre mit profunden Informationen zum Viertel und einigen sehr hübschen und einzigartigen Andenken, wie etwa den von älteren Bewohnern des Viertels handgemachten Stoffpuppen. Daneben kann man die alten Einwohner immer noch beim chinesischen Schachspiel beobachten. Die Sträßchen, die rechts von der South Bridge Road abbiegen, sind geschaffen für Touristen. Hier reihen sich die Buden und Läden mit Andenken, Stoffen, Kameras und Elektrospielzeug aneinander, vieles aber ist überteuerter Ramsch. Einst lebten hier die Kulis unter ärmlichsten Bedingungen, während die Wohlhabenden in den Theatern und dem Opernhaus feierten oder ihr Geld in die Bordelle trugen.

Singapurs Fressgass'

Wer das asiatische Essen erst kennenlernen will, ist in der »Fressgasse«, der Food Street, am südlichen

Oben: Die bunte Götterwelt der Hindus mitten in Chinatown, am Sri Mariamman Temple an der South Bridge Road
Mitte: Warten auf die Zeremonie im Tempel
Unten: Vegetarische Vielfalt zu Chinese New Year

Rote Laternen sollen Glück bringen und schmücken das Viertel besonders am Neujahrsfest.

Ende der Smith Street richtig. Unter dem Baldachin lässt es sich trotz Sonne und Regen prima speisen. Es gibt alle lokalen Köstlichkeiten, von Hühnchenreis über indische Pratas bis zu Haferflocken mit Froschschenkeln. Am oberen Teil der Temple Street liegt das schöne Bürsten- und Kammgeschäft Tan's, das besseren Haarwuchs mit Kämmen aus chinesischem Box-Wood verspricht. Besondere Mitbringsel für die Küchenenthusiasten findet man am südlichen Ende der Temple Street: Bei Sia Huat wird viel mehr feilgeboten als nur Woks – gute Messer, aber auch die Bambusschalen für Dim Sum beispielsweise. An der Ecke Smith Street/Trengganu Street befindet sich ein Schmuckstück, das hinter den Ständen der fliegenden Händler fast untergeht: Das Lai Chun Yuen ist ein altes Theater für chinesische Oper. Heute beherbergt es einen Ableger des »Santa Grand Hotel«. Das Gebäude zeichnet sich durch seine hölzernen Balkons im Obergeschoss aus, auf denen die Werke aufgeführt wurden. Es bestimmte einst das Leben im ganzen Viertel. Wer noch etwas von der berühmten chinesischen Oper mitbekommen will, kann dies im Chinese Opera Tea House am oberen Ende der Smith Street erleben. Dort werden Kurse bis hin zum Schminken angeboten.

Nicht verpassen

CHINESE NEW YEAR

Chinatown ist bunt, strahlend, laut. Doch es kann auch anders: Jedes Jahr, wenn das Chinesische Neujahrsfest ansteht, wandelt sich das Viertel. Dann weichen die Andenkenstände mit ihrem billigen Chinakitsch über Nacht jenen, die Köstlichkeiten und Souvenirs aus dem richtigen China nach Singapur bringen. Das ganze Viertel ist wunderbar geschmückt und erleuchtet. Feuerwerke werden abgebrannt, um das neue Jahr gebührend zu begrüßen. Wer es sich also aussuchen kann, sollte im Kalender nachschauen, wann das nächste Neujahrsfest ansteht – meist ein paar Wochen nach dem Jahreswechsel im Westen. Zu keinem Zeitpunkt gibt es schönere Fotomotive in Chinatown. Zu keiner Zeit schmecken die Köstlichkeiten so gut. Und zu keiner anderen Zeit sind die Menschen hier so offen und freundlich – ähnlich wie in Europa in der Vorweihnachtszeit.

Infos und Adressen

Über den Straßen von Chinatown

SEHENSWÜRDIGKEITEN

Jamae (Chulia) Mosque. Sa–Do 10–18, Fr 10 bis
12.15, 14.30–18 Uhr, 218 South Bridge Road,
Tel. 0065 62 21 41 65/63 23 59 71,
www.masjidjamaechulia.sg,

Sri Mariamman Temple. 7–12, 18–21 Uhr,
244 South Bridge Road, Tel. 0065 62 23 40 64,
www.heb.gov.sg/our-subsidiaries/temples/sri-
mariamman-temple.aspx

Buddha Tooth Relic Temple. 7–19 Uhr,
288 South Bridge Road, Tel. 0065 62 20 02 20,
www.btrts.org.sg

Chinese Opera Tea House. Di–So 12–17 Uhr,
5 Smith Street, Tel. 0065 63 23 48 62,
www.ctcopera.com

Alle: U-Bahn DT19, NE4 Chinatown

ESSEN UND TRINKEN

Die 2001 eröffnete Chinatown Food Street beherbergt in der Smith Street 24 *hawker*-Stände und
6 *shophouse*-Restaurants. Nur die besten *hawker*,
die kleinen Garküchen, der Stadt wurden hier angesiedelt. So kann man sich wunderbar durch die
verschiedenen Singapurer Küchen und Gerichte
essen.

Da Dong (Fatty Weng). Eines der *shophouse*-
Restaurants, ein von Singapurern sehr geschätztes
Traditionshaus mit Klassikern wie Dim Sum, Chili

Crab oder Pekingente. 39 Smith Street,
Tel. 0065 62 21 38 22

In den Chinatown Complex wurden in den 1980er-
Jahren viele *hawker* aus der Smith Street umge-
siedelt. Mehr als hundert kleine Essstände gibt
es im Gebäude, die zwei Folgenden sind seit Jahr-
zehnten bei Singapurern sehr beliebt:

Lian He Bin Ji Claypot Rice. Der Topf mit Reis,
Sojasoße, Fleisch und Gemüse wird täglich frisch
auf dem Holzfeuer angesetzt, darum schwören
seine Anhänger, hier gäbe es das beste Claypot-Es-
sen der Stadt. Blk 335 Smith Street Nr. 02-198/199,
Tel. 0065 62 27 24 7.

Tian Tian Porridge. Verschiedene Variationen
des klassisch chinesischen Reisgerichts. Das
Reisporridge wird stundenlang geköchelt und ist
wegen seiner Milde und Konsistenz für strapa-
zierte Mägen sehr zu empfehlen. Blk 335 Smith
Street Nr. 02-185

The Good Beer Company. Im selben Komplex
gelegen, mit einer großen Auswahl an Biersorten.
Mo–Sa 18–22 Uhr, Blk 335 Smith Street,
Nr. 02-58

ÜBERNACHTEN

Santa Grand Hotel Lai Chun Yuen. Gutes,
praktisches Hotel in historischem Gebäude und
zentraler Lage. Die Zimmer sind meist klein.
20 Trengganu Street, Tel. 0065 62 98 88 89,
www.santagrandhotel.com

Parkroyal on Pickering. Beeindruckendes, an
organischen Formen orientiertes Designerhotel
der Luxusklasse. Gelegen an der Grenze von
Chinatown zum Geschäftsbezirk CBD, besitzt es
mehrere begrünte und baumbestandene Terrassen mit ausgefallener Möblierung, wie etwa den
weithin sichtbaren riesigen bunten Vogelvolieren,
in denen sich Sitzgruppen befinden. Neben dem
Infinity-Pool über den Dächern Chinatowns bietet
das Parkroyal auch einen preisgekrönten Spa.

3 Upper Pickering Street, Tel. 0065 68 09 88 88,
www.parkroyalhotels.com/en/hotels-resorts/sin-
gapore/pickering.html

The Inn at Temple Street. Gutes, kleines Hotel
in zentraler Lage und unmittelbarer Nähe zur
U-Bahn. Gelegen in fünf umgebauten Shophouses,
mit kleinen Zimmern. 36 Temple Street,
Tel. 0065 62 21 53 33, www.theinn.com.sg

EINKAUFEN

East Inspirations. 233 South Bridge Road,
Tel. 0065 62 24 29 93, www.eastinantiques.com

On Cheong Jewellery. 251 South Bridge Road,
Tel. 0065 62 23 47 88, www.oncheong.com

Sia Huat. Küchenutensilien aller Art,
besonders asiatische. 7,9,11 Temple Street,
Tel. 0065 62 23 17 32, www.siahuat.com

Tan's. Handgefertigte Bürsten und Kämme.
36 Temple Street Nr. 01-05, Tel. 0065 62 26 31 28,
www.tanscomb.com/storepage194481.aspx

Musikalisch nicht jedermanns Sache, aber immer
schön anzusehen: die chinesische Oper

Shuang Hua Jewellery. Schöner und echter Jade-
schmuck. 54 Smith Street, Tel. 0065 63 27 91 68,
www.shuanghua.com.sg

Eu Yan Sang. Chinesische Medizin, Kräuter und
Heilmittel. 269 South Bridge Road, Tel. 0065 67 49
88 30, www.euyansang.com.sg

Yong Gallery. Hier kann man sich seinen Namen
als chinesische Kalligrafie tuschen oder als
chinesisches Schriftzeichen in einen Steinstempel
eingravieren lassen. Mehrere Standorte: 280 South
Bridge Roa; 42 und 41 Pagoda Street;
1 und 16 Trengganu Street

AKTIVITÄTEN

Chinatown-Touren. Das Chinatown Visitor Centre bietet mehrere Touren an, die sich durch ihren
Tiefgang mit Blick auf geschichtliche Hintergründe, Lokalitäten und Einwohner deutlich von anderen Touren unterscheiden. Immer samstags von
9.30–11.30 Uhr gibt es die kostenlose Tour
»Footprints of our Forefathers«. Eine andere
lohnenswerte Tour mit Trishaw (Fahrradrikscha)
und Bumboat ist »Nightout@Chinatown«,
tgl. 18.30–22.30 Uhr, www.chinatown.sg

City-Discovery. Bietet eine Fülle interessanter
Rundgänge an wie die »Singapore Chinatown Food
Adventure«-Tour, Mo–Fr 14–17.30 Uhr,
www.city-discovery.com/singapore

The Original Singapore Walks. Nur für Erwachsene ist die »Secrets of the Red Lantern«-Tour
durch Chinatown und Geylang, 18–20.30 Uhr,
www.journeys.com.sg/singaporewalks/index.asp

INFORMATIONEN

Chinatown Visitor Centre. Mo–Fr 9–21, Sa,
So 9–22 Uhr, 2 Banda Street, Tel. 0065 62 21 51 15,
www.chinatown.sg

Chinatown Heritage Centre. Tgl. 9–20 Uhr,
48 Pagoda Street, Tel. 0065 65 34 89 42,
www.chinatownheritagecentre.sg

FESTE UND FEIERN

Zauberhafte Weihnachtsstimmung in den Gardens by the Bay

In keiner anderen Stadt der Welt wird gefeiert wie in Singapur. Denn hier leben so viele Kulturen Seite an Seite, dass eigentlich jeder Tag ein Festtag ist. Der Kalender reicht von Hindu-Feiern über das Chinesische Neujahrsfest bis zu Weihnachten. Und bei allen diesen Festen sind immer alle Singapurer und alle Gäste eingeladen. Nur keine Scheu: Selten bieten sich so spektakuläre Fotogelegenheiten wie an Singapurs Festtagen.

Thaipusam

An diesen zwei Tagen im Januar oder Februar feiern die Hindus den Sieg des Guten (Lord Subramaniam) über das Böse. Sie ziehen in einer langen Prozession durch die Stadt. Dabei tragen sie Speere und Nadeln, die sie sich zuvor in Trance in den Körper gesteckt haben. Erstaunlicherweise verläuft die ganze Zeremonie dennoch unblutig.

Chinesisches Neujahrsfest

Die wichtigste Zeit des Jahres für jeden Chinesen ist im März oder April. Familien feiern bei Festessen ihr Wiedersehen und den Beginn des neuen Jahres. Besonders Chinatown ist Rot und Gold geschmückt. Freunde und Verwandte überreichen sich Orangen (Glückssymbol) und rote Kuverts mit Geldscheinen (Hong Bao). Im Rahmen der Festwochen halten die Singapurer

auch die Chingay Parade (ähnlich unserem Karnevalszug), die Kirmes am Fluss (River Hong Bao) und Wettkämpfe im traditionellen Löwentanz (Lion Dance) ab.

Vesakh Day

Rund um die Erde feiern die Buddhisten Ende Mai/Anfang Juni mit Gesängen und Lichterprozessionen Geburt, Erleuchtung und Tod Buddhas. Im Morgengrauen versammeln sie sich in den Tempeln der Stadt. Eine große Prozession findet am Abend am Phor-Kark-See-Tempel statt.

Drachenboot-Festival

Nur auf den ersten Blick geht es beim Wettkampf der Boote um Sport. Dahinter steht die Legende eines hohen chinesischen Beamten, der sich unter Druck des Kaisers ertränkte. Die Fischer wollten die Fische daran hindern, seinen Körper zu essen. So schlugen sie ihre Paddel auf das Wasser und warfen Reisbällchen hinein, um sie abzulenken. Deshalb gibt es bis zum heutigen Tag während des Festivals im Juni am Bedok-Reservoir Reis-Dumplings.

Hari Raya Aidilfitri

An diesem Tag – oft im November – brechen die Muslime nach 30 Tagen ihr Fasten. Das Viertel um die Große Moschee und Geylang Serai verwandelt sich jeden Abend in ein riesiges Freilicht-Restaurant.

Nationalfeiertag

Singapur feiert seine Gründung als Staat am 9. August. Eine Parade führt entweder über die Marina Bay oder durch das neue Stadion. Gezeigt werden Militärfahrzeuge, Flugvorführungen, wunderbare Tanzeinlagen und spektakuläre Feuerwerke.

Mondfest

Das Mid-Autumn-Festival wird Ende September/Anfang Oktober gefeiert, wenn der Mond strahlt wie in keiner anderen Nacht des Jahres. Familien und Freunde feiern, essen Mooncakes und die Glück bringenden Pomelos. In Chinatown gibt es wunderbare Laternen, Löwentanz und Nachtmärkte.

Deepavali

Das Lichterfest der Inder im Oktober oder November ist so poetisch wie fesselnd. Die Straßen sind wunderbar geschmückt, die Basare bersten.

Vorweihnachtszeit

Die Straßen sind geschmückt, Hotels und Malls übertreffen sich im Wettbewerb um die schönste Dekoration.

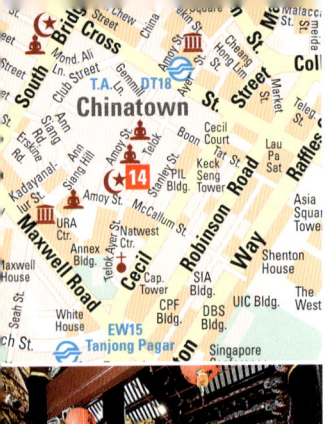

14 Telok Ayer
Chinatowns Geburtsort

Clubs und Werbeagenturen, Papiersammler und Nudelküchen, Sterneküche und Vermögensverwalter, alte Häuser und die Wolkenkratzer der Banken – wohl kaum ein Viertel Singapurs bildet einen solchen Mikrokosmos wie Telok Ayer. Die bunten *shophouses* und die Räucherstäbchen lassen einen vollkommen die Zeit vergessen. Hier wuchs Chinatown heran, Kulis entluden die ersten Schiffe, später wurden Sklaven und Opium gehandelt.

Herz des Handelsplatzes

Im südlichen der vier Viertel von Chinatown begann einst das Herz des Handelsplatzes zu schlagen. So wie die Beach Road mit dem Raffles Hotel lag auch die Telok Ayer Road einst am offenen Meer. Ursprünglich lebten hier malaiische Fischer in ihren Kelongs, den hölzernen Stelzenhäusern. Nach der Ankunft von Stadtgründer Sir Stamford Raffles 1819 landeten dann bald die

Oben: Handwerker aus China restaurierten den Thian-Hock-Keng-Tempel in Chinatown.
Unten: Sicher bei Sonne und Regen: ein Five-Foot-Way in der Ann Siang Road

GUT ZU WISSEN

BLOCKADE

Chinatown ist noch durchzogen von den herrlichen *five-foot-ways:* Entlang der Fronten der *shophouses* bieten sie Schutz gegen *rain or shine,* gegen Regen und die brennende Sonne. Immer mehr Wirte aber gehen unter dem Druck der enormen Mieten dazu über, die Vorderseiten ihrer Lokale auch mit Tischen auszustatten. Sie werden natürlich unter dem schützenden Dach aufgestellt. Damit aber wird der bis auf die Raffles-Verwaltung zurückgehende Fußweg blockiert.

Rundgang: Eine Straße durch die Geschichte

Die Telok Ayer Street war einst die Hafenstraße der Stadt entlang der Kais. Aus den Kulis, die sich hier quälten, wurden später einflussreiche Geschäftsleute. Heute ist die Straße eine der schönsten, buntesten und lehrreichsten der Stadt.

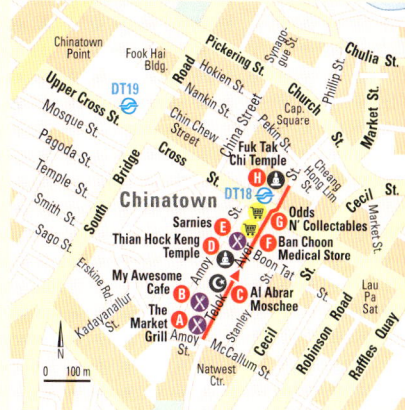

A Beginn am australisch anmutenden **Restaurant The Market Grill,** hier gibt es Burger, aber auch frische Lobster. 208 Telok Ayer Street, Tel. 0065 622 13 23, www.themarketgrill.com.sg

B Im **Szenecafé My Awesome Café** hat der französische Gründer Frank Hardy den Antik-Charme seiner Heimat auf Asien getrimmt: bunte Lampions unter der Decke, rohe Tische, die Getränke in Einmachgläsern und dazu gute Sandwiches. Der wahre Charme aber liegt im Gebäude: Hier saß einst die Chung Wa Free Clinic, ein kostenloses Krankenhaus für die Armen. Die alten Inschriften sind noch auf den Säulen zu sehen. 202 Telok Ayer Street, Tel. 0065 84 28 01 02, www.myawesomecafe.com

C Die **Al-Abrar-Moschee** liegt nur ein paar Schritte weiter. Sie wurde zunächst 1827 in einem einfachen Holzhaus gegründet, beherbergt in ihrem Neubau heute aber bis zu 800 Gläubige. 192 Telok Ayer Street, Tel. 0065 62 20 63 06

D Singapur wäre nicht so multireligiös wie es ist, folgte nicht sofort einer der wichtigsten Tempel der Stadt: Der prunkvolle **Thian-Hock-Keng-Tempel** geht bis auf das Jahr 1821 zurück. Er ist Ma Zu

Warten auf Gäste: My Awesome Café

Po gewidmet, der Meeresgöttin, die die Reisenden aus dem fernen China beschützte. Gut 20 Jahre später ließ der wohlhabende Chinese Tan Tock Seng ihn neu errichten – bis heute ist die Holzkonstruktion ohne einen Nagel verbunden. Als der Tempel im Jahr 2000 renoviert wurde, flog die Stadt festlandchinesische Handwerker ein, die die alten Techniken noch beherrschten. Tgl. 7.30–17.30 Uhr, 158 Telok Ayer Street, Tel. 0065 64 23 46 26, www.thianhockkeng.com.sg

E Das angesagte **Café Sarnies** lädt zu einer Abkühlung ein. 136 Telok Ayer Street, Tel. 0065 62 24 60 91, www.sarniescafe.com

F Der **Ban Choon Medical Store** lohnt einen Blick: Hier duftet es nach allen Heilmitteln wie Kräutern, getrocknetem Fisch und nach Salben. 130 Telok Ayer Street, Tel. 0065 63 23 68 06

G Einer der charmantesten Trödler der Stadt: **Odd's Collectables** bietet vieles aus dem Singapur des vergangenen Jahrhunderts. 128 Telok Ayer Street, Tel. 0065 96 62 44 61

H Der **Fuk-Tak-Chi-Tempel** bildet das Ende des Spaziergangs (siehe S. 131).

Das anschauliche Modell Singapurs in der Stadtentwicklungsbehörde URA ist ein Muss für Touristen.

Nicht verpassen

BETONGEWORDENE VISIONEN

Singapur ist eine geplante Stadt. Wie die Planungs- und Umsetzungsgenauigkeit, die den Singapurern auch den Titel der »Preußen Asiens« eingebracht hat, in der Praxis aussieht, zeigt das Museum der Stadtplanungsbehörde URA. Die hellen Räume sind ein Kleinod für alle, die sich wirklich für die Stadt und ihre Entwicklung interessieren. Nirgendwo gibt es einen besseren Überblick über Singapur und seine Visionen, aber auch über die Details, wie etwa die Versorgung mit Wasser. Das riesige Diorama der gesamten Insel begeistert Kinder wie Eltern. Ein neuer Höhepunkt ist die wandfüllende, akribische Stadtansicht, die der autistische Künstler Stephen Wiltshire nur aus der Erinnerung zu Papier brachte. Nicht nur an Regentagen lohnt der Besuch!

URA City Gallery, Mo–Sa 9–17 Uhr, URA Centre, 45 Maxwell Road, Tel. 0065 63 21 83 21, www.ura.gov.sg, U-Bahn EW15 Tanjong Pagar

ersten Kulis aus China hier. Später wuchsen die großen Schuppen und Warenlager der Reeder heran. Schon 1835 war das Viertel das geschäftigste des damaligen Singapur. Heute ist Telok Ayer nach Sonnenuntergang eine der »heißen Meilen« der Stadt – ein charmanter Bezirk zum Ausgehen und Genießen.

Rauschende Feste

Wer in Singapur abends »auf die Piste« will, beginnt den Bummel rund um die Club Street. Von der South Bridge Road, der Achse Chinatowns, biegt man in Fahrtrichtung links ab, um tiefer in das Viertel vorzudringen. Rechter Hand, an der Mohamed Ali Lane, liegt ein fünfstöckiges Wohnhaus, und von hier aus sieht man die drei wichtigsten Häuserarten der Gegend auf einen Blick: Das mehrstöckige Haus von 1928 im Rücken, fällt der Blick auf das »Senso«, ein teures italienisches Restaurant. Interessanter ist aber das lang gestreckte, einstöckige weiße Gebäude. Hier befinden sich noch einige der ersten Bauten der chinesischen Siedler, vergleichbar den frühen Häusern Little Indias: Im Untergeschoss ein Laden oder Lagerhaus, darüber auf dem Holzboden die Wohnräume.

Telok Ayer

Gleitet der Blick rechts die Club Street hoch, sieht man schon die später mit wachsendem Wohlstand entstandenen, drei- oder vierstöckigen *shophouses* der folgenden Händlergenerationen.

Wer bei der Club Street heute an die vielen Clubs dort denkt, liegt nicht ganz falsch. In der Tat siedelten sich hier in den ersten Jahren die Händlervereinigungen und Gemeinschaftshäuser der chinesischen Clans an. Damals müssen hier rauschende Feste stattgefunden haben. Besonders die Englisch sprechenden Straits-Chinesen, viele von ihnen dank Handel und Bankgeschäften zu beträchtlichem Wohlstand gekommen, wussten zu feiern. Auch fast 200 Jahre später wird das Feiern hier ganz großgeschrieben. Telok Ayer bietet unzählige Restaurants, Bars, Clubs und Kneipen. Billig ist es nicht; aber wer die Tropenatmosphäre mit ihren lauen Nächten und ihrer guten Laune in sich aufsaugen will, der ist in diesen Straßen gern gesehen.

Und trotz der durch die Decke schießenden Mieten halten sich selbst in der Club Street noch die alten chinesischen Clan-Vereinigungen. So kommt es zur bizarren Mischung von Ausgehmeile und Traditionszeile, die man so nur in Singapur findet. Ein schönes Beispiel dafür ist auf der linken Seite der Club Street das »Indochine« – ein gutes Restaurant, mit dem der stadtbekannte Gastronom Michael Ma sein Kneipen- und Restaurant-Imperium begründete. Gegenüber aber liegt, völlig unspektakulär, der gut 170 Jahre alte Club der Kanton-Chinesen. An einem der Stützpfeiler hängt einer der typischen Hausaltäre mit Räucherstäbchen und Orangen als Glücksbringer. Direkt daneben, im Obergeschoss, die »Vereinigung der Angestellten des Gold- und Silberhandels« – so chic Chinatown abends auch daherkommt, so echt ist es hier immer noch.

Geheimtipp

ALPENGLÜHEN IN SINGAPUR

Sicher, Mangel an tollem Essen gibt es in Singapur nun wirklich nicht. Wer aber mal keine Lust mehr auf Reis und Nudeln hat, dem sei der Besuch im »Zott's True Alps« ans Herz gelegt. Der deutsche Logistikunternehmer Christian Zott bringt hier edle Alpinküche nach Chinatown. Billig ist das nicht, aber wunderbar. Der Singapurer Architekt Richard Ho hat das *shophouse* aus dem 19. Jahrhundert vollständig entkernt. Der Besitzer flog Alpenhandwerker und Materialien wie Holz und Stahl aus Europa ein. Durchgestylt bietet das Lokal nun Alpenatmosphäre am Äquator. Dazu zählen ein beeindruckendes Wiener Schnitzel mit Kartoffelschaum oder Kaiserschmarrn. Und damit man weiß, wo man is(s)t, schmückt die offene Küche ein riesiger Ochsenkopf.

»Zott's True Alps«. Mo–Fr 11.30 bis 14.30, 17–24, Sa 17–24 Uhr, 97 Amoy Street, Tel. 0065 62 23 09 13, www.zotts.com.sg, U-Bahn DT18 Telok Ayer

Das gelbe Eckhaus, dort, wo die Club Street in die Ann Siang Road abbiegt, ist ein Symbol für das ganze Viertel. Über Jahre schlummerte es, überwuchert von Farnen, seiner Renovierung entgegen. Erst als die Spekulanten die erwartete Summe bekamen, wurde es wieder zu neuem Leben erweckt. Heute residiert hier das wunderbare Weinlokal »Beaujolais«. Besonders die Abende auf der Terrasse mit Blick auf das Treiben an der Straßenkreuzung sind zauberhaft.

Auf dem Ann Siang Hill

Ein paar Meter die Ann Siang Road hoch bietet sich ein spektakulärer, aber ebenso typischer Blick: Im Vordergrund die herrlich renovierten *shophouses* mit ihren Lokalen, im Hintergrund die alles überragenden Türme der Banken. In der Mitte liegt Singapurs Capital Tower, wo ein Teil des Geldes der reichen Stadt verwaltet wird. In dessen Obergeschoss, wo nachts die bunten Lichter brennen, sitzt der elegante China Club, ein Ableger des berühmten China Club in Hongkong. Unten auf der Straße aber lässt sich sowohl einfach nur ein Bier trinken wie auch richtig schlemmen, beispielsweise im »Lolla«: Die von ein paar Weinkennern eröffnete Speisebar lockt mit edlen Tropfen und einer erlesenen Karte. Kein Wunder, dass sie immer wieder ausgezeichnet wird. Niemand käme heute noch darauf, dass an diesem Hügel einst Nelken- und Muskatnussplantagen lagen. Der Hügel war dank einer Quelle gut bewässert, erst Ende des 19. Jahrhunderts entstanden hier die bis heute erhaltenen *shophouses*.

Neues Leben in alten Häusern

Wer nach rechts abbiegt in die Erskine Road, stößt auf den schönen *food court* entlang der Maxwell Road. Rechter Hand liegt das Scarlet-Hotel, das

Oben: Blick auf das »Beaujolais« an der Ecke zur Clubstreet
Mitte: Nichts für den kleinen Hunger zwischendurch: Pekingenten im Maxwell Food Centre
Unten: Britisches Erbe: The Club Hotel wurde in eleganten Kolonialbauten in Chinatown eingerichtet.

Telok Ayer

als eines der schönsten Boutique-Hotels der Welt gilt. Dahinter liegt eines der ersten Boutiquen-Sträßchen der Stadt. Heute sind die Läden eher langweilig, aber die Zeile ist architektonisch gleichwohl interessant mit ihren kleinen *shophouse*s aus der Mitte des 19. Jahrhunderts. Die eigentliche Sehenswürdigkeit aber ist das Museum der Stadtentwicklungsbehörde, die Singapore City Gallery (siehe S. 128). Am Rande des Ann Siang Hills, neben der Treppe, liegt außerdem ein schöner Ableger des »P.S. Café«. Besonders abends lockt die Terrasse unter dem Pflanzenbaldachin. Unten angekommen riecht man schon den Duft des nahen Tempels: Der Siang Cho Keong ist ein oft übersehenes Schmuckstück. Der 1869 gebaute Tempel liegt mit dem Rücken zum Berg, mit der Vorderseite zum Meer, links neben ihm eine Quelle – besser konnte der Baugrund wirklich nicht sein. Hier wird nicht nur eine Buddhastatue gezeigt, sondern auch zu chinesischen Gottheiten und den zahlreichen Geistern der Vorfahren gebetet.

Linker Hand beginnt die Amoy Street. Neben dem Tempel siedelte Bischof William Fitzjames Oldham 1864 die Englisch-Chinesische Schule an. Morgens wurde hier Englisch gelehrt, nachmittags Chinesisch; ein Modell, das Singapur als multilinguale Stadt groß gemacht hat. Längst liegt die Schule an einer anderen Stelle, doch immer noch ist sie allein aufgrund ihrer langen Geschichte eine der begehrtesten der Stadt.

Für den kleinen Hunger zwischendurch bietet sich »Pho 99 Vietnamese Delight« um die Ecke an. Am Boden der pinkfarbenen Säule vor dem vietnamesischen Imbiss brennen in einem eigenen Halter Räucherstäbchen – ein wunderbares Bild für die Mischung aus Mystik, Geschäft und guter Küche im Viertel Telok Ayer.

Nicht verpassen

MUSEALES SCHMUCKSTÜCK

Hier versteht man, was kaum noch zu glauben ist: In diesem uralten früheren Tempel befindet sich heute ein kleines, ambitioniertes Museum, das auf den ersten Blick die Lage Singapurs zu Zeiten von Gründer Raffles zeigt. In einem Diorama sind die Straßen um den Tempel nachgebaut, und man erkennt, dass hier an der Telok Ayer Street – heute mitten im Geschäftsviertel – einst der Hafen war. Der Fuk-Tak-Chi-Tempel wurde schon 1824 von Hakka- und Kanton-Chinesen gebaut. Interessant ist auch seine Architektur mit dem großen Wasserbecken in der Mitte des Hauses. Viele Singapurer wissen heute gar nicht mehr von der Existenz dieses prunklose Schmuckstücks, dessen Hintereingang zur Ladenmeile China Square führt.

Fuk-Tak-Chi-Tempel. Tgl. 10–22 Uhr, 76 Telok Ayer Street, U-Bahn DT18 Telok Ayer

Infos und Adressen

Wenn es regnet: das Indie-Kino The Screening Room

SEHENSWÜRDIGKEITEN

Siang Cho Keong Temple. 1869 von Hokkien-Chinesen erbaut, wird der kleine taoistische Tempel bis heute von den Anwohnern für die tägliche Andacht genutzt. 66 Amoy Street

Clan-Häuser. Sie waren die erste Anlaufstelle der Immigranten, aufgeteilt nach chinesischen Volksgruppen wie den Hakka-, den Hokkien-, den Kanton-Chinesen. Manchmal hört man beim Vorbeigehen noch das typische Klickern der Mahjong-Steine aus den Häusern dringen. 84 Club Street, 17 und 25 Ann Siang Road

ESSEN UND TRINKEN

Indochine Restaurant. Ausgefallene französisch-asiatische Küche. 47 Club Street, Tel. 0065 63 23 05 03, www.indochine-group.com

Senso Restaurant & Bar. Feine italienische Küche, sonntags Brunch. 21 Club Street, Tel. 0065 62 24 35 34, www.senso.sg

Beaujolais. Beliebtes Weinrestaurant mit Jazz-oder Bluesmusik im Hintergrund. 1 Ann Siang Hill, Tel. 0065 62 24 22 27, www.beaujolais.com.sg

Lolla. Kleine, feine mediterrane Tellergerichte. 22 Ann Siang Road, Tel. 0065 64 23 12 28, www.lolla.com.sg

P.S. Café. Moderne australische Küche. 45 Ann Siang Road 02-02 Tel. 0065 97 97 06 48, www.pscafe.com

Wanton Seng's Noodle Bar. Chinesisches Nudelhaus. 52 Amoy Street, Tel. 0065 62 21 13 38, www.wantonsg.com

Pho 99 Vietnamese Delight. Authentisches vietnamesisches Suppenhaus (Pho ist das Wort für Suppe). 57 Amoy Street, Tel. 0065 6410 9600

Casa Tartufo. Gehobenes italienisches Restaurant im Scarlet Hotel. 33 Erskine Road, Tel. 0065 68 36 46 47, www.casatartufo.com

Maxwell Food Centre. Eines der beliebtesten *hawker centre* (Garküchen) der Stadt. Die Auswahl an den zahlreichen Ständen ist groß, hier zwei der alt eingesessenen, sehr guten: China Street Fritters mit seinen frittierten Fleischröllchen (Nr. 01-64) und Tian Tian Hainanese Chicken Rice (Nr. 01-10/11), 1 Kadayanallur Street (Ecke South Bridge/Maxwell Road)

BARS

Jigger Pony. Klassische Cocktailbar mit gutem Essensangebot. 101 Amoy Street, Tel. 0065 62 23 91 01, www.jiggerandpony.com

Sugarhall. Gleich daneben ist alles spezialisiert auf Rum und solides Gegrilltes, den Rum gibt es in über 50 Sorten. 102 Amoy Street, Tel.0065 62 22 91 02, www.sugarhall.sg

B28. Whiskeybar mit Live-Jazzmusik. Im Hotel The Club, 28 Ann Siang Road, Tel. 0065 97 73 33 35

ÜBERNACHTEN

The Scarlet Singapore. Hotel in einer umgebauten Shophausreihe mit samtig-pompösem Interior. 33 Erskine Road, Tel. 0065 65 11 33 33, www.thescarlethotels.com/singapore

The Club Hotel. Neu eröffnet in einem frisch renovierten historischen Gebäude mit 20 Zimmern, einem Café, Restaurants und Bar. 28 Ann Siang Road, Tel. 0065 68 08 21 88, www.theclub.com.sg

EINKAUFEN

Mythology. Der Laden von Apsara Oswal bietet Mode asiatischer Labels an und möchte als Plattform junger aufstrebender Designer dienen. Hier findet man sehr moderne Avantgardestücke für Frauen und ausgefallene Accessoires. Mo–Do 11–19, Fr, Sa 11–20 Uhr, 88 Club Street, Tel. 0065 62 23 55 70, www.my-thology.com

Finespun clothiers. Designerin Caroline Yak bietet Männern exklusive Kleidung von Fliege bis handgefertigten Schuhen an. Nur nach Vereinbarung, 18 Ann Siang Road Nr. 02-01, Tel. 0065 62 25 60 16, www.finespunclothiers.com

Swagger. Alles, was man(n) Exklusives zu brauchen scheint. Und das mit einem Glas Whiskey für den Kunden, 15 Ann Siang Road, Tel. 0065 6223 5880, www.swaggerstore.co

AKTIVITÄTEN

The Screening Room. Ein unabhängiges Kino mit Dachbar. Hier werden wahre Filmschätze gezeigt. Die Dachterrasse ist ein sehr entspannter Ort, der auch ohne Kinobesuch lohnt, denn Cocktails und Fingerfood garantieren einen schönen Abend unterm Sternenhimmel. Mo–Do 18–1, Fr+Sa 18–3 Uhr, 12 Ann Siang Road, Tel. 0065 62 21 16 94, www.screeningroom.com.sg

Truefitt&Hill. Traditioneller Barbershop aus London, der Männern Haarschnitt, Rasur, Kopfmassage und Nagelpflege bietet. Mo–Sa 10–20, So 11–16 Uhr, 9 Ann Siang Road, Tel. 0065 62 23 52 63, www.truefittandhill.com.sg

Kinder sind hier nicht erwünscht, beliebt ist es dennoch: das »P.S. Café« in Chinatown

15 Bukit Pasoh
Clans und ein paar Deutsche

Auf den ersten Blick könnte Bukit Pasoh das Anhängsel Chinatowns sein. Die trubeligen Märkte scheinen weit weg zu liegen. Doch nicht ohne Grund sitzen in den schönen Straßen des Viertels viele chinesische Clans. Dazu kommen tolle Restaurants und Bars. Touristen entdecken den Stadtteil gerade, denn hier gibt es einige der charmantesten Hotels Singapurs. Und auch ein bisschen deutsch ist dieses Viertel.

Der Topf-Hügel

Auf den ersten Blick scheint es nicht nötig, nach dem Gewimmel in Chinatown auch noch Bukit Pasoh zu besuchen. Und doch wäre es ein Fehler, die gewundenen Gassen zwischen Neil Road im Süden und New Bridge Road im Norden links liegen zu lassen. Bukit Pasoh, der »Topf-Hügel«, entstand, als die anderen Viertel Chinatowns aus allen Nähten platzten. Zunächst wurden hier wirklich Töpfe gebrannt, später siedelten sich chinesische Clans und Händler an. Auch die Deutschen haben das Viertel entdeckt: Hier sitzen das Goethe-Institut und die Konrad-Adenauer-Stiftung. Und wenn im Radio oder ersten Fernsehprogramm in Deutschland Berichte aus Singapur laufen, dann wurden sie in einem alten *shophouse* in der Keong Saik Road produziert – hier hat die ARD ihre Studios. Der teils edle Charakter des Viertels zeigt sich besonders in der Bukit Pasoh Road. Für diejenigen, die es sich leisten können, ist hier das Restaurant »André« die erste Adresse: In einem wunderbar restaurierten weißen Haus zelebriert Chef André Chiang seit nun fünf Jahren seine

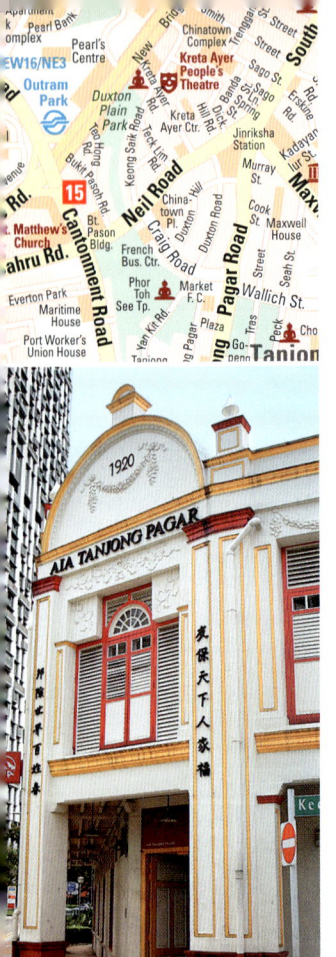

Chinesischer Art déco in der Keong Saik Road

Kunst. Aufmerksamkeit braucht sein Restaurant, das manchem als das beste Singapurs gilt, nicht: Ein Namensschild gibt es nicht, wohl aber einen Olivenbaum vor der Tür.

Geheimtipp

Verstecktes Kleinod

Direkt daneben liegt ein weiteres Kleinod, und dies öffnet seine Türen kostenlos: Der 1895 gegründete Ee Hoe Hean Club, einer der ersten Millionärsclubs Singapurs. Wichtiger aber, jedoch 99 Prozent der Touristen unbekannt, ist das kleine, feine Museum nebenan – die Pioneers Memorial Hall: Wer klingelt, wird eingelassen und kann die Wohltaten reicher Chinesen in den Anfangsjahren der Stadt bestaunen. Die Schriftstücke, Bilder und Artefakte der reichen Auslandschinesen geben einen seltenen Einblick in die Machtstrukturen Singapurs. Ein weiteres Museum liegt ein paar Schritte weiter, durch die Unterführung am Dorsett Hotel: Rechts um die Ecke befindet sich das mit seiner Einrichtung original erhaltene Haus der Kanton-Chinesen (KCCC). Hier haben die besten Löwentänzer der Stadt ihren Sitz. Direkt daneben liegt übrigens die »Vereinigung der Händler für Dosenmilch« – auch so etwas gibt es in Singapur.

Goethes Kantine

Wer Hunger hat, kann ihn in aller Ruhe mit Burgern, Steaks und guten Büchern im »The Reading Room« bekämpfen. Schräg gegenüber, im herrlich renovierten Yee Lan Court, residiert unter anderem die Konrad-Adenauer-Stiftung. Am oberen Ende der Straße hat das Goethe-Institut einen imposanten Kolonialbau aufwendig renoviert: Das weiße Eckhaus überstrahlt die Straße; Fensterläden und Balkone bestimmen die Fassade, unterbrochen von Lüftungsschlitzen mit zierlichen grünen Keramik-

RUHE IN DER HEKTIK

Denjenigen, die in Singapur mehr erfahren wollen als gutes Essen und wildes Nachtleben, bietet sich in Bukit Pasoh eine spirituelle Anlaufstelle. Der Kadampa-Buddhismus hat direkt gegenüber dem Goethe-Institut sein Meditationszentrum eröffnet. Hier werden praktisch täglich Einführungen in die Meditation angeboten. Die Glaubensrichtung, die sich als »Moderner Buddhismus« versteht, geht auf den tibetischen Mönch Geshe Kelsang Gyatso zurück. Sie hat auch zahlreiche Anhänger in Europa. »Jeder ist willkommen, einfach hereinzuschauen und den wunderschönen Raum zu genießen«, werben die Betreiber des Zentrums. Geführt wird es von der Lehrerin Kelsang Drolkyi, die in England studiert hat. Auch ein Café gehört zu dem Komplex.

Meditationszentrum. 134 Neil Road, Tel. 0065 64 38 11 27, www.MeditateInSingapore.org

gittern. Im Erdgeschoss ist das Café »The Loka'l«. In »Goethes Kantine« hört man nicht nur deutsche Stimmen, sondern findet auch schon mal Pumpernickel auf der Speisekarte.

Trinkgeld und Tempel

Die zweite Schlagader des Stadtteils ist die Keong Saik Road. An ihrem Südende steht das australische Restaurant »Luxe« für einen Trend: Die Gäste werden – völlig unüblich für Singapur – angehalten, Trinkgeld zu geben. Dafür erhebt man hier keine Servicegebühr. So weit ist es im harten Konkurrenzkampf zwischen dem mehr als ein Dutzend Restaurants hier und in den beiden abzweigenden Sträßchen Jiak Chuan und Teck Lim gekommen.

Spiritueller Höhepunkt des Viertels ist der authentisch erhaltene indische Tempel Sri Layan Sithi Vinayagar am nördlichen Ende der Straße. 1925 bauten ihn Geldverleiher aus Südindien und widmeten ihn Ganesha, dem Hindugott mit Elefantenkopf. Zwar ist der Tempel eher klein, aber authentisch, und mittags um zwölf finden sich hier mehr Hindus ein als Touristen. Wenn der Hindu-Priester sein Muschelhorn bläst, wenden sie sich ihm andächtig zu. Besonders an Festtagen, wenn Kokosnüsse von den Gläubigen mit aller Kraft auf den Boden geschleudert werden, damit sie zerplatzen und Glück bringen, ist der Tempel einen Besuch wert.

Oben: Auch ein Rikschafahrer muss mal pausieren!
Unten: Alle Götter warten auf die Gläubigen.

Infos und Adressen

SEHENSWÜRDIGKEITEN

Sri Layan Sithi Vinayagar Temple. 73 Keong Saik Road, Tel. 0065 62 21 48 53, www.sttemple.comtr

Ee Hoe Hean Club. 43 Bukit Pasoh Road, Tel. 0065 62 20 00 50, www.eehoehean.org

KCCC. 321 New Bridge Road, Tel. 0065 62 23 96 08, www.kongchow.org

Alle: U-Bahn EW16, NE3 Outram Park

ESSEN UND TRINKEN

The Reading Room. Café mit Lesestoff, ab 12 Uhr. 19 Bukit Pasoh Road, Tel. 0065 62 20 90 19

Candlenut Peranakan Kitchen. Feine, innovative Peranakanküche, ab 12, Sa ab 18 Uhr, So geschl., 331 New Bridge Road, Dorsett Residences Nr. 01-03, Tel. 0065 81 21 41 07, www.candlenut.com.sg

The Loka'l. Kleine deutsche und asiatische Gerichte. 13 Neil Road, Tel. 0065 64 23 99 18, www.goethe.de/singapore

Restaurant André. Sehr gehobene junge französische Küche, Reservierung empfohlen. Mi, Fr 12–14, Di–So 19–23 Uhr, 41 Bukit Pasoh Road, Tel. 0065 65 34 88 80, www.restaurantandre.com

Luxe. Australische Küche in modernem Ambiente, ab 12 Uhr, Mo geschl. 1 Keong Saik Road, The Working Capitol Building Nr. 01-04, Tel. 0065 62 21 56 15, www.luxesydney.sg

Majestic Restaurant. Preisgekröntes chinesisches Essen, Mo geschl., 31–37 Bukit Pasoh Road, Tel. 0065 65 11 47 18, www.newmajestichotel.com

BARS

The Cufflink Club. Cocktail-Bar mit herzhaften Snacks. 6 Jiak Chuan Road, Tel. 0065 96 94 96 23, www.thecufflinkclub.com

L'Aiglon. Bar mit französischem Ambiente. Ab 18 Uhr, So geschl., 69 Neil Road, Tel. 0065 62 20 03 69, www.barlaiglon.com

Alte Fassaden vor dem neuen Sozialbau.

Tantric Bar und Anna May Wong Café. Lesben- und Schwulen-Bar, ab 20 Uhr. 78 Neil Road, Tel. 0065 64 23 92 32

ÜBERNACHTEN

New Majestic Hotel. Designhotel in einem alten *shophouse*, ab S$ 300, Tel. 0065 65 11 47 00, www.newmajestichotel.com

Hotel 1929. Der Name bezieht sich auf das Baujahr – Boutiquehotel ab S$ 200, 50 Keong Saik Road, Tel. 0065 63 47 19 29, www.hotel1929.com

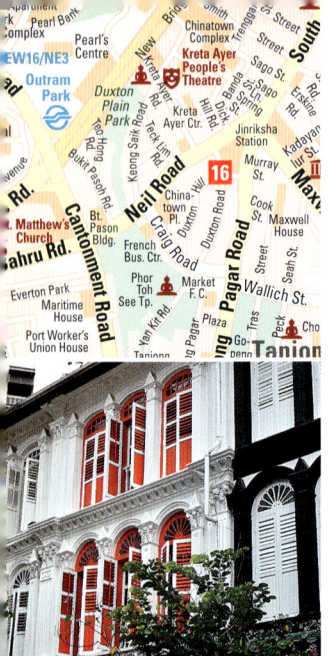

16 Tanjong Pagar
Schöne Häuser, schönes Leben

Opiumhöhlen, Bordelle, Rikschafahrer und Triaden – sie prägten das Leben in diesem Viertel über viele Jahrzehnte. Heute ist das zu weiten Teilen denkmalgeschützte Tanjong Pagar ein hippes, schickes Ausgehviertel. Doch das ist nicht alles: Insbesondere in der Blair Road gibt es herrliche Zeitzeugen einer Architektur längst vergangener Tage. Hier stehen auch noch die Schmuckhäuser der Peranakan-Kultur.

Jackie Chan und die Rikschas

Bis Mitte des 19. Jahrhunderts gab es zwischen Neil Road und Hafen nichts als Muskatnussplantagen und ein Fischerdorf. Die ersten Straßen wurden gebaut, Häuser errichtet. Aus den Docks an der Küste wuchs ab dem 20. Jahrhundert einer der wichtigsten Häfen der Welt heran. Die Kais zogen viele Billigarbeiter aus China an. Diese Kulis vegetierten in Slums um die Duxton Road. Für den Transport der Waren und Menschen sorgten die Rikschafahrer – schon 1902 lebten in dem engen Viertel mehr als 22 000 von ihnen. Ihre Rikschas kamen aus Japan.

Um sie zu registrieren und zu warten, wurde 1903 die Jinricksha-Station an der Ecke Neill Road/Tanjong Pagar Road gebaut. Ihr Name geht zurück auf das japanische »Jinrikisha«, das »von einem Mann betriebene Kutsche« bedeutet. Der Hongkonger Filmstar Jackie Chan kaufte das von Samuel Tomlinson und David McLeod Craik erbaute, herrliche Eckgebäude 2007. Heute wird es als Geschäftshaus genutzt.

Oben: Aufwendig verzierte, elegante Peranakan-Häuser in der Duxton Hill
Unten: Der Peranakan-Stil verbindet britische Tradition mit asiatischen Stilelementen.

Tigerbalsam im Museum

Geheimtipp

Über viele Jahrzehnte betrieben gut organisierte Verbrecherbanden am Hafen Bordelle und Opiumhöhlen. Ab der Jahrhundertwende aber entdeckten mehr und mehr zu Reichtum gekommene Geschäftsmänner die gute Lage und bauten hier ihre *shophouses*. Stadtbekannt ist die Nr. 89 in der Neil Road: Im 1924 erbauten Eng Aun Tong Building wurde die inzwischen weltweit bekannte Salbe Tiger Balm angerührt. Das schöne Baba House (Nr. 157) aus dem Jahr 1928 hat die National University of Singapore aufwendig restauriert und zu einem Museum für Peranakan-Kultur verwandelt. Familie Wee, die einstigen Besitzer, haben dem Museum große Teile ihrer persönlichen Einrichtung überlassen. Damit wird es zu einem sehenswerten Beispiel für diesen Singapur-typischen Mix zwischen malaiischer und chinesischer Kultur mit europäischen Einflüssen.

Monstren und Schmuckstücke

Geht man die Neil Road weiter bis zur Ecke Cantonment Road liegt hier der neue HDB-Vorzeigekomplex The Pinnacle@Duxton – viel mehr als ein riesiger Wohnblock: Es ist das erste 50-stöckige Haus des öffentlichen Wohnungsbaus (HDB) und steht als Modell für die Ausrichtung zukünftiger HDB-Bauten. Kein Wunder: Das Monstrum liegt im Wahlkreis des 2015 verstorbenen Staatsgründers Lee Kuan Yew, der damit ein Zeichen setzen wollte. Von seiner öffentlich zugänglichen Sky-Bridge bietet das Hochhaus eine wunderbare Aussicht. Ein gutes Stück weiter vom Kern Chinatowns entfernt, kommt man linker Hand in die Blair Street, eine der schönsten Straßen der Stadt, gesäumt von renovierten *shophouses* aus den 1920er-Jahren. Die reich verzierten Gebäude zeigen den Peranakan-Stil in Reinkultur.

HÜLLE UND FÜLLE

Mr. Keng Ah Wong betreibt seinen Laden seit 30 Jahren nach dem Motto: *We buy junk and sell antiques, some fools buy, some fools sell.* Der Mann hat Humor, und sein Laden ist eine wahre Fundgrube! Außerdem leicht zu finden, denn sein Motto steht in roter Schrift auf gelbem Banner am Haus. Kengs Angebot reicht von antiken Buddhas, chinesischen Göttern und indischen Bronzefiguren über restaurierte Möbel, Porzellan und Silber bis hin zu alten Radios, Jukeboxes, Safes, Uhren und anderen technischen Gerätschaften. Wie es sich für einen Sammler gehört, ist der Laden übervoll, aber mit Mr. Kengs fachkundiger und freundlicher Hilfe lassen sich hier sicher ein paar Schätze erstöbern, zumindest aber ausgefallene Souvenirs finden.

Tong Mern Sern Antiques Arts & Crafts. Mo–Sa 9–18, So 13–18 Uhr, 51 Craig Road, Tel. 6223 1037, www.tmsantiques.com, U-Bahn EW15 Tanjong Pagar

Viel Liebe zum Detail zeigen solche alten Lampen aus Papier.

Die halbhohen »Saloon«-Eingangstüren und die fledermausförmigen Lüftungsöffnungen über den Fenstern sind chinesisch, die geschnitzten Holzarbeiten an den Dächern malaiisch und die Kacheln, Stuckarbeiten und pfeilerartigen Wandgliederungen europäisch.

Mit der Queen zum Tee

Ist die Blair Street vorwiegend eine Wohngegend, brummt in der Duxton-Gegend das Nachtleben. Clubs, Bars und Restaurants haben die renovierten Shophäuser übernommen. Das Café »The Plain« bietet den ganzen Tag gehaltvolles Frühstück an, zudem ausgezeichneten Kaffee. Zum Lunch oder zum Drink ist der »Tippling Club« bekannt für seine experimentierfreudige Küche. Für Freunde der italienischen Küche ist »Pasta Brava« ein wirklich angenehmer Ort, das Ambiente stilvoll und die Pasta hausgemacht. Passend zur Peranakan-Tradition lädt das »Blue Ginger« zu ausgefallenen Genüssen. Ein Muss für richtige Teeliebhaber ist »The Tea Chapter«, sogar Queen Elisabeth II. war schon zu Gast bei dem Grand Tea Master Patrick Kang. Wie überall auf der Welt folgen auch in Singapur die Werbeagenturen und Designbüros den Restaurants: Das ochsenblutrot gestrichene Red-Dot-Design-Museum an der Maxwell Road stellt das beste internationale Design der letzten 50 Jahre aus.

Oben: Hier wird der Name zum Programm: das Red Dot Design Museum in der Maxwell Road
Unten: Schon museumsreif: Solche Fliesen gibt es auch im Antiquitätengeschäft.

Infos und Adressen

Schon die Fassade des Duxton wirkt einladend.

SEHENSWÜRDIGKEITEN

Jinricksha Station. Neil Road-Ecke Tanjong Pagar Road

Baba House. 157 Neil Road, Besichtigung n. Anm., Tel. 0065 62 27 57 31, babahouse@nus.edu.sg

The Pinnacle@Duxton. Auf die Sky-Bridge im 50. Stock gelangt man mit der EZ-Link-Card des öffentlichen Verkehrsnetzes für S$ 5 am Automaten in Block 1G im 1. Stock. 1 Cantonment Road, www.pinnacleduxton.com.sg

Red Dot Design Museum. Mo–Fr 11–18, Sa/So 11–20, 28 Maxwell Road, Tel. 0065 63 27 80 27, www.museum.red-dot.sg

Alle: U-Bahn EW15 Tanjong Pagar

ESSEN UND TRINKEN

The Tea Chapter. Tee trinken, kaufen und die Zubereitung lernen. 9 Neil Road, Tel. 0065 62 26 19 17, www.tea-chapter.com.sg

The Plain. Jede Art von Frühstück, ob Obst, Müsli oder Omelette. 50 Craig Road, Tel. 0065 62 25 43 87, www.theplain.com.sg

The Blue Ginger. Peranakan-Küche in stilvollem Ambiente. 97 Tanjong Pagar Road, Tel. 0065 62 22 39 28, www.theblueginger.com

Pasta Brava. Für Freunde von Spaghetti und Co. 11 Craig Road, Tel. 0065 62 27 75 50, www.pastabrava.com.sg

Tippling Club und Restaurant. Ungewöhnliches – und ungewöhnlich schön angerichtet. 38 Tanjong Pagar Road, Tel. 0065 64 75 22 17, www.tipplingclub.com

Fordham & Grand. Bistro-Bar, in der es mit Cocktails und 100 Weinen zur Auswahl spät werden kann. 43 Craig Road, Tel. 0065 62 21 30 88, www.fng.com.sg

ÜBERNACHTEN

The Duxton. Schönes Boutiquehotel. 83 Duxton Road, Tel. 0065 62 27 76 78, www.theduxton.sg

EINKAUFEN

Littered with Books. Inspirierender Buchladen, Mo–Do 12–20, Fr 12–21, Sa 11–21 Uhr, 20 Duxton Road, Tel. 0065 62 20 68 24

Tee und Tee-Zeremonien kann man im Tea Chapter genießen.

17 Central Business District

Mehr als nur Geld – der Geschäftsbezirk

Singapur ist eine Geschäfts- und Handels-stadt. Einer ihrer wichtigsten Bereiche ist die Finanzwirtschaft. Die Türme der Ban-ken bestimmen das Handelszentrum, den Central Business District (CBD). Er grenzt – wie könnte es anders sein – an Chinatown an. Denn hier wird seit jeher gehandelt. Heute bietet der Bezirk einen der besten *food courts* und wunderbare Blicke über die Stadt.

Die Banken sind auf Sand gebaut

Singapurs Wohlstand ist auf Sand gebaut. Denn die Bankentürme jenseits von Chinatown stehen alle auf neu gewonnenem Land, das vor Jahr-zehnten dem Meer abgerungen wurde. Heute mag man es nicht mehr glauben. Aber die Gren-ze zwischen dem alten Singapur – mit seinen *shophouses* direkt am früheren Hafen – und dem neuen, in dem die Wolkenkratzer in den Himmel ragen, markiert auf der einen Seite im Norden die Beach Road mit dem Raffles Hotel, auf der anderen südlich der Marina Bay die Cecil Street.

Im jenseits dieser Straße beginnenden Finanzdis-trikt sind die Straßen breit und dunkel. Denn überschattet werden sie von den hohen Verwal-tungstürmen. So entstehen Schluchten, die teil-weise an New York erinnern. Letztlich wird das Geld heute rund um zwei Zentren verdient: Zum einen im heranwachsenden Finanzdistrikt an der

Hier wird Geld gedruckt: die Bankentürme des Finanzplatzes

Infos und Adressen

Marina Bay (siehe S. 48 ff.). Zum anderen im alten Geschäftsbezirk, dessen Zentrum der Raffles Place ist. Hier weht noch der Wind des kolonialen Singapur. Heute sitzt in dieser Gegend die Deutsche Botschaft: im 12. Stock des eher unspektakulären Singapore Landtower, gegenüber dem Gebäude der Bank of China.

Schlemmen im historischen Markt

Besonders mittags sind die Gassen sehenswert, die vom Platz aus über Rolltreppen in das Chevron House oder die Arcade führen: Hier versorgen sich Tausende Bankangestellte mit einem Imbiss oder nutzen die Stunde, um einzukaufen. Schöner für Touristen ist der *food court* Lau Pa Sat – ohne Zweifel der wunderbarste der Stadt. Längst ist der achteckige Markt mit seinen viktorianischen Metallsäulen aus Glasgow aus dem 19. Jahrhundert ein nationales Denkmal. Wer ein besonderes Mitbringsel sucht, ist auf der Rückseite des Raffles Place beim alteingesessenen Hemdenschneider CYC gut aufgehoben: Die Bankiers lassen sich hier Maßhemden und Maßanzüge fertigen, deren Qualität auch für Deutschland taugt.

Abtanzen auf dem Dach

Und schließlich sollte der Weg jedes Touristen auch nach Einbruch der Dunkelheit zum Raffles Place führen: Denn die Bar 1-Altitude bietet Drinks und Musik mit einer unschlagbar spektakulären Aussicht über die Insel von der Freiluftterrasse auf dem 282 Meter hohen Turm des One Raffles Place. Aber Achtung: Shorts und Tanktops sind hier nicht erwünscht, und ab 22 Uhr haben Frauen unter 21 Jahren (Männer unter 25) keinen Zutritt.

SEHENSWÜRDIGKEITEN
Lau Pa Sat Festival Market. Der »alte Markt« hat täglich 24 Stunden geöffnet. 18 Raffles Quay, www.laupasat.biz, U-Bahn DT17 Downtown

Bank of China Building. Mit 18 Etagen und 62 Metern bis 1974 das höchste Hochhaus hier. 4 Battery Rd, U-Bahn EW14, NS26 Raffles Place

ESSEN UND TRINKEN
1-Altitude. Mo–Do 18–1, Fr, Sa 18–2 Uhr, 1 Raffles Place, Nr. 63, Tel. 0065 64 38 04 10, www.1-altitude.com

The Black Swan. Zum Lunch oder Champagner-Dinner im Art-déco-Gebäude. 19 Cecil Street, Tel. 0065 81 81 33 05, www.theblackswan.com

EINKAUFEN
CYC. Hemdenschneider für Damen und Herren. Mo–Fr 10–19, Sa 10.30 bis 15 Uhr, Tel. 0065 65 38 05 22, www.cyccustomshop.wordpress.com

ÜBERNACHTEN
M Hotel Singapore. Businesshotel in zentraler Lage, ab 180 S$. 81 Anson Road, Tel. 0065 62 24 11 33, www.millenniumhotels.com.sg

Allabendlicher Feuerzauber beim Grillen der Saté-Spieße neben dem Lau Pa Sat Markt

Schornsteine als Kunstobjekte: die Supertrees in den Gardens by the Bay

18 Marina Bay South
Symbiose aus Natur und Technik auf Neuland

Es ist erst ein paar Jahre her, da spielten hier noch die Wellen. Doch auf dem Land, das Singapur dem Meer abgerungen hat, hat sich ein ganz neues Freizeitviertel entwickelt. Hinter dem Marina-Bay-Sands-Komplex mit seinem markanten Hotel befinden sich der Neue Botanische Garten, die Gardens by the Bay, das Kreuzfahrtterminal Marina Bay Cruise Centre und die Marina Barrage, die die künstliche Bucht an der Mündung des Singapore River begrenzt.

Sind die beiden Erhebungen Dinosaurierrücken? Die bunten Türme daneben Schornsteine? Wer die Gardens by the Bay von der Autobahn vom Flughafen aus das erste Mal sieht, kommt ins Grübeln. Die Architektur ist umwerfend, fast verstörend. Die beiden riesigen Glaskuppeln an der Bucht sind Gewächshäuser. Nur wird hier nichts gewärmt, sondern gekühlt. Und die Abluft der riesigen Klimaanlagen wird über Blumentürme, die Supertrees, ab-

GUT ZU WISSEN

HITZEFREI
Singapur liegt am Äquator. Deshalb müssen die Gewächshäuser hier heruntergekühlt werden. Die Tropensonne greift aber auch die Menschen an. Und deshalb ist es unerlässlich, sich gut und umfassend einzucremen. Ein längerer Spaziergang in einem der Gärten der Stadt kann genügen, um sich einen kräftigen Sonnenbrand zu holen. Die Sonne strahlt übrigens auch durch die Dächer der Blätter und die Wolkenschleier. Also: Niemals das Eincremen vergessen. Und immer eine Tube Sonnenschutz in der Tasche haben!

Marina Bay South

geleitet, die über Hochbrücken verbunden sind. Wer die Fusion von technischer Moderne und gepflegten Pflanzen erleben will, muss einen Tag in den Gärten an der Bucht zubringen – und wird staunen.

Gardens by the Bay: Domes und Supertrees

Keine Kosten, keine Mühe hat Singapur für seinen zweiten Botanischen Garten gescheut. Wobei – schon das Zählen der Gärten ist so einfach nicht. Es gibt den alten Garten unter dem Namen Singapore Botanic Gardens. Und es gibt die Gardens by the Bay, auf dem Meer abgerungenem Boden, direkt an der Küste. 101 Hektar misst ihre Gesamtfläche, die halbe Größe Monacos. Sie verteilen sich auf drei Landstreifen rund um eine künstlich geschaffene Meeresbucht, die zu einem Süßwasserreservoir und Freizeitpark umgestaltet wird. Allein Bay South, der eigentliche Neue Botanische Garten, misst 54 Hektar. Eine sechsspurige Straße führt hinein, es gibt einen U-Bahn-Anschluss, eine Freiluftbühne bietet 30000 Menschen Platz. 13 Restaurants warten auf Gäste. Der Eintritt in den Garten ist frei, die Gewächshäuser und Attraktionen allerdings kosten Geld. Die Planer rechnen mit rund fünf Millionen Besuchern jährlich – fast so viele, wie die Stadt Einwohner zählt.

Das Grün sprießt mitten im Luxusviertel. Da ist der Marina-Bay-Sands-Komplex mit seinen Boutiquen und dem Kasino, vor allem aber dem Fünf-Sterne-Hotel. Von hier lässt sich der Garten zu Fuß über eine Brücke erreichen. Im Hintergrund liegt das architektonisch auffällige, weiße Gebäude des Marina Bay Cruise Centre, wo die größeren Kreuzfahrtschiffe festmachen. Und linker Hand blickt man auf das begrünte Dach der Marina Barrage, die am Ende des Stauwehrs der Bucht liegt.

Einfach gut!

DRACHENFLIEGER

Auch wenn die Kinder auf den Stoppelfeldern Deutschlands die Drachen steigen lassen – eigentlich ist das ein klassisch asiatisches Vergnügen, zu bewundern an jedem regenfreien Wochenende vom grünen Dach der Marina Barrage aus. Hier kämpfen Drachen und Löwen in den Lüften miteinander, Vätern fällt es schwer, ihren Kindern nicht in die Schnur zu fassen. In Singapur ist das Drachen-Steigenlassen ein Vergnügen für die ganze Familie. Besonders schön in der Regenzeit – dann nämlich ziehen über die Straße von Malakka die dunklen Wolken der Tropengewitter heran, und die stillstehende Luft verwandelt sich in Minutenschnelle in einen Hexenkessel. Gäste sind herzlich willkommen, nur einen Drachen müssen sie selbst mitbringen. Und wer nur schauen will, dem bietet sich ein herrlicher Blick – auf Drachen und bei klarem Wetter auf eine der weltweit größten Ansammlungen von Schiffen, die hier auf Reede liegen.

Marina Barrage. Marina Gardens Drive

Nicht nur Kinder lassen in Singapur gern Drachen steigen.

Kunst und Gewächse aus aller Welt

Rund eine Milliarde Singapur-Dollar hat sich der Stadtstaat den Bau der Gardens by the Bay kosten lassen. Hier wachsen die Blumen auf teuerstem Baugrund, in den neuen Wolkenkratzern in Sichtweite werden die höchsten Mieten der Stadt verlangt. Das aber vergisst schnell, wer durch die Gärten schlendert. Denn er bekommt Außergewöhnliches geboten. Die Planer aus Singapur sind rund um die Erde geflogen, um sich inspirieren zu lassen. »Auch der Palmengarten in Frankfurt hat uns Anstöße gegeben«, berichten sie. Für gut 30 000 Dollar kauften sie in China unter anderem eine 500 Jahre alte Kamelie, die vor Jahrhunderten wiederum aus Japan importiert worden war. Auch die Steine, die den Garten schmücken und für die Chinesen großen symbolischen Wert besitzen, stammen aus China: Singapurs Gartenplaner kauften sie »preiswert« nach dem Ende der Olympischen Spiele in Peking 2008. Die Gewächshäuser werden heruntergekühlt auf rund 20 Grad, Blüteperioden sollen künstlich durch geplante Temperaturschwankungen eingeleitet werden, und die Tropenluft wird entfeuchtet. So können die Gäste nicht nur die gut 260 000 Pflanzen unter einem Glasdach bestaunen, sondern gleichzeitig auch die Jahreszeiten kennenlernen – die es am Äquator sonst nicht gibt.

Natur und Technik als Konzept

Das Konzept zur Kühlung der Gewächshäuser entwickelte übrigens eine Firma aus München. Allein die Glasdächer der Gewächshäuser haben eine Fläche von zwei Hektar. Sie sind energieeffizient, müssen Licht für die Pflanzen zulassen und zugleich den Besuchern ein angenehmes Klima bieten. Das jetzt verwendete Glas lässt 66 Prozent

Oben: Ganz hoch hinaus: der künstliche Berg im Tropenhaus der Gardens by the Bay
Mitte: Der Wasserfall im Cloud Forest kühlt auch die Luft.
Unten: Wüstenatmosphäre im Sun Pavilion

Marina Bay South

der Tropensonne durch, aber nur 33 Prozent der Hitze. Zugleich wollten die Gartenbauer neue Standards für nachhaltige Energieversorgung setzen. Die riesigen Glashäuser werden dank einer Biomasse-Anlage im Untergeschoss gekühlt, die mit dem organischen Abfall des Gartens gespeist wird. Rohre mit gekühltem Wasser verlaufen unter den Beeten und sorgen für eine niedrige Temperatur. Außerdem wird unter den Glasdächern der Tropenluft ihre Feuchtigkeit entzogen.

Einige der 18 hohen Blumentürme aus Stahl der bis zu 16 Stockwerke hohen Supertrees arbeiten auch als Schornsteine. Andere tragen Solarzellen. Sie sind mit 163 000 Hängepflanzen begrünt, die aus mehr als 200 Arten ausgewählt wurden. In 22 Metern Höhe bietet der 128 Meter lange OCBC-Skywalk fantastische Ausblicke auf die Gartenanlage. Und in 50 Metern Höhe lädt das »Supertree-Top Bistro« zu einer Erfrischung ein. Nachts erstrahlen die Stahl-Bäume leuchtend in allen Formen des Regenbogens.

Tropische Seen und Bergklima

Die Dragonfly and Kingfisher Lakes in den Gärten zeigen die Reize der tropischen Gewässer. Ferngläser helfen, die großen Libellen zu sehen. In den Seen wachsen Felsbrocken und künstliche Inseln aus dem Wasser. Besonders gut lässt sich das alles vom Holzsteg am Drangonfly Lake betrachten. So schön und poetisch all dies wirkt – der Besuch des Gartens ist nicht vollständig, bevor man nicht in das zweite Gewächshaus gegangen ist und den Cloud Forest dort bestiegen hat. Hier erhebt sich ein spektakulärer (künstlicher) Berg 35 Meter in die Höhe. Hinauf geht es mit dem Aufzug, dann Schritt für Schritt bergab. Auf dem Weg kreuzt man immer wieder den höchsten künstlichen

Nicht verpassen

SCHLEMMEN IN DER HÖHE

Ein spektakulärer Platz für einen Drink oder ein Dinner: Im »IndoChine«, auf dem höchsten der Supertrees, liegen einem nicht nur die Gardens by the Bay zu Füßen. Der Blick auf die Kulisse der Stadt ist umwerfend. Geboten werden in dem Restaurant der Singapurer Szene-Ikone Michael Ma westliche und östliche Gerichte, wie Krabbenfleisch auf Zuckerrohr. Ma, in frühen Jahren aus Kambodscha geflohen, hat sich einen Spitzenplatz in der Restaurantszene des Stadtstaates erobert. So findet man seine Küche längst auch bei den Formel-1-Rennen. Die »Alfresco Rooftop Bar« bietet eine Lounge mit Klimaanlage. Hier wird auch der Supertree Tulip kredenzt – eine erfrischende Mischung aus Brandy, Grenadinesirup, Minzsirup und Fruchtsaft.

Supertree by IndoChine. So–Do 10–1, Fr, Sa 10–3 Uhr, Tel. 0065 66 94 84 89, www.indochine-group.com

So lässt sich tropische Hitze ertragen!

Nicht verpassen

Wasserfall der Welt. Vor allem aber erfährt man vieles über die Vegetation auf mehr als 2000 Metern Bergeshöhe bis hinab zu den Tropen. Immer wieder gibt es unterwegs Galerien zu besuchen, die die Hintergründe des Gartens erklären.

Marina Barrage: Stauwehr und Aussichtspunkt

Hinter dem Botanischen Garten liegt ein weißes Gebäude in der Form einer Muschel, dessen Dach begrünt ist. Man kann es zu Fuß über die Promenade des Bay East Gardens erreichen. Die Marina Barrage ist eigentlich nur ein Sperrwerk für Singapurs größtes Frischwasserreservoir, dem Marina Reservoir. 350 Meter misst der Damm über die einstige Flussmündung. Das Süßwasser ist die Grundlage des Stadtstaates: Es speist sich bislang aus vier Quellen: Den riesigen Reservoirs in den Naturschutzgebieten, dem eingeführten Frischwasser aus dem benachbarten Malaysia, dem entsalzten Meerwasser und wiederaufbereitetem Wasser, dem sogenannten NEWater. Der Marina Barrage aus dem Jahr 2011 kommt deshalb eine viel größere Bedeutung zu, als Fremde zunächst vermuten – für die Singapurer ist sie ein Symbol für Eigenständigkeit

und Unabhängigkeit. Übrigens ist das Wasser inzwischen schon so sauber, dass sich zwischen Botanischem Garten und Marina Barrage eine stadtbekannte Otter-Familie angesiedelt hat.

Marina Bay Cruise Centre: Anleger der Ozeanriesen

Der dritte städtebauliche Bestandteil des neu gewonnenen Gebietes ist das architektonisch auffällige Terminal für die Kreuzfahrtschiffe. Auf 28 000 Quadratmetern, so groß wie drei Fußballfelder, fehlt es den Passagieren an nichts. Eine halbe Milliarde Singapur-Dollar (312,6 Millionen Euro) ließ sich der Stadtstaat seinen zweiten großen Kreuzfahrtanleger kosten. Schiffe bis zu 222 000 Bruttoregistertonnen und 360 Metern Länge können hier anlegen. Fast 7000 Passagiere sollen an 40 Zollschaltern gleichzeitig abgefertigt werden. Besonders hilfreich: Noch im Fährgebäude können die Touristen ihr Gepäck für den späteren Abflug aus Changi einchecken. Dann bleibt immer noch genug Zeit, um etwa die Gardens by the Bay anzuschauen, oder letzte (Luxus-)Mitbringsel im Marina-Bay-Sands-Komplex für die Daheimgebliebenen einzukaufen. Ausgelegt haben die Architekten ihren Anlegerbau besonders für die Kreuzfahrer selber: Aus der luftigen Höhe der oberen Decks schimmert das Dach mit seinen Mosaiken. Die Form des Gebäudes soll an die Brandung erinnern, die an das Ufer schlägt.

Oben: Der Anleger für die Kreuzfahrtschiffe sieht selbst aus wie ein Riesenschiff.
Mitte: Grüne Lunge: das Dach der Marina Barrage
Unten: Radeln auf dem Dach der Marina Barrage

Infos und Adressen

Märchenhafte Bäume, die über Nacht ihre Farbe wechseln: die Supertrees

SEHENSWÜRDIGKEITEN

Die Sehenswürdigkeiten im Bereich der Gärten sind erreichbar mit der U-Bahn CE1, DT16 Bayfront, Ausgang B

Gardens by the Bay. Die Anlagen unter freiem Himmel wie der Dragonfly und Kingfisher Lake, der Heritage Garden, der Supertree Grove und die World of Plants sind täglich von 5 Uhr morgens bis 2 Uhr nachts geöffnet. www.gardensbythe-bay.com.sg

Flower Dome. Mit einer mediterranen Ecke mit Olivenbäumen, einem japanischen Garten mit blühenden Winterkirschen um hübsche Holzpavillons, afrikanischen Wüstenpflanzen wie Baobab-Bäumen und lebenden Steinen. 9–21 Uhr

Cloud Forest. Künstlicher Berg mit Wasserfall und Vegetationsformen aus der Bergwelt. 9–21 Uhr

Sun Pavilion. Der größte Kakteen- und Sukkulentengarten in Südostasien. 9–21 Uhr

OCBC Skyway. Spektakulärer Höhenweg zwischen den Supertrees. 9–21 Uhr

Bay East Garden. Promenade am Wasser mit Blick auf die Skyline, 24 Stunden täglich geöffnet bei freiem Eintritt. 18 Marina Gardens Drive

Marina Barrage. 9–21 Uhr, 8 Marina Gardens Drive, Tel. 0065 65 14 59 59, Bus 400 ab Marina Financial Centre am Marina Boulevard bei den U-Bahn-Stationen

Sustainable Singapore Gallery. Umweltschutz, Wasserversorgung und Nachhaltigkeit in Singapur, multimodal präsentiert. Mi–Mo 0–21 Uhr, 8 Marina Gardens Drive (im Bereich der Marina Barrage), Tourbuchungen telefonisch oder online unter www.pub.gov.sg/marina/Pages/default.aspx

Marina Bay Cruise Centre. 61 Marina Coastal Drive, www.mbccs.com.sg, U-Bahn Marina South oder Bus 402 ab Marina Financial Centre

ESSEN UND TRINKEN

Pollen. Auf zwei Etagen bietet Chefkoch Jason Atherton europäische Küche mit mediterranem Einschlag in seinem Restaurant im Flower Dome an. Speisen mit Blick auf die Bay und auf die Blumenpracht des Gewächshauses, wo auch die eigenen Kräuter gezogen werden. Tel. 006566049988, www.pollen.com.sg

Majestic Bay Seafood Restaurant. Unterhalb des Flower Domes gelegen, bietet dieses Restaurant des Chefkochs Yong Bing Ngen eine Singapur-typische Auswahl an Fisch- und Meeresfrüchtegerichten. Seine Spezialität ist die »Kopi Crab«, die man mit Blick auf die Bay genießen kann. Tel. 006566046604, www.majesticbay.sg

Supertree Dining. Wie in einem *food court*: lokales und internationales Essensangebot von mehreren kleinen Anbietern, mit Blick auf die Supertrees. Mo–Fr ab 11, an Wochenenden ab 8.30 Uhr, der Hill Street Coffee Shop öffnet täglich schon 8.30 Uhr, www.gardensbythebay.com.sg

Satay by the Bay. Hier gibt es lokales Essen von morgens 8 bis 2 Uhr nachts und mit Blick auf die Bay, www.gardensbythebay.com.sg

Café Crema. Nettes Café mit kleinen Snacks zum Rasten zwischendurch, www.gardensbythebay.com.sg

EINKAUFEN

Souvenirläden der Gärten. Die drei Geschäfte im Visitor Centre, The Canopy und The Conservatory bieten eine Fülle von teils sehr ausgefallenen und speziell für diese Touristenattraktion hergestellten Mitbringsel an: Von Plüschtieren, coolen T-Shirts und edlen Schals über anspruchsvolle botanische Drucke und Bücher bis hin zu exotischen Pflanzen und sogar zu ausgewählten Lebensmitteln wie Tee

Bäume und Beton und Glas: Singapurs spektakuläre Gewächshäuser

oder Eiscreme. Das Eis wird von der lokalen In-Marke Udders hergestellt und in nur hier erhältlichen Geschmacksvariationen angeboten, wie etwa die SG50 Edition mit Marvellous Milo (wie in den 1970er-Jahren) oder Watermelon Lime with Pineapple (wie in den 1990er-Jahren). 9–21 Uhr

The Shoppes at Marina Bay Sands. Luxuriöse Mall im spektakulären Marina-Bay-Sands-Komplex neben dem Garten (siehe S. 48 ff.). 10.30–23 Uhr, 10 Bayfront Avenue, www.marinabaysands.com

ÜBERNACHTEN

Marina Bay Sands Hotel. Fünf-Sterne-Luxus im Marina-Bay-Sands-Komplex mit Infinitypool auf dem Dach. Vom Hotel lässt sich der Garten zu Fuß über eine Brücke erreichen. 10 Bayfront Avenue, Tel. 006566888868, www.marinabaysands.com

The Westin Singapore Hotel. Modernes Luxushotel. 12 Marina View, Asia Square Tower 2, Tel. 006569226888, www.thewestinsingapore.com

Pan Pacific Singapore. Luxushotel mit Blick auf die Marina Bay, ab S$ 300. 7 Raffles Boulevard, Tel. 006563368111, www.panpacific.com

INFORMATION

Visitor Centres in den Gärten bieten Informationsmaterial, Audioführer, Schließfächer und Kinderbuggies an. 18 Marina Gardens Drive, www.gardensbythebay.com.sg

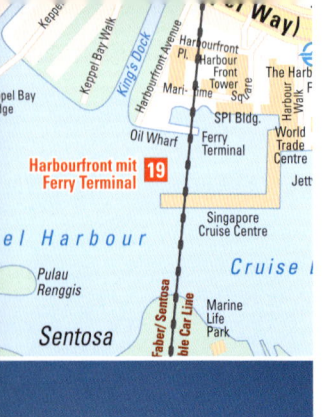

Harbourfront mit **19**
Ferry Terminal

19 Harbourfront
Das Tor zum Meer

Am Fuß des Mount Faber gelegen, ist
der schmale Streifen an der Küste leicht
zu finden. Von hier führt die Brücke mit
dem Sentosa Boardwalk hinüber auf die
Feier-Insel, hier legen die Ozeanriesen
und Inselfähren an und ab. Rechts vor
der Brücke liegt die größte Shoppingmall
Singapurs, Vivo City. Links wird in einem
ehemaligen Kohlekraftwerk aus den
1920er-Jahren abgetanzt bis in die
frühen Morgenstunden.

Abräumen im Einkaufsparadies

Vivo City, der größte Konsumtempel Singapurs,
wurde 2006 vom japanischen Stararchitekten
Toyo Ito erbaut. Das organisch geformte, ge-
schwungene Gebäude mit seiner Wellen nach-
empfundenen Außenverkleidung ist innen groß-
zügig gestaltet, mit viel Tageslicht und Platz zum
Verweilen. Auf seinem Dach wurde ein riesiger
Wasserspielplatz für Kinder angelegt. Zur Keppel
Bay hin liegen die holzbeplankten Terrassen der
Restaurants. Dadurch entsteht der Eindruck einer
Hafenpromenade; beim Essen gleitet der Blick
über die Bucht nach Sentosa. Shopaholics können
hier Stunden mit Einkaufen, Essen und sonstigen
Vergnügungen verbringen.

Natürlich gibt es in Vivo City fast alle Geschäfte,
die man auch in der Haupteinkaufsstraße Orchard
Road findet. Nur eben nicht ganz so glamourös,
dafür aber bequemer anzusteuern in einem Gebäude mit Klimaanlage. Das lokale Kaufhaus
Tangs hat hier seine Dependance mit zahlreichen
asiatischen Marken und Souvenirs. Ein riesiges

Oben: Der Sentosa-Express bringt
Besucher ganz schnell auf die
kleine Insel.
Unten: Früher Kraftwerk, heute
Discos: die St. James Power Station

Kino erwartet seine Besucher mit Liegesitzen und Getränkeservice. Es gibt etliche Dienstleister, Banken und Arztpraxen. Vivo City geht nahtlos über in das danebenliegende Harbour Front Centre, ebenfalls eine Shoppingmall, mit vielen Sportgeschäften. Angebunden an die Innenstadt sind beide Einkaufszentren durch die U-Bahn. Von hier starten auch die Sentosa-Busse sowie der Sentosa Express auf die »Spaßinsel«.

Ablegen am Singapore Cruise Centre

Am SCC liegen die großen Kreuzfahrtschiffe von »Star Cruise« oder »Aida«, aber auch die Fähren nach Batam (siehe S. 168) – nicht zu verwechseln mit dem Marina Bay Cruise Centre weiter östlich (siehe S. 149). Das Singapore Cruise Centre wurde 2011 in das Harbour Front Centre integriert und für 14 Millionen Singapur-Dollar umgestaltet, um noch touristenfreundlicher zu werden.

Abfeiern in der Power Station

Zwischen Containerhafen und Vivo City steht mit seiner eindrucksvollen Fassade das frühere erste Kohlekraftwerk Singapurs. Es wurde 1927 im edwardianischen Stil aus Stahl und roten Backsteinen erbaut. Bis in die 1970er-Jahre versorgte es die Stadt mit Strom. Dann konnte es jedoch den massiv steigenden Bedarf nicht mehr decken und wurde stillgelegt. 2006 wurde es schließlich unter Denkmalschutz gestellt und für mehr als 40 Millionen Singapur-Dollar umgebaut. Heute ist die Power Station ein 7000 Quadratmeter großer Entertainment-Hub mit etlichen Restaurants, Clubs und Diskotheken. Im größten Etablissement dieser Art in Singapur wird mit Sicherheit jeder einen Club ganz nach seinem eigenen Musikgeschmack finden.

Infos und Adressen

SEHENSWÜRDIGKEITEN
Singapore Cruise Centre. 1 Maritime Square, Lobby D, 07-01 Harbourfront Centre, Tel. 0065 65 13 22 00, www.singaporecruise.com.sg

St. James Power Station. 3 Sentosa Gateway, Tel. 0065 62 70 76 76, www.stjamespowerstation.com

ESSEN UND TRINKEN
Food Republik. *Food court,* mit viel Liebe zum Detail wie ein asiatisches Dorf zwischen 1900 und 1940 gestaltet. Einige der besten fliegenden Händler der Stadt! VivoCity 03-01, Tel. 0065 62 76 65 21, www.foodrepublic.com.sg

EINKAUFEN
Vivo City. 10–22 Uhr, 1 Harbourfront Walk, Tel. 0065 63 77 68 70, www.vivocity.com.sg, U-Bahn CC29/NE1 HarbourFront

Tangs. 10–22 Uhr, Vivo City 01-187 und 02-189, Tel. 0065 63 03 86 88, www.tangs.com

Harbourfront Centre. 10–22 Uhr, 1 Maritime Square, Tel. 0065 63 77 63 11, www.harbourfrontcentre.com.sg

Die futuristische Fassade einer der schönsten Einkaufsmeilen

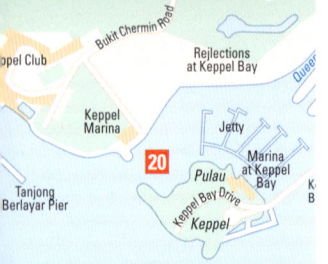

20 Marinas
Entspannung am Hafen

Sanft schaukeln Segeljachten und Motorboote auf glitzerndem Wasser unter der tropischen Sonne – ein Bild, das viele, die nur Singapurs Innenstadt besuchen, gar nicht vermuten. Dabei gibt es acht Marinas und viele Segelclubs auf der Insel. Sie alle haben Restaurants und Cafés, von denen aus man die Tropenatmosphäre genießen kann.

Erst in den Marinas wird deutlich, dass Singapur vom Meer umgeben ist, was in den gewaltigen Hochhausschluchten leicht in Vergessenheit geraten kann. Die Sportboothäfen mit Einrichtungen und Restaurants für Clubmitglieder haben in Singapur immer auch wenigstens ein Lokal, das für jedermann offen ist. Zwei Marinas sind auch für Touristen leicht zu erreichen und bieten den begehrten Blick auf die weißen, schaukelnden Boote im Sonnenuntergang.

Marina at Keppel Bay – Brunchen mit Panorama

Oben: Das Restaurant der Marina at Keppel Bay ist für jedermann offen.
Unten: Blick auf die Reflections von Stararchitekt Daniel Libeskind

Der Hafen liegt an der Küste vor der Insel Sentosa, fußläufig zu Vivo City (siehe S. 152), zum Labrador Park (siehe S. 208) und zur beeindruckenden Wohnanlage Reflections at Keppel Bay (siehe S. 47). Sehr beliebt ist hier der ausgiebige Brunch im australisch-entspannten »Privé Café« mit Blick auf die in der Sonne strahlenden geschwungenen Türme des Architekten Daniel Libeskind, die hinter der Marina in den Himmel ragen. Die Karte bietet eine große Auswahl von Austern bis hin zu Wagyu-Beef-Burgern. Daneben sind Gäste auch in der »Privé Waterfront Bar« mit entspannenden Loun-

Infos und Adressen

gesesseln willkommen. Genießer mit höheren Ansprüchen lädt der »Privé Grill« zu meist französisch inspirierten Speisen – wie beispielsweise
echten Crêpes Suzettes als Abschluss. Der fantastische Blick ist immer inbegriffen.

Hafenatmosphäre rund um die Sentosa Cove

Wer viele schicke Jachten sehen will, für den ist
natürlich die Marina an der Ostseite der Insel
Sentosa mit ihren herrlichen Booten die Hauptattraktion. Am Hafenbecken entlang hat sich
darüber hinaus inzwischen eine Restaurantkultur
entwickelt, die auch Menschen ohne maritime
Neigungen begeistern kann. Die kleine Bucht ist
ideal zum Flanieren, zum Schauen und zum Einkehren, hier sitzt man wie in in einem Hafen von
Südeuropa.

Im Gebäude der One°15 Marina liegt das ausge-
zeichnete und elegante chinesische Restaurant
»Crystal Jade Premium« das viel aus der fischrei-
chen Teochew- und Kanton-Küche Südchinas
bietet. In der schwimmenden »Boaters' Bar« sind
auch manche Mannschaften der großen Jachten
zu treffen.

An der Quayside Isle auf der anderen Seite der
Bucht liegt das entspannte »Café Kith« mit exqui-
sitem Kaffee und westlichen Gerichten. Holzofen-
pizza und hausgemachte Pasta nach italienischer
Art offeriert »Solepomodoro«, belgische Fritten
mit Muscheln und Bier gibt es bei »Brussels
Sprouts«, gehobene französische Küche wiederum
bei »Saint Pierre«, und der »Earl of Hindh« bietet
feines indisches Essen. Fisch und Meeresfrüchte
werden schließlich bei der »Quayside Fish Bar«
aufgetischt, um nur einige der Lokale zu nennen,
die sich am Kai entlang aufreihen.

SEHENSWÜRDIGKEITEN

Marina at Keppel Bay. 2 Keppel Bay
Vista, www.marinakeppelbay.com,
U-Bahn CC28 Telok Blangah

Sentosa Cove. Von Vivo City mit
Sentosa Express zur Beach Station.
Dann mit Sentosa Bus 3 zu Sentosa
Cove Village

ESSEN UND TRINKEN

Privé Café. 2 Keppel Bay Vista,
www.theprivegroup.com.sg

Crystal Jade Premium. 11 Cove
Drive, www.one15marina.com

Boater's Bar. www.one15marina.com

Adresse aller Folgenden: 31 Ocean
Way, Sentosa Cove

Kith. Nr. 01-08, www.kith.com.sg

Solepomodoro. Nr. 01-14,
www.solepomodoro.com

Brussels Sprouts. Nr. 01-01,
www.brusselssprouts.com.sg

Saint Pierre. Nr. 01-15,
www.saintpierre.com.sg

Earl of Hindh. Nr. 01-16, Tel. 0065
66 81 66 94, www.earlofhindh.com

Quayside Fish Bar. Nr. 01-11,
Tel. 0065 62 68 86 33,
www.qsfishbar.com

Warten auf die Gäste
im »Privé Café«

21 Sentosa
Der Spaß-Staat

Man kann sich in Singapur an vielen Ecken amüsieren. Eine ganze Insel vor der Insel aber ist ausgewiesen als »State of Fun«, als Spaßparadies: Sentosa. Dies ist der Ort, wo Multimillionäre wohnen und Normalmenschen sich die Zeit vertreiben. Es gibt Strände, Attraktionen, schicke Restaurants und den Unterhaltungspark Resorts World Sentosa mit einem Kasino. Doch auch, wer nur das Meer liebt, ist hier richtig. Denn Sentosa bietet das faszinierendste Aquarium Asiens.

Stadtstrand

Langeweile kommt hier nicht auf. Die Freizeitinsel Sentosa bietet mehr als 250 Attraktionen – einige davon im Weltmaßstab. Dabei liegt sie nur wenige Minuten von der Innenstadt Singapurs entfernt, verbunden mit einer Brücke und ab 2017 auch durch einen Tunnel. An ihrem Eingang sieht man rechter Hand gleich die Türme der Märchen-

Oben: Weiter Abschlag: Golfplatz auf der Freizeitinsel
Unten: Ich male dir ein Herz: Spielen am Siloso Beach

GUT ZU WISSEN

BESSER NICHT

Auf Sentosa geht, wer durchatmen will. Das aber fällt schwer, wenn im Nachbarland Indonesien im Herbst die Torfböden angezündet werden. Über Singapur hängt dann eine dichte Rauchwolke, der *haze*. 2015 brannten die Papier- und Palmölkonzerne so viel ab, dass in kurzer Zeit doppelt so viel Kohlendioxid aus gestoßen wurde wie in Deutschland in einem ganzen Jahr. Der Umweltfrevel wird kaum geahndet. Aber Touristen bleiben weg – und die Strände leer.

Löwen-Akrobatik

schlösser der Resorts World emporragen.
Dann kann man in einem Kreisverkehr
die Richtung wählen: Nach rechts geht es
eher zu den Attraktionen, nach links führt
die Straße bergab zu einem Golfplatz und der
großen Marina mit ihren Restaurants und Bars.
Am Strand entlang liegen wunderbare Hotels, von
denen das »Mövenpick« durch eine Whiskey-Bar
glänzt und das »Capella« das bezauberndste ist.
Hier lohnt sich die Einkehr auch am Abend mit
Blick auf den Sonnenuntergang über dem Meer.

Sentosa mag noch so unglaubliche Attraktionen
bieten – eine ist unschlagbar: der Sandstrand.
Über 3,2 Kilometer zieht er sich entlang der Straße
von Malakka. Und hier liegt das Problem. So heiß
die Sonne auch brät, so schön der Strand auch ist,
am Ende führt er in die meistbefahrene Schifffahrtsstraße der Welt. Die ist zwar interessant anzuschauen, doch das Wasser könnte sauberer sein.
Gleichwohl ist der gut 30 Meter breite Sandstrand
von Sentosa ein echtes Pfund.

Abtanzen und Sonnenbaden

Für Partyliebhaber ist Siloso der richtige Strand.
Hier finden großartige Beachpartys statt – am

Nicht verpassen

ALTE OFFIZIERS-MESSE – NEU VON NORMAN FOSTER

Allein sieben wunderbare Spas und mehr als zehn Hotels findet man auf Sentosa, von denen einige Fantastisches bieten. Spitzenreiter bleibt das edle »Capella Singapore«. Sein Hauptgebäude stammt noch von den britischen Kolonialherren aus den 80er-Jahren des 19. Jahrhunderts. Die Offiziere der Artillerie feierten hier in ihrer Messe große Feste. Angeblich sollen sie 1942, bevor die Japaner in die Stadt einfielen, hier noch das Regimentssilber vergraben haben. Wer heute in den Anbau von Norman Foster tritt, der sich zum Meer hin öffnet, blickt auf eine Wasserlandschaft und kann sich auf mehreren Terrassen verwöhnen lassen. Der Luxus hat seinen Preis: Die Appartements kosten fast 5000 Singapur-Dollar – die Nacht. Manchmal reicht eben auch ein Drink in der Bar auf der Terrasse.

»Capella Singapore«.1 The Knolls, Sentosa Island, Tel. 0065 63 77 88 88, www.capellahotels.com/singapore

PIZZA UNTER STERNEN

Natürlich ist Sentosa auch eine Insel des Luxus – Sterne sind hier für genügend Singapur-Dollar leicht zu haben. Das Schöne aber ist: Es geht auch ganz anders. Niemand hat etwas dagegen, wenn Leute am Strand picknicken. Und für familienfreundliches Essen steht zum Beispiel »Trapizza«. Die Pizzeria zählt zwar zum nahe gelegenen »Shangri-La«, doch bietet sie für den Blick auf Strand und Sonnenuntergang akzeptable Preise, Pizza aus dem Holzofen und leckere Nudeln, die auch den Nachwuchs nach einem Tag am Strand wieder zu Kräften bringen. Und woher stammt der Name? Weil direkt neben der Pizzeria ein riesiges Trapez aufgebaut ist. Auf ihm können die Kinder turnen, bis das Essen fertig ist.

»Trapizza«. Siloso Beach, 11.30 bis 21.30 Uhr, Tel. 0065 63 76 26 62, www.shangri-la.com/singapore/rasasentosaresort

berühmtesten ist die Feier an Silvester. Doch Vorsicht: Drogen gleich welcher Art sind in Singapur absolut verboten.

Was an anderen Stränden Südostasiens zum »guten Ton« gehört, ist in Singapur kategorisch ausgeschlossen. Das verdirbt aber niemandem die Laune – im Gegenteil. Entlang des Strandes gibt es zahlreiche Spielplätze, Beachvolleyballfelder und natürlich viele Cafés, Bars und Clubs, die zum Chillen einladen.

Kinder werden eher am Palawan Beach glücklich. Eine Hängebrücke verbindet den Strand mit dem südlichsten Punkt des asiatischen Festlandes, der zugleich der nächste am Äquator ist. Hinter dem Strand liegen Cafés und Pizzerien. Und um Kinder zwischen drei und zehn Jahren kümmert sich Port of Lost Wonder, Singapurs erster Strandclub für die lieben Kleinen. Für alle diejenigen, die vor allem auf Ruhe aus sind, ist wiederum Tanjong Beach der richtige Ort. Hier kann man ungestört in der Sonne baden. Besonders romantisch wird es abends, wenn man die blinkenden Lichter der Schiffe am Horizont sieht.

Geschichte und Stars aus Wachs

Doch Sentosa besitzt auch eine ganz andere, eine historische Seite. Ab 1880 nutzen die Briten das vorgelagerte Inselchen als Militärbasis. Denn sie erwarteten bis zu ihrer Niederlage gegen die Japaner im Zweiten Weltkrieg immer einen Angriff von der Seeseite aus – zu dem es jedoch niemals kam. Bis heute aber findet man auf der 390 Hektar großen Insel Befestigungsanlagen. Die weitläufige Anlage von Fort Siloso steht heute für militärhistorisch interessierte Besucher offen. Die Verteidigungsversuche der Briten werden hier genauso anhand von Wachsfiguren gezeigt wie die spätere Niederlage der Japaner.

Pures Genießen in der »Sand Bar« von Siloso Beach

Sentosa

Ähnliche Wachsfiguren befinden sich auch in der Singapurer Dependance von Madame Tussauds' Wachsfigurenkabinett. Auf Sentosa zeigt sie acht Räume mit den Stars und Sternchen dieser Welt, darunter auch den Themenraum Spirit of Singapore. Keine Frage, dass auch Paparazzi-Fotos von Audrey Hepburn oder Brad Pitt und Angelina Jolie dabei sind. Den Geschichtsinteressierten bieten auch die Images of Singapore eine gute Möglichkeit, der Stadtentwicklung näherzukommen: Schauspieler erklären und spielen die Geschichte, unterstützt von moderner Technik.

Der Überblick lässt sich aus der Mitte der Insel gewinnen. Hier steht der Sentosa Merlion, das hohe Wappentier Singapurs als Aussichtsturm, außerdem der 131 Meter hohe Tiger Sky Tower. Aus der klimatisierten Kanzel bietet sich ein schöner Blick auf die Stadt und bis hinüber nach Indonesien. Das Wappentier Merlion, halb Löwe, halb Fisch und Hüter des Wohlstands, erscheint mit seinen 39 Metern fast winzig dagegen. Er bietet Besuchern Glück bringende Goldmünzen und eine große Glocke, deren Schlagen Reichtum verspricht. Man muss nur daran glauben…

Nervenkitzel im Freien

Aber das Leben auf Sentosa spielt sich unter freiem Himmel ab. Zwei große Erlebniszentren stechen – abgesehen von der Resorts World Sentosa (siehe S. 162 ff.) – hervor: Der Megazip Adventure Park bietet vier große Attraktionen: Den fast einen halben Kilometer langen Flying Fox, an dem man in bis zu 72 Metern Höhe bergab auf das Meer szusaust. Den Climb Max, einen Klettergarten in den Baumwipfeln. Beim Parajump kann man seinen Mut als vermeintlicher Fallschirmspringer beweisen. Und der Mega Bounce bietet schließlich Entspannung auf einem Supertrampolin. Für diejenigen, die es

Oben: Ersehnte Abkühlung
Mitte: Morgenstimmung unter Palmen am Tanjong Beach
Unten: Spaß für Groß und Klein bietet der Luge auf Sentosa.

noch schneller lieben, ist der zweite große Anzie-
hungspunkt der Insel genau das Richtige, der Skyline Luge Sentosa: Die Sommerrodelbahn in Richtung Meer macht richtig Laune. Auf den beiden
gut 600 Meter langen Strecken lassen sich herrliche Rennen fahren. Mit der Seilbahn geht es dann
wieder bergauf. Apropos Seilbahn: Natürlich endet
auf Sentosa auch die luftige Strecke der Cable Car.
Vom der Insel gegenüberliegenden Mount Faber
geht es über den schmalen Meeresarm. Seit Sommer 2015 kann die Reise durch die Luft dann wei-
tergehen bis direkt zu den Attraktionen auf der
Insel. Von oben gewinnt man in aller Ruhe einen
ersten Eindruck von der Insel.

Doch auf Sentosa gibt es auch Tiere in – relativ –
freier Wildbahn: Besonders abends queren Dutzende Pfaue die Straßen und verbreiten ihren Zauber.
Der Butterfly Park lädt Besucher ein, die die asiatische Fülle an Schmetterlingen erkunden wollen.
Wer wirklich in die Natur hinauswill, kann dies
auf dem Imbiah Board Walk tun: Ein 1,8 Kilometer
langer Weg durch den Regenwald. Er beginnt in
der alten Bahnstation, die zum Sentosa Nature
Discovery Centre umgebaut wurde.

Oben: Brüten in der Sonne:
die Strandbar Coasters
Unten: Ein Sessellift führt
gemütlich auf den Mount Imbiah,

Infos und Adressen

SEHENSWÜRDIGKEITEN

Anfahrt nach Sentosa siehe S. 167

Sentosa Merlion. 10–20 Uhr,
www.merlion.sentosa.com.sg,

Fort Siloso. Befestigungsanlage der Briten aus
dem 19. Jh. 10–18 Uhr, Siloso Road,
Tel. 0065 67 36 86 72,
www.sentosa.com

AKTIVITÄTEN

Madame Tussauds' Wachsfigurenkabinett.
40 Imbiah Rd, Tel. 0065 67 15 40 00,
www.madametussauds.com/singapore

Images of Singapore Live. Die Geschichte Singapurs bildhaft dargestellt. Mo–Fr 10–18, Sa,
So 10–19.30 Uhr, 40 Imbiah Road, Sentosa,
www.imagesofsingaporelive.com

Megazip Adventure Park. Freizeitpark mit Climb
Max, Flying Fox, Parajump, Mega Bounce.
11–19 Uhr, Imbiah Hill Rd,
Tel. 0065 68 84 56 02,
www.megazip.com.sg

Skyline Luge Sentosa. Lange Sommerrodelbahn.
10–21 Uhr, 45 Siloso Beach Walk Sentosa,
Tel. 0065 62 74 04 72, www.skylineluge.com

Butterfly Park. Die Vielfalt von Schmetterlingen
und anderen Insekten. 9.30–19 Uhr, 51 Imbiah Rd.,
Tel. 0065 62 75 00 13, www.jungle.com.sg

Sentosa Nature Discovery Centre. Auf dem
Imbiah Board Walk durch tropische Natur spazieren.
9–17 Uhr, Imbiah Rd., Tel. 180 07 36 86 72,
www.sentosa.com.

Wave House Sentosa. Wakeboarden auf Wellen-
anlage, mit cooler Strandbar. 10–23 Uhr,
Tel. 0065 63 77 31 13,
www.wavehousesentosa.com

So Spa. Sich verwöhnen lassen in tropischem Ambiente. 10–21 Uhr, 30 Allanbrooke Road, Tel. 0065
67 08 83 58, www.sofitel-singapore-sentosa.com

ÜBERNACHTEN

Mövenpick Heritage Hotel Sentosa. Schlafen
im edlen Kolonialbau. 23 Beach View, ab S$ 300,
Tel. 0065 6818 3388, www.movenpick.com

Blick in die Ferne am südlichsten Punkt Festland-Asiens auf Sentosa

22 Resorts World Sentosa
Die Spaß-Festung

Sicher kann man sich auch am Strand auf eigene Faust amüsieren. Auf der Fun-Insel Sentosa aber haben es die Spaßprofis so richtig krachen lassen. Die Universal Studios verzaubern mit ihren Geschichten rund um Kinohelden nicht nur die Kleinen, das wunderbare S.E.A.-Aquarium führt in die Unterwasserwelt ein, Dutzende Restaurants, einige auf Sterne-Level, warten auf Gäste. Und wer dann noch genug Geld hat, kann im Kasino zocken…

Mehr als Burgen aus Pappmaschee

Geben wir es gleich zu: Freizeitparks sind nicht jedermanns Sache. Zu eng das Korsett, zu lang die Schlangen, zu hoch der Eintritt. Und doch sind praktisch alle, die die 49 Hektar messende Resorts World Sentosa (RWS) besucht haben, angetan. Denn hier ist den Erbauern des Areals etwas

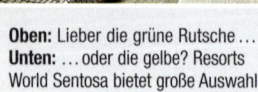

Oben: Lieber die grüne Rutsche …
Unten: … oder die gelbe? Resorts World Sentosa bietet große Auswahl.

GUT ZU WISSEN

EIS ESSEN
Bei Temperaturen über 30 Grad helfen nur zwei Dinge: Entweder ins kühle Meer springen. Oder Eis essen. Das aber tut man besser in Gelsenkirchen – denn in Singapur ist das Speiseeis inzwischen zwar sehr lecker, aber fürchterlich überteuert. Unter fünf Singapur-Dollar ist die Kugel kaum zu bekommen, und die Eisdiele in Sentosa Cove schämt sich nicht, zwölf Dollar zu verlangen – für eine einzige Kugel.

Staunen ohne Ende vor dem riesigen Glasbecken im S.E.A.-Aquarium.

Ungewöhnliches gelungen: Sie haben sich nicht nur auf Pappmaschee-Burgen verlassen, sondern eine ganze Landschaft großer Höhepunkte zusammengefügt.

In deren Zentrum steht der Universal-Studios-Freizeitpark. In sieben Themenbereichen – von Hollywood über das alte Ägypten bis zu Madagaskar – wurden Attraktionen rund um Zeichentrickhelden erbaut. Gespart wurde hier nicht: Fantastische Abenteuer erwarten die Besucher genauso wie zwei wirklich atemberaubende Achterbahnen. Shrek und der Gestiefelte Kater (»Puss in Boots«) bespaßen ihre Gäste in einem 4-D-Kino, in dem die Stühle wackeln. Im schön gebauten Bereich New York lässt sich Regisseur Steven Spielberg in die Kulissen schauen. In Sci-Fi-City laden die beiden grandiosen Achterbahnen Human und Galactica zu Schaukämpfen gegeneinander ein. Beim wilden Transformers Ride ist schon manchem übel geworden. Und nur den Wasserfesten sei das Jurassic Park Adventure im Themenbereich Lost World empfohlen – ein großer, aber feuchter Spaß. Wilde Schießereien, aber auch spektakuläre Stunts fesseln diejenigen, die die große Show von Water World besuchen.

Nicht verpassen

NICHT NUR FÜR REGENTAGE
Fische hinter Glas? Hört sich irgendwie langweilig an? Nicht im S.E.A.-Aquarium. Das größte seiner Art in Asien ist absolut faszinierend. Gegliedert nach verschiedenen Seegebieten ist hier nahezu alles möglich: Man kann die Hand ins Wasser strecken und einige Meeresbewohner berühren, man kann aber auch unter einem Glashimmel mit riesigen Haien spazieren. Mehr als 100 000 Meerestiere sind hier zu Hause, die zu rund 800 Arten zählen. Natürlich wird auch hier wieder die Bildung großgeschrieben – es gibt unendliche Angebote an Führungen und Kursen, und zu Weihnachten wird ein Weihnachtsbaum aus lebenden Korallen gebaut. Einen Tag in diesem Aquarium zuzubringen ist immer lohnend – nicht nur für Kinder und nicht nur bei Regen!

S.E.A.-Aquarium. 9–19 Uhr,
8 Sentosa Gateway,
Tel. 0065 65 77 88 88,
www.rwsentosa.com

Mehr als Fische und Schiffe

Viel ruhiger geht es dagegen in der zweiten Groß-
attraktion direkt nebenan zu: Das S.E.A.-Aquarium
ist in der Tat einen Besuch wert (siehe S. 163).
Daran angeschlossen ist das Maritime Experiential
Museum. Von Schiffsmodellen in Originalgröße
über Wracks bis hin zum Nachbau der alten Basare
entlang der Handelsrouten gibt es hier vieles
zu entdecken, anzufassen und auszuprobieren.
Atemberaubend ist die Erfahrung eines Sturms
auf einem alten Segelschiff, der man sich in einem
360-Grad-Filmtheater aussetzen kann.

Weiter geht es zum Adventure Cove Waterpark.
Er bietet nicht nur Wasserrutschen, sondern
auch das Schnorcheln mit Tausenden tropischen
Fischen. Natürlich hat Singapur gerade in seinen
Vorstädten auch billigere Wasserparks, die Abkühlung von den tropischen Temperaturen verschaffen. Der auf Sentosa bietet aber besonders
viel: eine Achterbahn als Wasserrutsche (Riptide
Rocket), ein Wettrennen auf zwei parallelen Rut-
schen (Dueling Racer), oder den Spiral Washout,
bei dem es in einen riesigen Strudel geht.

Das Element ist zwar dasselbe, doch bleibt es
im Delfinpark Dolphin Island deutlich ruhiger.
Die verschiedenen – nicht billigen – Programme,
bei denen die Gäste mit den Tieren in unter-

Oben: Burgenbauen auf Sentosa
Mitte: Kran-Kraniche beim Balzen
Unten: Künstliche Welle im
Wave House

Resorts World Sentosa

schiedlichem Maße interagieren können, sind alle auf gegenseitiges Verständnis und Lernen ausgelegt. Der Park kann eine Reihe internationaler Zertifikate vorweisen, die den guten Umgang mit den Tieren bescheinigen.

Mehr als Hotels und Spas

Wer sich in der künstlichen, aber durchaus angenehmen Resort-Atmosphäre rund um die Uhr verwöhnen lassen will, der kann eines der Hotels auf Sentosa buchen oder gleich eines der Häuser rund um das Gelände des Resorts. Man muss es sagen: Auch diese Auswahl lässt nichts zu wünschen übrig. Da gibt es die Kette »Hard Rock Café« mit ihren bunten, laut wirkenden Themenhotels. Ganz anders sind hingegen die exklusiven »Treetop Lofts«, in denen man inmitten von Baumwipfeln zwölf Meter über der Erde in Holzbungalows schläft. Für Familien mit Kindern bietet sich das verspielte Festive Hotel an, in dem Kinder schon mal im Hochbett nächtigen. Und wer im Aquarium noch nicht genug gesehen hat, der muss sich die »Ocean Suites« gönnen: In den elf exklusiven Hotelräumen öffnet sich durch eine Scheibe im Untergeschoss der Blick in das Becken, in dem Rochen und Tropenfische um die Wette schwimmen. Spektakulärer kann man auch in Singapur kaum nächtigen.

Richtig gut gehen lassen kann man – und besonders frau – es sich im »Espa Spa«: Auf 10 000 Quadratmetern mangelt es jenen, die es bezahlen können, an nichts: japanische Onsen oder ein türkischer Hammam, Massage mit Blick auf das Meer oder das Chillen im Rock-Pool, all dies unter den herrlichen alten Tropenbäumen und umsorgt von zurückhaltenden Helfern – schöner kann man Asiens Ruhe nicht mehr genießen. Ganz im Gegensatz dazu steht das

Oben: Ganz im Hier und Jetzt: entspannen am künstlichen See auf Sentosa
Mitte: Im Hard Rock Café auf der Insel wummern auch mal die Bässe.
Unten: Urlaubsgefühle: Himmel und Meer am Strand von Sentosa

Warten auf die Gäste: Auf Sentosa versteht frau zu kochen.

Nicht verpassen

KÖCHE HINTER GLAS

Sentosa klingt oft nach Strand und Feiern. Doch es gibt wunderbare Restaurants auf der Insel – in den Spitzenhotels, aber auch in der Resorts World. Ganz oben auf der Liste steht sicherlich das gleichnamige Haus im Art-déco-Stil des französischen Sternekochs Joël Robouchon mit seinen mehr als tausend Weinen. Und auch Sam Leong mit seinem Kollegen Mike Tan arbeitet sich immer weiter nach vorn: Das Duo des Restaurants »Forest« in der Resorts World will nichts Geringeres, als die klassische, feine Küche Chinas neu definieren. Wer ihnen nicht ganz traut, liegt mit dem acht- oder gar zehngängigen Probiermenü richtig.

»Robuchon«. Resorts World Sentosa, Hotel Michael, Level 1, Tel. 0065 65 77 78 88, www.rwsentosa.com

»Forest«. Resorts World Sentosa, Equarius Hotel, Lobby, Tel. 0065 65 77 66 88, www.rwsentosa.com

unterirdische Kasino – laut, grell und bei vielen Singapurern bis heute unbeliebt. Wer aber in Asien spielen will, der ist hier richtig. Auch wenn das Kasino in der Resorts World Sentosa sicherlich etwas weniger exklusiv daherkommt als sein Gegenstück in Marina Bay Sands (MBS), so bietet es Zockern doch alles: Rund um die Uhr und jeden Tag kann man hier Roulette, Blackjack, Poker oder Tai Sai spielen, um nur eine Auswahl zu nennen. Für Mitglieder bieten die Maxims- und der Crockfords Club jeden nur erdenklichen Service. Grundsätzlich sollten Gäste ordentlich gekleidet sein, keine Flipflops tragen und ihren Pass bereithalten; nur Ausländer haben kostenlosen Zugang.

Nach einem Tag in der Spaßwelt bieten sich – neben den Sonderveranstaltungen, die regelmäßig geboten werden – zwei kostenlose Abendshows an: Der Lake of Dreams zeigt eine beeindruckende Schau aus Feuer, Wasser und Lichtern, die der vierfache Emmy-Gewinner Jeremy Railton komponiert hat. Der Crane Dance bietet das »Liebesgezwitscher« zweier riesiger, mechanischer Kräne, die sich unter Lichtspielen und Feuerwerk näherkommen. Beide Shows werden zweifellos auch Kinder fesseln.

Infos und Adressen

Haie hautnah

ANFAHRT NACH SENTOSA

Mit U-Bahn und Bus: MRT CC29, NE1 Harbour
Front, hier startet der Sentosa Express vom 3. Level
in Vivo City zu drei Stationen auf Sentosa (4 S$).
Endstation Beach Station, von dort fahren drei
The-Sentosa-Buslinien über die Insel, die Beach
Tram fährt alle Strände ab (beide kostenlos).

Mit der Cable Car: Von Mount Faber (siehe S. 204)
oder Harbourfront (siehe S. 152) auf die Insel,
dort gibt es weitere drei Stationen.

Mit dem Taxi: Je nach Tageszeit unterschiedliche
Gebühren

Zu Fuß: Über die Brücke auf dem Sentosa
Board Walk

www.sentosa.com.sg/en/getting-to-around-sento-
sa/getting-to-sentosa

SEHENSWÜRDIGKEITEN

Resorts World Sentosa (RWS). 8 Sentosa
Gateway, Tel. 0065 65 77 88 88,
www.rwsentosa.com

Hier: **Universal Studios** 10–21 Uhr;
S.E.A. Aquarium 10–20 Uhr; **Maritime Experien-
tial Museum** 10–19 Uhr; **Adventure Cove
Waterpark** 10–18 Uhr; **Dolphin Island**
10–18 Uhr; **Casino** tgl. 24 Stunden; **Lake of
Dreams** 21.30 Uhr; **Crane Dance** 21 Uhr

Alle Attraktionen sind täglich geöffnet.

ÜBERNACHTEN

Die folgenden Hotels sind alle über die zentrale
Telefonnummer sowie die Webseite von Resorts
World Sentosa zu erreichen: Tel. 0065 65 77 88 88,
www.rwsentosa.com

Hard Rock Hotel. Die Fotos von Rockstars hängen
über dem Bett, ab S$ 340.

Treetop Lofts. Sehr komfortable Baumhäuser,
ab S$ 1200.

Festive Hotel. Bunt, kinderfreundlich,
nahe bei den Attraktionen, ab S$ 230.

Ocean Suites. Vom Bett aus Fische sehen statt
fernsehen! Ab S$ 3500

Espa Spa. Ruhe und großer Luxus auf
10 000 Quadratmetern.

Verwöhnt werden auf der Freizeitinsel:
Spa Villa auf Sentosa

23 Ausflug nach Bintan und Batam
Paradiesische Inseln vor den Toren Singapurs

Nur 20 Kilometer mit der Fähre übers Meer entfernt liegen die beiden indonesischen Inseln. Sie sind eine Reise wert. Denn hier gibt es schöne Hotels aller Preisklassen, Sandstrände und Entspannung pur. Vor allem auf Batam leben noch die Ureinwohner, die Orang Laut, in ihren ursprünglichen Pfahldörfern. Aber es gibt auch Bauten als Zeugnisse einer längst vergangenen herrschaftlichen Epoche zu bestaunen.

Sultane und Piraten

Die indonesischen Inseln Bintan und Batam gehören zu den Riau-Inseln, einer für den alten Seehandel strategisch wichtigen Inselgruppe zwischen Singapur und Sumatra. Die Kapitäne der alten Handelsschiffe steuerten sie an, wenn sie sich von Stürmen oder Piraten bedroht sahen. Hier kämpften im 18. Jahrhundert Malaien, Portugiesen, Holländer und Briten um ihre Vormacht in der Region. Die Inseln gehörten zunächst zum malaiischen Sultanat Johor-Riau, aus dieser Zeit gibt es noch die alte Sultansmoschee und die Königsgräber auf der Insel Penyengat, gleich gegenüber von Tanjung Pinang, der Hauptstadt des Archipels auf Bintan. Im Vertrag von London 1824 einigten sich die beiden Großmächte darauf, dass die Inselgruppe den Niederländern zugesprochen werde und Singapur an die Briten fallen sollte. Seit der Unabhängigkeit 1949 gehören die Inseln zu Indonesien, deshalb brauchen Reisende

Oben: Dahinten liegt Singapur: Steg in der Abenddämmerung
Unten: Rein ins Vergnügen: Badespaß in Bintan

Ausflug nach Bintan und Batam

aus Singapur – selbst wenn sie nur für einen Tag hierherkommen – ihren Pass.

Resorts an weißen Stränden

Die Mehrheit der Inselbewohner hat heute malaiisch-indonesische Wurzeln. Eine kleine chinesische Minderheit bestimmt das Wirtschaftsleben. Bintan und Batam sind inzwischen über eine Freihandelszone mit dem Stadtstaat Singapur verbunden. Dank der niedrigeren Löhne betreiben hier zahlreiche Singapurer Unternehmen und auch deutsche Konzerne Fabriken. Mindestens genauso wichtig aber ist der Tourismus, der zum überwiegenden Teil aus dem nahen Singapur gespeist wird: Entlang der Strände befinden sich Resorts aller Klassen wie die Bintan Resorts im Nordwesten dieser Insel und die Nongsa Resorts auf Batam, die die Hektik der nahen Großstadt vergessen lassen.

Seenomaden und Handwerker

Wem nach Luxus nicht der Sinn steht, der findet noch unberührte Natur: herrliche weiße Sandstrände, Wassersportmöglichkeiten wie etwa Tauchen oder Segeln bei den Hotels, Mangrovenbäume und dichte Regenwälder. In den ursprünglichen Pfahldörfern leben noch Handwerker und Fischer, die hier wie früher ihren Geschäften nachgehen. In Batam haben sich die Orang Laut niedergelassen, die Seenomaden, mit ihren ganz speziellen Booten. Viele von ihnen leben auf den Schiffen unter Bambusdächern, andere in Pfahldörfern. Früher schützten sie die jeweiligen Herrscher vor den ständigen Angriffen der Piraten. Auch verdingten sie sich als sichere Lotsen für die Handelsschiffe. Heute empfangen die Orang Laut Touristen und leben vor allem vom Fischfang.

Infos und Adressen

SEHENSWÜRDIGKEITEN
Anreise von Singapur. Bintan: ab Tanah Merah Ferry Terminal. Batam: ab Harbourfront Terminal. Fähre ca. 45 Min., www.singaporecruise.com

Penyengat Island. Sultansmoschee, Anfahrt per Boot von Tanjung Pinang

Banyan Tree Temple. Chinesischer Schrein, umwuchert von einem heiligen Banyan-Baum. Senggarang; mit dem Taxi von Tanjung Pinang.

Avalokitesvara Graha (Guan Yin) Temple. Buddhistischer Tempel mit vielen Steinfiguren, Tanjung Pinang.

ESSEN UND TRINKEN
Cinta Manis Restaurant. Traditionelle indonesische Gerichte im Turi Beach Resort, www.turibeach.com

ÜBERNACHTEN
Nirwana Resort Hotel. Spa und Sport, aber auch Traumterrasse über dem Meer. Jalan Panglima Pantar, Lagol 29155, Bintan Resorts, www.nirwanagardens com

INFORMATION
www.welcometobintan.com/faq.asp, www.welcometobatam.com

Keine Hektik in den ruhigen Resorts auf Batam.

DER WESTEN

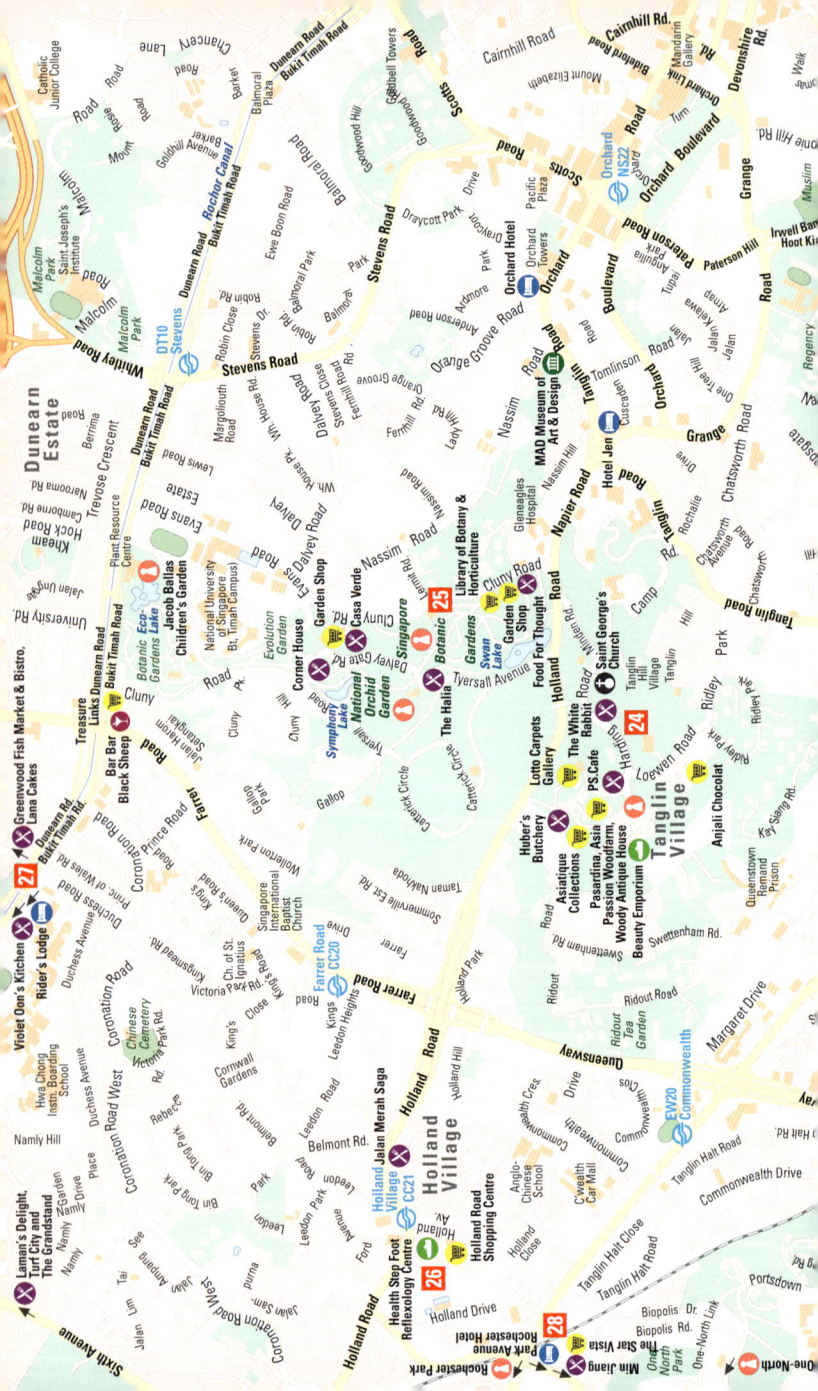

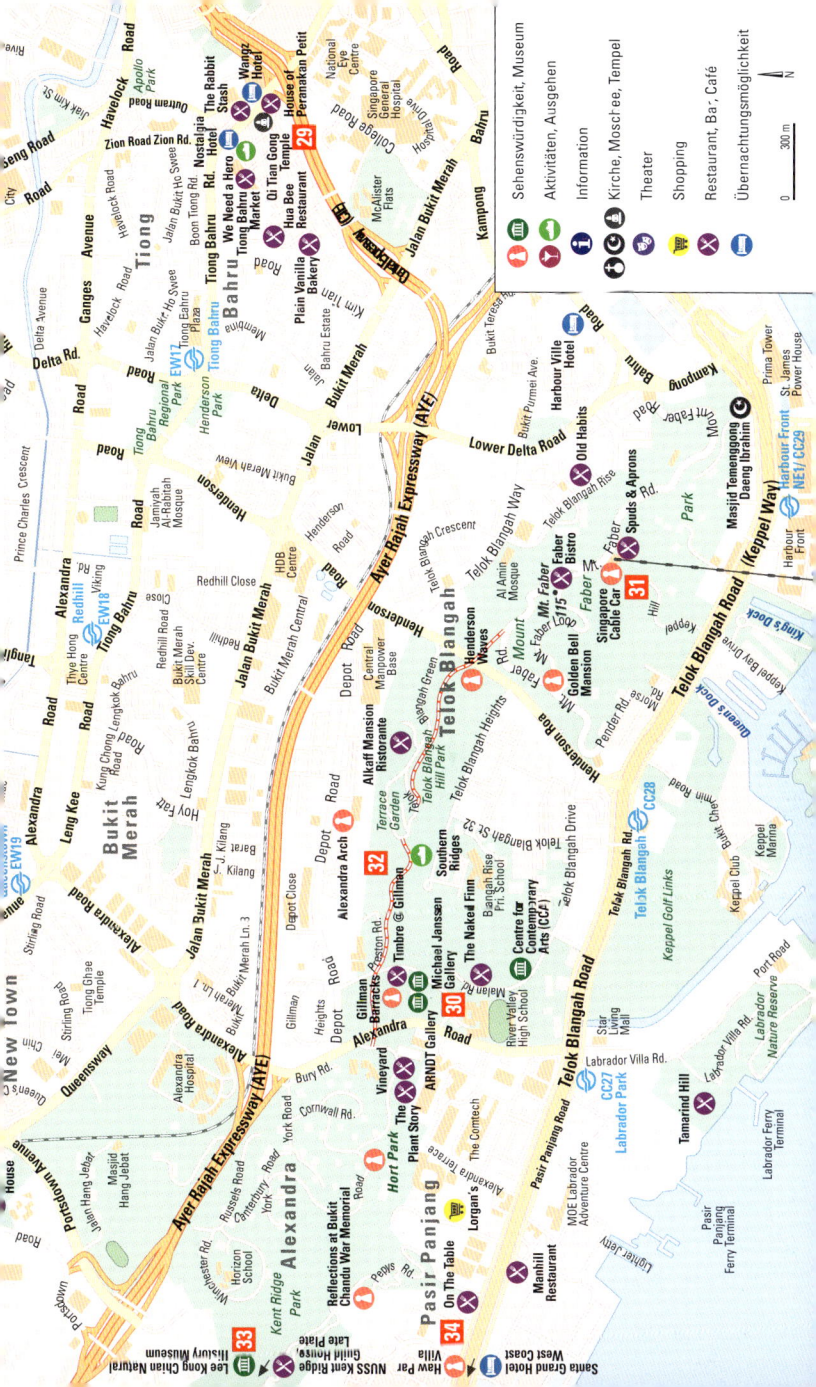

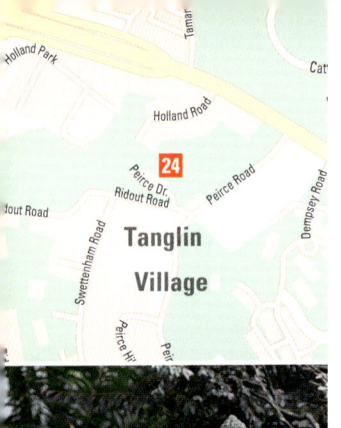

24 Tanglin Village/ Dempsey Hill
Moderne trifft auf britische Tradition

Ehemals eine Muskatnussplantage, ist das traditionsreiche Tanglin heute ein begehrter Ort zum Wohnen ganz nahe der Orchard Road. Und Dempsey Hill ist der Hügel, auf dem man nun in den ehemaligen Kasernen der Briten das Nachtleben genießen kann. Die weitläufige Ansammlung der früheren Baracken aus Kolonialzeiten ist heute eine Mischung aus Restaurants, Clubs und Geschäften.

Das Barackendorf wird hip

Vielleicht ist dies das schönste Gebiet der Stadt: Denn zum Tanglin-Viertel zählen nicht nur das obere Ende der Orchard Road, sondern auch der Alte Botanische Garten und sein Gegenüber, der Dempsey Hill. Einst lagen hier Plantagen, dann wachten die Briten mit ihren Soldaten vom Hügel aus über die Stadt. Inzwischen wurde der Dempsey Hill in Tanglin Village umbenannt. Aus gutem Grund: Denn auf dem Berg mit seinen urwüchsigen Tropenbäumen liegt ein ganzes Dorf aus einstigen Baracken, das heute einer der bezauberndsten Orte der Stadt geworden ist. Das Areal war Teil einer Muskatnussplantage. Die britisch-chinesischen Eigentümer verkauften sie 1860 an das britische Militär, und es entstanden große Mannschaftsunterkünfte, in denen jeweils 50 Soldaten hausten. Aber auch Offizierskasinos und Sportplätze sowie zwei Kirchen liegen auf dem sehr weitläufigen Gelände. Nach der Besatzung diente das Lager den japanischen Truppen und kam nach

Seite 170/171: Tor zu Singapurs Vergangenheit: der alte Themenpark Haw Par Villa
Oben: Nicht immer billig, nicht immer echt: Antiquitäten auf Dempsey Hill

Tanglin Village

dem Zweiten Weltkrieg bis 1971 wieder in britische Hand. Über 30 Jahre blieb es dann ein idyllischer Ort, den nur einige Möbel- und Antiquitätenhändler nutzten. Große Teile aber schlummerten im Dornröschenschlaf, der Dschungel konnte sich ausbreiten.

Wandern unter Tropenbäumen

Bis Singapur 2006 das wertvolle Landstück als Lifestyle-Destination entdeckte und in Tanglin Village umbenannte. Den neuen Namen haben die Singapurer nicht wirklich angenommen, wohl aber die auf das Schönste restaurierten niedrigen Kolonialgebäude mit ihren Restaurants, Clubs und Geschäften. Herrlich sind besonders frühmorgendliche Spaziergänge durch die in weiten Teilen unberührte Natur auf dem Dempsey Hill; denn auch wenn das Viertel abends leuchtet, gibt es hier durchaus noch verwunschene Ecken.

Nur sehr wenige Antiquitätenläden konnten die plötzlich hohen Mieten noch zahlen; die meisten zogen nach Chinatown in das Tan Boon Liat Building um. Als sie gingen, folgten Galerien, Spas und Feinschmeckerläden. Heute ist die Mischung imposant: Im roten Backsteingebäude der St. George's Church werden zwar wieder Gottesdienste gefeiert, sie wurde 1913 erbaut und ist ein schönes Beispiel eines klassisch-neoromanischen Baustils. Aus ihrem weißen Gegenüber aber, der ehemaligen Sonntagsschule, wurde ein hochklassiges Restaurant: »The White Rabbit«. Wer es bürgerlicher und vor allem europäischer mag, geht zu »Huber's Butchery«: Der Schweizer Metzger ist eine Institution und bietet auf einer schönen Terrasse ehrliches Essen. Empfehlenswert ist auch das »P.S. Café«: Gerade abends genießt man unter den Baumriesen die australisch beeinflusste Küche, die nicht zuletzt durch riesige Schokoladentorten

Geheimtipp

DER TEPPICHSAMMLER

Wer auf Dempsey Hill spaziert, will in der Regel nicht unbedingt einen Teppich kaufen. Und doch sollte er es sich überlegen. Denn hier oben, in einer der britischen Kasernen, residiert Lotto Carpet, unüberhörbar wegen des Gekreisches seiner Papageien neben dem Haus. Allen Mieterhöhungen zum Trotz hält sich der Laden seit Jahrzehnten, bietet eine fantastische Auswahl aller nur erdenklichen Teppiche und ist besonders auf alte Stücke und Seidenteppiche spezialisiert. Geführt wird das Geschäft in der fünften Generation von Abid Mir, der aus einer Familie von Teppichwebern stammt, die seit jeher an die britischen Kolonialtruppen in Indien verkauften. 1971 gründete er die Lotto Gallery in Singapur. Mit dem Einzug in die frühere britische Kaserne schließt sich der Kreis nach Generationen.

Lotto Carpets Gallery. 10–19 Uhr, Block 26 Nr. 01-04 Dempsey Hill, www.lottocarpets.com

brilliert. Erst Ende 2015 wurde das Loewencluster
entwickelt: Die Wohnanlage liegt etwas im Hintergrund, rund um das ehemalige Militärhospital.

Kleinod mit Karten

Vom Hügel herab Richtung Innenstadt passiert
man auf der Holland und Napier Road den Alten
Botanischen Garten, die australische High Com-
mission und das British Council auf der rechten
Seite, das neue Gebäude von Interpol auf der linken. Dann steht man schon vor der Tanglin Mall,
der Beginn des Einkaufsviertels an der Tanglin
Road. Hier ist die große Boutique British India interessant, die zwar überteuerte, aber stilvolle Kolo-
nialmode verkauft. Im großen Nachbargebäude,
vorbei am mondänen St. Regis Hotel, liegt das
ältere Tanglin Shopping Centre. Hier befinden sich
einige hochpreisige Antiquitätenläden, vor allem
aber das Kleinod Antiques of the Orient, Fachge-
schäft für alte Karten, Drucke und Fotografien.
Insbesondere moderne chinesische Kunst zeigt
die Galeristin Jasmine Tay im gegenüberliegenden
MAD Museum of Art and Design.

Oben: Edles Wohnen: Black and
White House, einst für britische
Offiziere, heute für reiche Singapurer
Unten: Alter Bus und frisches
Eis auf Dempsey Hill

Infos und Adressen

Burger unter Bäumen im »P.S. Café«

SEHENSWÜRDIGKEITEN

Tanglin Village/Dempsey Hill. Gebiet gegenüber den Botanical Gardens mit Dempsey Road, Minden Road, Harding Road und Loewen Road, www.dempseyhill.com, U-Bahn CC21 Holland Village

St. George's Church. 44 Minden Road, Tel. 0065 64 73 28 77, www.stgeorges.org.sg

ESSEN UND TRINKEN

Huber's Butchery. Deutsches Essen und Trinken, 22 Dempsey Road, Tel. 0065 67 37 15 88, www.hubers.com.sg

P.S. Cafe. Das Wohnzimmer von Dempsey. 28B Harding Road, Tel. 0065 90 70 87 82, www.pscafe.com/pscafe-at-harding-road

The White Rabbit. Essen in der Kirche, 39C Harding Road, Tel. 0065 64 73 99 65, www.thewhiterabbit.com.sg

EINKAUFEN

Anjali Chocolat. Feine, selbst gemachte Schokolade, bietet auch Kurse an. 10–19 Uhr, 73 Loewen Road, Nr. 01-15/16, Tel. 0065 65 09 68 00, www.anjalichocolat.com

Asiatika und Antiquitäten. Meist aus Holz, bei Pasardina Fine Living, Asia Passion, Woodfarm und Woody Antique House. 11–19 Uhr, 13 Dempsey Road

Asiatique Collections. Asiatika mit eigenem, neuem Design von Chin Bottinelli, 11–19 Uhr, www.asiatiquecollections.com

AKTIVITÄTEN

MAD Museum of Art and Design. 11–1 Uhr, 10 Tanglin Road 01–01/02–01, Tel. 0065 67 34 56 88, www.madmuseumsingapore.com

Beauty Emporium. Die Singapurer Verschöne-rungsspezialisten Spa-Esprit verwöhnen hier. 10–21 Uhr, 8D Dempsey Road, Tel. 0065 64 79 00 70, www.spa-esprit.com

ÜBERNACHTEN

Orchard Hotel. Gutes Hotel am oberen Ende der Orchard Road, ab S$ 200. 442 Orchard Road, Tel. 0065 7347760, www.millenniumhotels.com.sg/orchardhotelsingapore

Eine Kirche, in der man köstlich speisen kann: »The White Rabbit« auf Dempsey Hill

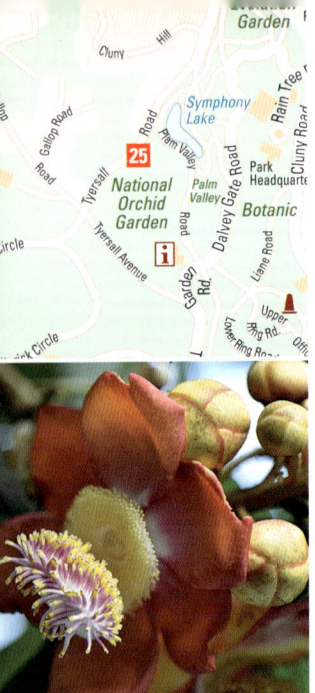

25 Alter Botanischer Garten
Raffles Erbe wird Weltkulturerbe

Hochhäuser, Chinatown, Little India – wer nach Beton und Hektik dringend Grün sucht, der ist im Alten Botanischen Garten Singapurs bestens aufgehoben. Er ist das Gegenstück zur modernen, niemals ruhenden Großstadt. Entspannung, Frieden, uralte Bäume, exotische Tiere, farbenprächtige Pflanzen, frische Luft – das alles bieten Singapore Botanic Gardens. Ein wahres Schmuckstück der Stadt.

Wie könnte es anders sein: auch der in seinen Ursprüngen koloniale Garten geht auf den Stadtgründer Sir Stamford Raffles zurück. Schon 1822 hatte er die Idee, einen Garten für botanische Experimente in der heranwachsenden Tropenstadt zu schaffen. Anderes aber hatte Vorrang. Und so dauerte es bis 1859, bis er von der damaligen Agri-Horticultural Society an seiner heutigen

GUT ZU WISSEN

NERVIGE MÜCKEN
Blumen, Bäume, Tropensonne – eigentlich eine wunderbare Kombination. Wären da nicht die Insekten. Nicht nur, dass Mücken einem den letzten Nerv rauben können – vor und nach dem Stechen. Manchmal übertragen sie auch gefährliche Krankheiten, in Singapur etwa das Dengue-Fieber. Im Botanischen Garten ist die Gefahr nicht größer als anderswo. Dennoch sollten sich Besucher gerade in den Morgen- und Abendstunden gut mit Insektenspray schützen.

Oben: Singapur ist an vielen Orten ein wahres Blütenparadies.
Unten: Immer ein Lächeln: der Monitor Lizard

Alter Botanischer Garten

Stelle gegründet wurde. Architekt des Gartens war der Brite Lawrence Niven, der erste Direktor Henry Nicholas Ridley, der ihn über 22 Jahre ausbaute. Im Sommer 2015 nahm die UNESCO ihn in die Liste ihrer Weltkulturerbe auf – als Erstes in der so jungen Stadt auf der Tropeninsel und passend zu deren 50. Gründungsjubiläum.

Grün als Staatskonzept

Der Garten ist ein Geschenk der Kolonialherren an die Stadt. Angelegt wurde er im altenglischen Stil, und schon bald kümmerten sich Gärtner und Botaniker, die im Londoner Stadtteil Kew gelernt hatten, um sein Heranwachsen. Doch wussten die Singapurer mit der Gabe der Briten umzugehen: Dem 2015 verstorbenen Gründer und Übervater des Stadtstaates Lee Kuan Yew lag das Grün zeitlebens am Herzen. In seiner Biografie wird dem Begrünungsprogramm seiner Stadt ein eigenes Kapitel gewidmet. »Um die Standards der Ersten Welt in der Region der Dritten Welt zu erreichen, haben wir uns entschieden, Singapur in eine tropische Gartenstadt zu verwandeln«, blickt er zurück auf die 60er-Jahre des vorigen Jahrhunderts, als Singapur unabhängig wurde. »Jedes Mal, wenn ich nach ein paar Wochen im Ausland zurückkehre und entlang von Bäumen, Palmen und auf Straßen, gesäumt von Sträuchern und Stauden vom Flugplatz in die Stadt fahre, bekomme ich gute Laune.« Doch ging es »LKY« nicht allein um seine Laune: »Die Begrünung ist das kosteneffizienteste Projekt, das ich jemals begonnen habe.« Keine Frage: Auch der Alte Botanische Garten zieht Gäste in die Stadt und macht sie lebenswert. Nur weil dieses Konzept funktionierte, baute Singapur später mit Milliardenaufwand einen neuen Botanischen Garten, die Gardens by the Bay (siehe S. 145).

(siehe S. 145)

Geheimtipp

FRÜHSPORT
Es gibt keine schönere Art, den Tag in Singapur zu beginnen: Schon vor Sonnenaufgang treffen sich Freizeitsportler in der grünen Lunge der Stadt, um sich für den Tag fit zu machen. Gerade bei der großen Gruppe nur wenige Meter hinter dem Nassim Gate Visitor Centre ist jeder willkommen. Der Leiter ist freundlich und immer zu einem Lächeln bereit. Gäste brauchen sich nicht anzumelden und auch nichts mitzubringen, außer bequemer Kleidung. Allerdings müssen sie sich darauf einlassen, auch ungewohnte Übungen – wie das die Durchblutung fördernde Klatschen auf Gesicht und Arme – kennenzulernen. Die Gruppen sind bunt gemischt: Rentner erhalten sich hier ihre Beweglichkeit, Studentinnen ihre Fitness. Das Schöne: Niemand achtet auf den anderen, es gibt weder neidische noch abschätzige Blicke.

Der Name der Orchidee

Von Anbeginn waren die heute wunderbar verwunschen wirkenden Botanic Gardens mehr als nur eine
Zierde: Die Tropenstadt, deren Wohlstand mit dem
Anlegen von Plantagen begann, nutzte ihn immer
schon als Forschungszentrum. Bis heute befinden
sich die Labore der Botaniker in einem Forschungs-
gebäude am Haupteingang des Gartens (Tanglin
Gate) gegenüber der Amerikanischen Botschaft.
Längst wird der Garten heute von einer Behörde
unter dem Dach der Regierung geführt. Mehr als
150 Millionen Singapur-Dollar hat sich die Stadt
den Ausbau der alten Anlage zwischen 1989 und
2006 kosten lassen. 2015 wurde er noch einmal
kräftig erweitert. Trotz fortschreitender Urbanisie-
rung ist Singapur grüner geworden: Waren 1986
noch 36 Prozent der Stadt von Pflanzen bedeckt,

Oben: Märchenwald: Riesenfarne
an den Tropenbäumen im Alten
Botanischen Garten
Unten: Die Orchidee ist die
Lieblingsblume vieler Singapurer.

Alter Botanischer Garten

waren es 2007 schon 47 Prozent. »Wir haben ständig Entsandte und Abordnungen anderer Städte zu Gast, die schauen, was wir machen«, sagt Poon Hong Yuen, der Chef des Grünflächenamtes, nicht ohne Stolz. Auch hoch angesehene Politiker werden in den Garten geführt. So wurde Bundeskanzlerin Angela Merkel die Ehre zuteil, dass die Singapurer die Orchideenart *Dendrobium Angela Merkel* nach ihr benannten. Sie folgte damit Nelson Mandela oder Prinzessin Diana, die Singapur alle mit einer eigenen Orchideenzüchtung ehrte. Vanda Miss Joaquim (heute unter *Papilionanthe Miss Joaquim* bekannt), war in den jungen Jahren des Gartens von der Armenierin Agnes Joaquim bei einem Spaziergang hier entdeckt worden. Sie brachte die bis dahin unbekannte Schönheit zu Direktor Ridley, der ihr bestätigte, dass sie eine neue Art von Orchidee in ihren Händen hielt. 1981 wurde diese zur Nationalblume Singapurs gewählt.

In den frühen Jahren spielte der Garten auch für die Farmer eine entscheidende Rolle: Hier wurde Para Rubber *(Hevea brasiliensis)* eingeführt, der Gummibaum, der die gesamte Region und ihre Geschäfte in den späteren Jahren bestimmen sollte. Ab 1928 trat dann die bis heute so wichtige Zucht von Orchideen immer weiter in den Mittelpunkt. Sie kann man hier im Orchideengarten bewundern, in dem mehr als 1000 Arten und 2000 Hybride gezeigt werden

Gärten der Bildung

Doch sind die Orchideen nur eine der Attraktionen. Denn der Alte Botanische Garten appelliert an alle Sinne: Seit Ende 2013 gibt es den Garten für Heilpflanzen (Healing Garden), den man schon aus einiger Entfernung »duften« kann. Auf dieser leichten Anhöhe werden nicht nur die Pflanzen gezeigt, sondern es wird auch erklärt, welche Lei-

Oben: Malerisch liegen die Seerosen in der Morgensonne auf dem Wasser
Mitte: Platz nur für zwei
Unten: Besonders morgens schön: ein ruhiger See im alten Garten

GRÜNES PARFÜM

Einfach gut!

Besonders nach einem Tropenschauer bietet der Botanische Garten nicht nur einen Augenschmaus mit seinem glänzenden Grün, sondern verwöhnt auch die Nase. Gerade wenn die letzten Tropfen noch fallen, spricht die »grüne Lunge« alle Sinne an. Doch haben die Planer des Gartens daran gedacht, den Besuchern auch an trockenen Tagen vorzuführen, welche Gerüche die Tropen bieten: Der Duftgarten Fragrant Garden, neben dem mit den Heilpflanzen gelegen, ist ein besonderes Erlebnis. So richtig zur Geltung kommen die oft exotischen Gerüche besonders bei Einbruch der Dämmerung. Deshalb wurde der neu angelegte Weg durch den Duftgarten wunderbar ausgeleuchtet – so wird der Spaziergang auch nach 19 Uhr zum Erlebnis für alle Sinne.

Fragrant Garden. Im Alten Botanischen Garten, täglich 5–24 Uhr

Konzerte unter Palmen gibt es am Pavillon im Palm Valley.

den und Zipperlein sie bekämpfen. Eher etwas für Kinder ist der Evolution Garden, der zu einer Reise durch die Entwicklung der Erde einlädt – von den Vulkanen über die Zeiten der Dinosaurier bis heute. – Speziell für Kinder ausgelegt ist der Jacob Ballas Children's Garden – der erste dieser Art in Asien. Getreu seinem Motto »Alles Leben auf der Erde basiert auf Pflanzen« können die Kleinen hier ihre eigenen Erfahrungen mit dem Grün sammeln. Auf den Gartenbummler, der müde wird, warten Restaurants aller Preisklassen. Einen Besuch lohnen auch die beiden Visitor Centres an den Eingängen Tanglin und Nassim Gate. Hier wird auch in die Kunde der Pflanzen und Bäume eingeführt.

Musik genießen oder schwitzen

Für die meisten Menschen aber ist die größte Attraktion der Garten selber, dessen Herz rund um den Symphony Lake im Palm Valley schlägt, dem Palmental. Hier mutet die Anlage noch altertümlich an, Wege führen über die sanften Hügel, der Blick fällt auf den schönen See mit seinen Schildkröten und den Riesenechsen, die man besonders morgens sehen kann. Hier sammeln sich ab der Dämmerung zahlreiche Sportgruppen – vom Jogger über die Yoga-Künstlerinnen bis zu Tai-Chi-Gruppen – und »Boot-Camps«, die auf den Wiesen schon am frühen Morgen Gewichte stemmen. Gäste sind bei den Gruppen willkommen, die im großen Kreis öffentlich Frühgymnastik machen. Besonders am Wochenende bietet sich für ein Picknick die lang gestreckte Wiese zum Musikpavillon auf dem See an. Dort werden oft am Sonntagabend ab 18 Uhr Konzerte gegeben: Vom Kurkonzert über chinesische Künstler bis zu Militärbands treten auf der alten Seebühne all jene auf, die gute Laune schaffen. Transparente im Garten weisen auf die nächsten Auftritte hin.

Infos und Adressen

Wildnis mitten in der Stadt

SEHENSWÜRDIGKEITEN

Singapore Botanic Gardens. Touren werden – jeden Samstag ab 9 Uhr vom Visitor Centre aus angeboten. Tgl. 5–24 Uhr, 1 Cluny Road, www.sbg.org.sg. Haupteingang Tanglin Gate, MRT NS22 Orchard, dann Bus, 7, 77, 106, 123, 174 ab Orchard Boulevard; oder MRT CC19/DT9 Botanic Gardens

National Orchid Garden. Tgl. 8.30–19 Uhr

Healing Garden. Mi–Mo 5–19.30 Uhr

Jacob Ballas Children's Garden. Mit kinderfreundlichem Café. Di–So 8–19 Uhr

ESSEN UND TRINKEN

The Corner House. Edle Gerichte mit viel Grün. Eingang Nassim Gate, Tel. 0065 64 69 10 00, www.cornerhouse.com.sg

Halia. So heißt das malaiische Wort für Ingwer – das zweite elegante Restaurant im Garten, mit asiatisch-westlicher Küche. Eingang Tyersall Avenue, Tel. 0065 84 44 11 48, www.thehalia.com

Casa Verde. Beliebtes, unkompliziertes Al-fresco-Restaurant mit lokaler und westlicher Küche. Eingang Nassim Gate, www.casaverde.com.sg

Food for Thought. Guter *food court* in klimatisierten Räumen. Botany Centre, Untergeschoss, Eingang Tanglin Gate, www.sbg.org.sg

ÜBERNACHTEN

Hotel Jen. Modernes Vier-Sterne-Hotel mit Durchgang zur Tanglin Shoppingmall, 1A Cuscaden Road, Tel. 0065 67 38 22 22, www.hoteljen.com

EINKAUFEN

Garden Shops. Am Tanglin und Nassim Gate sowie am Eingang zum National Orchard Garden mit sehr ausgefallenen und geschmackvollen Souvenirs wie dem vergoldeten Orchideenschmuck von RISIS. www.sbg.org.sg

Library of Botany and Horticulture. Mo–Fr 9–17 Uhr, jeden ersten Sonntag Verkauf von Orchideen vor dem Geschäft

Fit in den Tag: Hunderte Jogger trainieren in den Botanic Gardens.

FLORA UND FAUNA
Das wilde Singapur

Künstliche Blumenpracht: Ana Tsarevs Fiberglasblüte

Singapur ist im Grund nichts anderes als eine kleine Insel am Äquator. Natürlich stehen Hochhäuser und Kulturdenkmäler im Mittelpunkt. Und doch findet, wer genauer hinsieht, eine immer noch fantastische Flora und Fauna in der Tropenmetropole. Die Otter, die in der Marina Bay heimisch wurden, die Seeadler, die in den uralten Bäumen am Alten Botanischen Garten rasten, sind nur die sichtbarste Seite.

Tropenbäume und Orchideen

Die großen Reservoire auf der Insel bieten für Spaziergänger eine wunderbare Chance, der Tier- und Pflanzenwelt näher zu kommen. Das Bukit Timah Nature Reserve und die vier Wasserspeichergebiete Mac-Ritchie Upper Peirce, Lower Peirce und Upper Seletar sind riesige, unbebaute Flächen, die zwar gut erschlossen sind, aber teilweise noch Primärdschungel ausweisen. Hinzu kommen die beiden Botanischen Gärten, von denen besonders der alte Garten in der Innenstadt uralte Bäume besitzt. Und die Strandgebiete, sei es Chek Jawa auf dem Inselchen Pulau Ubin oder Sungei Buloh auf der Hauptinsel.

Beispielhaft für die üppige Vegetation sind die alten Bäume der Insel. Auf allen großen Alleen – wie an der Orchard Road und der Bukit Timah – sieht man sie mit ihrer typischen regenschirmartigen Krone: die Rain Trees *(Samanea saman)*. Auch den Saga Tree *(Adenanthera pavonina)* mit seinen roten Samen, die giftig sind, aber zum Sammeln reizen, findet man hier häufig. Der bis zu 30 Meter hohe Tembusu *(Fagraea fragrans)* ist der Nationalbaum – er ist auch auf dem Fünf-Dollar-Schein Singapurs abgebildet. Seine weißen Blüten duften wie ein Parfüm. Der Kapok-Tree *(Ceiba pentandra)* kam erst in den 1930er-Jahren aus Afrika als Nutzpflanze nach Singapur. Mit den Fasern seiner Blüten wurden Füllungen etwa für Kissen hergestellt. Eine Nutzpflanze und Grundlage des Reichtums in vielen alten Plantagen Singapurs war auch der Rubber Tree *(Hevea brasiliensis)*, der mit den Siedlern nach Singapur kam. Bei den Pflanzen stechen neben allen Farnen und Lianen, neben der blühenden, aber stacheligen Bougainvillea, die entlang der Straßen vom Flughafen gepflanzt sind, vor allem die Orchideen hervor. Sie sind ein Schatz Singapurs und seine Nationalblume. Im Alten Botanischen Garten bietet der Nationale Orchideengarten mit mehr als 1000 Orchideenarten und rund 2000 Hybriden eine wundervolle Einführung in dieses Thema.

Warane und Krokodile

Bei den Tieren ist wohl die erste Begegnung mit wilden, urzeitlichen Waranen morgens im Botanischen Garten oder in den Nature Reserves am eindrücklichsten. Wildschweine gibt es und einige Schlangen – Touristen aber werden sie vermutlich nur sehr selten zu Gesicht bekommen. Ganz anders die Vögel: 385 wild lebende Vogelspezies gibt es in Singapur, unter ihnen der wundervoll blaue Eisvogel, der Hornbill, der Ibis und zahlreiche Papageienarten. Man kann sie in den Reservoiren erspähen – oder aber im Zoo oder Jurong Bird Park ganz nah sehen.

26 Holland Village
Kleines Viertel mit Genuss

Eine Enklave der Expat-Community mit vielen Bars und Restaurants: von kleinen Shoppingzentren zum Stöbern über Straßenschuster bis zur Fußreflexzonenmassage – hier lebt es sich lässig. Auch wenn der Name in die Irre führt: An Holland erinnert nur eine Windmühle auf dem Dach eines Einkaufszentrums. Der Besuch lohnt sich für all jene, die gern gut essen und feiern. Und besonders für diejenigen, die sehen und gesehen werden wollen.

Der Name täuscht

Dieses Viertel am Rande des Stadtkerns ist keine alte holländische Ansiedlung, wie der Name suggeriert. Holland Village wurde Anfang des vorigen Jahrhunderts nach dem Architekten und Amateurschauspieler Hugh Holland benannt. Zuvor bauten die Großbauern auf ihren Plantagen zwischen dem Dschungel hier noch Muskatnussbäume an. Im Lauf des 20. Jahrhunderts aber siedelten sich immer mehr wohlhabendere Ausländer und Singapurer am Stadtrand an. Ihr Viertel nannten sie kurz Holland V.

Sehen und gesehen werden

Holland Village besteht aus zwei kleinen Quartieren auf beiden Seiten der Holland Avenue: Im Mittelpunkt steht das Holland Road Shopping Centre. Von außen wenig ansprechend, beheimatet es doch mehr als hundert Einzelhandelsgeschäfte. Wer alteingesessene Boutiquen, Schneider, Friseur oder Nagelstudios sucht, ist hier richtig. Viele betrachten die Mall als Mekka der Ehefrauen von Ausländern

Oben: Schöne Touristenandenken gibt es im Holland Village Shopping Centre.
Unten: Singapurs Nationalblume in vielen Farben bietet dieser Orchideenhändler auf dem Markt in Holland Village.

Holland Village

in Singapur. Am Centre vorbei führt der Weg zu den beiden Sträßchen Lorong Liput und Lorong Mambong. Hier findet man eine Fülle von Shophäusern mit Geschäften, Bars, Kneipen und Restaurants, wo bis spät in die Nacht ausgiebig gefeiert wird. Sehen und gesehen werden – darum geht es in Holland Village praktisch rund um die Uhr. An der Kreuzung der beiden Straßen steht das kürzlich renovierte Gebäude des Holland Village Market and Hawker Centre. An den vielen Ständen und Garküchen kann man günstig essen und trinken, aber auch frische Blumen und Obst kaufen. Vor den Toren des Marktes geht auch noch einer der sehr selten gewordenen Straßenschuster seiner Arbeit nach.

Auch der kleine Holland Village Food Court gegenüber auf der linken Seite ist bei Einheimischen beliebt. Die Konkurrenz unter den Restaurants in den Gassen ist enorm – und für jeden Geschmack wird etwas geboten: Ob chinesisch bei »Crystal Jade«, vietnamesisch bei »Pho Hoa«, koreanisch bei »Hansang« oder italienisch bei »La Nonna«. Bei den Kneipen ist das »Wala Wala« die Institution, Bier, solide Snacks und Livemusik überzeugen eben immer wieder. Die Bar »Three Crowns Booze & Grub« gegenüber, das »Stärker« nebenan – man prostet sich zu. Wem die Füße beim Zug um die Häuser schmerzen, der wählt eine der Fußreflexzonenmassagen. Bis in den Abend bieten diese – seriösen – Studios Massagen an. Das Vergnügen ist preiswert. Wer aber empfindlich ist, sollte den Masseur rechtzeitig darauf hinweisen, seine Kraft zu mäßigen.

Lässiger Lifestyle

Der pittoreskere Teil von Holland Village liegt auf der anderen Seite der Holland Avenue: Chip Bee

Geheimtipp

ZARTES PORZELLAN

Sehr asiatisch, sehr modern: das feine, ausgefallene Porzellan chinesischer Künstler in diesem Laden ist ein ästhetischer Genuss. Die Töpfer verbinden modernes Design mit der jahrtausendealten Kultur der Porzellanherstellung in China. Die Klassiker des Ladens sind bezaubernd und sind mit ihrem unverkennbar asiatischen Twist Schmuckstücke auf jedem Tisch: ein Set aus zu einer Lotosblüte stapelbaren Schälchen oder die sich wie Reiher aneinanderschmiegenden Essig- und Ölflakons. Das Porzellan hier ist weiß, und viele Stücke sind hauchzart. Die liebevolle Verpackung rundet den Einkauf ab. Hier findet man ein wunderbares Mitbringsel jenseits des sonst so üblichen Asien-Kitsches für jedes Portemonnaie.

Spin. Tgl. 10–20 Uhr, 211 Holland Avenue, Nr. 02-43 Holland Road Shopping Centre, Tel. 0065 64 67 07 90, www.spin-singapore.com

Gardens wurde ab 1950 gebaut. Ursprünglich eine Siedlung britischer Offiziere, sind die kleinen, einfachen Black-and-White-Häuser eine Sehenswürdigkeit. Heute wohnen hier Künstler und unkonventionelle Expats. Allein schon der Spaziergang durch die ruhigen Sträßchen versetzt einen in ein anderes Land. Kein Wunder, dass sich in dieser Umgebung immer wieder neue stylische Restaurants und Läden ansiedeln. Sie säumen die Jalan Merah Saga, die zentrale Straße des kleinen Quartiers. Hier ist es wohnlicher, und die Atmosphäre ist entspannter, aber die Restaurants und Feinkostläden sind auch hier immer gut gefüllt mit Kunden, die qualitätsbewusst sind und bereit, für frische Waren mehr Geld auszugeben.

Auch die zwei neuen Shoppingmalls, die Holland Village künftig prägen werden, sind ein Zeichen für den regen Konsum in diesem Stadtteil durch die gut verdienende Mittelschicht. In Holland Village lässt es sich leben. Und auch Gäste sind jederzeit willkommen – spätestens am Abend in den Kneipen und Bars mischen sich Singapurer, Zugereiste und Touristen. Hier kann man schnell heimisch werden.

Oben: Abkühlung im Holland Village Food Court: Kokosnusswasser ist eine Delikatesse.
Unten: Nicht nur sonntags: Café Sunday Folks in der Jalan Merah Saga

Infos und Adressen

EINKAUFEN

Tipps für das Holland Road Shopping Centre:
Die meisten Läden sind von 11–18 Uhr geöffnet.
Es gibt noch kleine Einzelhandelsgeschäfte mit
günstigen Preisen wie:

Wellie Batik (Nr. 03-18) und **New Decor**
(Nr. 03-01): Nähservice für Hemden und Morgen-
mäntel aus Batikstoffen oder Kissen und Taschen
nach Wunsch. **Interpax Shoes** (Nr. 03-20):
Maßschuhe. **Robina Shoes** (Nr. 02-13): günstige
Flipflops und Bootsschuhe. **Han's Treasures**
(Nr. 02-08) und **Jims Art & Crafts**(Nr. 03-04):
schöne Pashmina-Schals und Silberschmuck.
Kid's Outlet (Nr. 02-12): günstige Markenkinder-
kleidung. **Lim Meng Kee** (Nr. 02-17/18): die
größte Vielfalt an Kleidung.

Neben der Flut von Nagelstudios wie etwa **Serenity
Cove** (Nr. 03-46) gibt es auch andere nützliche
Dienstleistungen wie Briefmarken der SingPost
und Porträtfotos bei **Kenneth Fish Stamp +
Team 2 Photo** (Nr. 03-48), Fotoservices bei
Joo Ann Foh (Nr. 03-13).

Der Herrenfriseur **One+1 Barber** (Nr. 03-43)
darf nicht fehlen: Der Herrenhaarschnitt kostet
hier nur S$ 12

Leckere Rice Dumplings serviert das Restaurant
Crystal Jade.

Frühstücken und arbeiten bei Baker & Cook

ESSEN UND TRINKEN
Tipps für die Jalan Merah Saga:

Bei **Baker & Cook** gibt es das Danish Rugbrod,
das allen Vorstellungen eines Vollkornbrots der mit
Brot verwöhnten Deutschen entspricht. **Sunday
Folks** daneben bietet wunderbares Frühstück,
Original Sin vegetarische italienische Küche und
DaPaolo Pizza Bar ausgefallene, köstliche Pizzen.
Dazwischen stillt die **Art Gallery Taksu** den
»Appetit« auf moderne asiatische Kunst.

AKTIVITÄTEN
Fußreflexzonenmassage. Bei sphärischen Klän-
gen kann man sich unter den kundigen Händen
der Therapeuten komplett entspannen. 10–22 Uhr,
4A Lorong Mambong, Health Step Footreflexology
Centre, Tel. 0065 64 68 52 43,
www.healthstepfootreflexology.com

27 Bukit Timah
Traditionsviertel im Grünen

Eine Straße geradeaus bis zum Horizont, unter Schatten spendenden Tropenbäumen, entlang alteingesessener Wohngegenden, Gärten und wohl angelegter Parks mit viel Grün, mit geschichtsträchtigen Orten und Denkmälern, Naturreservaten und dem höchsten Hügel der Stadt – das alles ist Bukit Timah. Eine Gegend, in der besonders viele Ausländer wohnen und in der die Restaurants und Geschäfte sich auf den Geschmack der Fremden eingestellt haben.

Der »Hügel der Temak-Bäume«

Der Bukit Timah Hill ist mit knapp 164 Metern die höchste natürliche Erhebung der Insel und liegt zudem in ihrem geografischen Mittelpunkt. »Bukit« ist das malaiische Wort für Hügel, »Timah« entstand eigentlich aus dem Wort »Temak« für einen Baum, der hier vorherrschte. Weil aber »Timah« auf Malaiisch »Zinn« heißt, herrschte lange Zeit der Glaube, es gäbe hier Zinnvorkommen.

Oben: Riesige Tropenbäume auf dem Bukit Brown Cemetary
Unten: Frühsport unter Tropenbäumen: überall ist Platz für Yoga

GUT ZU WISSEN

Natürlich ist Bukit Timah das Viertel der Wohlbestallten. Nirgends liegen so viele Villen im Grünen wie hier. Und doch bietet die Gegend für jeden etwas: Denn die Expats, die zugezogenen Ausländer, leben auch gern in den baumbestandenen Sträßchen. Deshalb haben sich hier preiswerte Restaurants angesiedelt, die in einem harten Konkurrenzkampf miteinander stehen. Das bietet den Vorteil, dass es entlang der Bukit Timah Road unspektakuläre, aber sehr gute Lokale gibt – so wie in Deutschland die Pizzeria um die Ecke.

Bukit Timah

Das war ein Irrtum; doch wurde der Hügel als Granitsteinbruch genutzt. Im Zweiten Weltkrieg schrieb der Bukit Timah Hill Geschichte: Als die Japaner ihn als letzte Bastion genommen hatten, streckten die Briten die Waffen und gaben Singapur auf. Der Hügel ist eingebettet in das Bukit Timah Nature Reserve, seit 2011 offiziell ein Asian Heritage Park, da es einen Primärurwald und 40 Prozent der Flora und Fauna Singapurs besitzt. Dieses Reservat wurde schon 1883 eingerichtet; dadurch war der Urwald vor Rodung und Bebauung geschützt. Wege und Wald werden hier gepflegt, und ein neues Besucherzentrum ist entstanden.

Die längste Straße Singapurs

Schon 1843 war die Straße aus der Stadt zu diesem Hügel, die nach ihm benannte Bukit Timah Road, fertig gebaut. Sie ist damit eine der ältesten Straßen Singapurs. Damals gab es in dieser ländlichen Gegend Muskatnussplantagen und kleine Kampongs, die Dörfer der Einheimischen. Mit Beginn des 20. Jahrhunderts siedelten sich an der Upper Bukit Timah Road dann große Firmen wie Ford mit seiner Fabrik, der Ford Factory, und die Lebensmittelkette Coldstorage an. Weiter in Richtung Stadt verwandelte sich das Gebiet in eine wohlhabende Wohngegend, die sich bis heute durch ihre großzügigen Villen und Gärten, baumbestandenen Straßen und ihre Parks auszeichnet. Die Tangente und längste Straße Singapurs führt über 25 Kilometer von Little India nach Nordwesten Richtung Woodlands. Bis heute wird sie von großen, alten Tropenbäumen gesäumt. Angesichts der Autostaus auf der Bukit Timah kann man sich kaum noch vorstellen, dass es im Dschungel rechts und links einst zahlreiche Tiger gab – damals war es ein richtiges Abenteuer, die Ausfallstraße zu befahren.

Nicht verpassen

ZEITZEUGE DER BESATZUNG

Am Ende der Bukit Timah Road liegt das Museum Memories at Old Ford Factory (MOFF). Das beeindruckende Werksgebäude wurde 1941 vom Franzosen Emile Brizay im Art-déco-Stil erbaut. Ford betrieb hier das erste Motorenwerk Südostasiens. Das National Monument ist heute ein Museum, das die japanische Besatzungszeit dokumentiert. Im Vorstandsbüro wurde Geschichte geschrieben, als die Briten unter General Arthur Ernest Percival die Kapitulationsurkunde gegenüber Japan unterzeichneten. Damit endete die Ära der britischen Kolonialherren und das dunkelste Kapitel Singapurs begann. Die Zeit der japanischen Besatzung ist durch unerbittliche Grausamkeiten gekennzeichnet.

MOFF. Mo–Sa 9–17.30, So 12–17.30 Uhr, 351 Upper Bukit Timah Road, Tel. 0065 64 62 67 24, www.nas.gov.sg/moff, Bus 170 ab U-Bahn Station Beauty World (DT5)

Traurige Historie im Museum zur japanischen Besatzungszeit

Hier wohnt,
wer es sich leisten kann

Das Viertel entlang beider Seiten der Bukit Timah Road umfasst den Abschnitt zwischen Botanic Gardens und dem Bukit Timah Nature Reserve. Hier liegen die Villen der meisten wohlhabenden Singapurer, hier leben die meisten ausländischen Entsandten mit ihren Familien. Auf diese gehobene Gesellschaft ist die Infrastruktur aus Geschäften, Restaurants, Arztpraxen, Schulen und Kindergärten zugeschnitten. Das östliche Ende des Viertels bildet der 1859 eröffnete Singapore Botanic Gardens (siehe S. 178).

Bis 1999 lockte fast 70 Jahre lang der Turf Club, die Pferderennbahn, die wettversessenen Singapurer in sein riesiges Areal. 1933 war er von der Race Course Road in Little India in die damalige Vorstadt gezogen. Zur Jahrtausendwende zog die Pferderennbahn noch weiter stadtauswärts, in der Nähe des Zoos. Das ehemalige Gelände wurde in den vergangenen Jahren zur Turf City umgestaltet. Hier siedelte sich neben Sport- und

Oben: Früher Rennbahn, heute Restaurantviertel: der Markt Pasarbella im Grand Stand
Unten: Magnet für Expat-Frauen: der Cluny Court mit seinen Boutiquen

Bukit Timah

Fitnessclubs, Yoga- und Pilates-Studios, Reitschule und dem Hotel Rider's Lodge auch eine Fülle von kleinen Geschäften und Restaurants an. Besonders viele befinden sich im ehemaligen Hauptgebäude, The Grandstand. Dort ist ein Gang durch die Markthalle PasarBella besonders zu empfehlen: Hier gibt es biologisch angebaute Früchte, selbst gebackene Kuchen, ausgefallenes Porzellan. Dazu viele Essstände, ein Fischrestaurant und einen guten Metzger. Wenn man etwas Zeit hat, macht es einfach Spaß, von Stand zu Stand zu bummeln und sich das eine oder andere Leckere und Ausgefallene zu genehmigen.

Wo sich die Expats treffen

Rund um diese Seitenstraßen der Bukit Timah Road konzentrieren sich die beliebtesten Restaurants und Geschäfte der Gegend. Gleich gegenüber der U-Bahn-Station Botanic Gardens liegt der Cluny Court. Das schmucke, niedrige, aber elegant verzierte Eckgebäude aus dem Jahr 1928 beherbergt eine Ansammlung kleiner Boutiquen, Möbel- und Innendekorationsläden, Feinkostgeschäften, Restaurants, Cafés und einem Coldstorage-Supermarkt. An diesem Angebot kann man unschwer erkennen, dass das Publikum meist aus Ausländern besteht, die in Singapur leben. Am Wochenende sitzen frühmorgens nach dem Joggen im Botanischen Garten draußen auf dem überdachten *five-foot-way* die ersten Gäste beim Frühstück. Auch die Angestellten der danebenliegenden Französischen Botschaft trinken hier ihren ersten Café au Lait. Gestärkt geht es später in den ersten Stock (hier 2nd level) mit seinen vielfältigen Läden. Neben all den teureren Boutiquen gibt es vergleichsweise auch eine kleine Fundgrube, Treasure Links, die günstige Markenkleidung anbietet.

Geheimtipp

ALLES SELBST GEBACKEN

Am kleinen Stand links vom Osteingang der Markthalle PasarBella steht Laman mit umgebundener Schürze hinter ihrer Vitrine, die mit lauter süßen Köstlichkeiten gefüllt ist. Die Bäckerin hat viel zu tun, denn sie macht alle Kuchen und Torten hier nach russischen Rezepten selbst. Ob ihre Spezialität, die Granatapfeltorte, oder ob die saftige Schokoladentorte mit Kirschwasser – die Stücke sind großzügig bemessen, wie »bei Muttern«, und schmecken auch so. Laman backt auch den Rainbow-Kuchen, der aus knallbunten Biskuitteiglagen aufgeschichtet wird. Danach lecken sich alle Kinder die Finger. Laman bietet täglich wechselnd eine Auswahl ihrer Torten und Kuchen an – sie sehen so köstlich aus, dass man sie einfach unbedingt probieren muss.

Laman's Delight. Tgl. 10–20 Uhr, 200 Turf Club Road, PasarBella Nr. 02-K82, Tel. 0065 973 50 07, www.pasarbella.com

Oben: Eisvögel im Tropendschungel
Unten: Respektlose Affen: Sogar Singapurs Friedhöfe werden von Tieren erobert.

Vor dem Gebäude an der Bukit Timah Road liegt gleich die Bushaltestelle: Eine Fahrt mit den Bussen vermittelt einen guten Eindruck über die Weitläufigkeit dieser Gegend. Aussteigen sollte man aber spätestens in der Hillcrest Road im Viertel Greenwood. An der Ecke Greenwood Avenue sieht man einige Shophäuser mit kleinen Geschäften und Restaurants. Ob Fischrestaurant oder Italiener, es lässt sich alles empfehlen.

Ein besonderes kulinarisches Kleinod liegt hier versteckt: Der Lana Cake Shop ist eine Singapurer Familienbäckerei, die noch nach alten Rezepten den typischen lokalen Kuchen backt, wie etwa den Karottenkuchen oder die Schokoladentorte mit Cremefüllung. Die alte Dame und Eigentümerin Violet Kwan steht bis heute immer persönlich im Geschäft.

Zurück zur Bukit Timah Road trifft man weiter stadtauswärts auf die Sixth Avenue, auch hier gibt es wieder zahlreiche lohnende Läden. Besonders zu empfehlen ist ein Restaurant ein kleines Stück weiter oben an der Bukit Timah: »Violet Oon's Kitchen« ist das Lokal der großen Dame der Peranakan-Küche, dieser für die Gegend ganz eigenen Mischung von malaysischem und chinesischem Essen. Aber Violet, auch durch Fernsehsendungen und Kochbücher bekannt, kocht auch britische Klassiker wie Shepherd's Pie.

Infos und Adressen

Singapurs wohl älteste Bäckerin: Violet Kwan vom Lana Cake Shop

SEHENSWÜRDIGKEITEN

Bukit Timah Nature Reserve. Tgl. 6–19 Uhr (bis Ende 2016 nur Sa, So), Hindhede Drive, www.nparks.gov.sg, Bus 170 ab MRT Station Beauty World

ESSEN UND TRINKEN

Lana Cake Shop. Köstliche Singapurer Kuchen-Spezialitäten. 36 Greenwood Avenue, Tel. 0065 64 668 94

Violet Oon's Kitchen. Leckeres aus der malaiisch-chinesischen Küche. 881 Bukit Timah Road, Tel. 0065 64 68 54 30, www.violetoonskitchen.com

Greenwood Fish Market & Bistro. Im Restaurant mit angeschlossenem Marktladen dreht sich alles um frischen Fisch und Meeresfrüchte aus Amerika, Neuseeland und Australien, komplettiert durch ein gutes Weinangebot. Bistro tgl. 12–22.30, Market und Weinshop tgl. 11–22.30 Uhr, 34 Greenwood Avenue, Tel. 0065 64 67 49 50, www.fishshop.com.sg

Bar Black Sheep. Gerichte aus der thailändischen, der westlichen, der nordindischen und der lokalen Singapurer Küche. Zusammen mit der wohlbe-stückten Bar ist das ein Konzept, bei dem jeder Gast auf seine Kosten kommt. 501 Bukit Timah Road, Cluny Courtyard, Tel. 0065 67 63 47 57, www.bbbs.com.sg

Turf City und The Grandstand. Hier findet man viele Restaurants und die Markthalle PasarBella. 200 Turf Club Road, www.thegrandstand.com.sg

ÜBERNACHTEN

Rider's Lodge. Im Kolonialstil gehaltenes Hotel mit 40 Zimmern, ein Reitstall ist gleich nebenan, ab S$ 130. 100 Turf Club Road, Tel. 0065 64 65 48 28, www.riderslodge.net

EINKAUFEN

Treasure Links. Kleine Fundgrube mit günstiger Markenkleidung. Mo–Sa 10–19, So 10–13 Uhr,

Morgenmeditation im Bukit Timah Nature Reserve

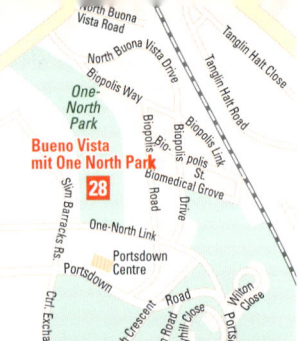

28 One-North, Rochester Park, Wessex Estate
Wissenschaft trifft Lebensart

Internationale Spitzenforscher tüfteln hier in ultramodernen Labors an neuen Medikamenten oder fahrerlosen Autos. Umgeben sind sie von einer pittoresken Dschungel- und Parklandschaft mit großen Kolonialhäusern aus den 1940er-Jahren. In ihnen haben sich Restaurants und Ateliers angesiedelt. So macht Forschen Freude.

Fusionopolis, Biopolis, Mediapolis – so lauten die Namen an den hohen, futuristischen Türmen. Hinter ihren Glasfassaden verbergen sich Spitzenforschungslabore der IT, des Maschinenbaus, der Biomedizin, der interaktiven digitalen Medien. Auf dem 200 Hektar großen Gelände sitzen aber auch renommierte Businessschulen, akademische Lehranstalten, Weiterbildungsstätten von Konzernen, Start-ups und die Studios einiger Filmfirmen.

One-North: Work-Life-Balance als Konzept

Das Viertel wurde nach dem Masterplan der Regierung und dem Konzept der Zaha-Hadid-Architektengruppe seit 2001 aus dem Dschungelboden gestampft. Über 20 Wissenschaftszentren sollten eingebettet werden in eine grüne Landschaft mit Restaurants, Wohn- und Einkaufsstätten, einem Kulturzentrum mit Hotel, aber auch einem kleinen Künstlerviertel. Das Ziel ist klar: Singapur will Spitzenforscher aus der ganzen Welt anlocken. Hier sollen sie ihre Work-Life-Balance finden. Und dem Stadtstaat akademische Würden verleihen.

Oben: Pekingente unter freiem Himmel im Restaurant Min Jiang
Unten: Einst durften in der Colbar nur Soldaten essen.

Infos und Adressen

Rochester Park: Lebensart in alten Bauten

Größer könnte der Unterschied kaum sein: Die ehemaligen Wohnhäuser britischer Offiziere liegen direkt gegenüber den in den Himmel wachsenden Glas- und Stahltürmen der Wissenschaftler. Die stattlichen und weitläufigen Villen wurden um 1940 im tropischen Art-déco-Stil erbaut. Wegen ihrer weißen Mauern und schwarzen Fensterrahmen und der typischen schwarz-weißen Markisen heißen sie bis heute Black-and-White-Häuser. Sie sind einstöckig, luftig gebaut und haben große Veranden. Elf dieser fantastischen Häuser wurden in Restaurants umgewandelt, weitere 20 werden als Hotels, Seminarzentren und Geschäfte genutzt. In den Restaurants und Bars kann man nun unter Tropenbäumen auf den Veranden sitzen und das Essen und die Natur genießen. Die Glitzermetropole mit ihren Hochhäusern und dem tosenden Verkehr scheint in solchen Momenten tatsächlich ganz weit entfernt zu sein.

Wessex Estate: Künstlerviertel in Kolonialvillen

In dieser Gegend wird nicht geforscht, sondern gemalt und gewerkelt: Am Ende der Portsdown Road liegt ein kleines Areal mit großen, mehrstöckigen Black-and-White-Kolonialhäusern, in denen sich 14 Künstlerateliers angesiedelt haben. Hier kann man wunderbar durch die Straßen wandern, das eine oder andere Studio besuchen und Kunst direkt beim Künstler kaufen. Zweimal im Jahr wird auch ein ArtWalk veranstaltet: Dann sind die Studios zwei Tage lang von morgens bis abends für Besucher geöffnet. Mehrere ausgewählte Restaurants und die »ColBar« lohnen außerdem den Besuch.

SEHENSWÜRDIGKEITEN

One-North. North Buena Vista Road, U-Bahn EW 21, CC22 Buena Vista oder CC23 One-North

Rochester Park. U-Bahn EW21, CC22 Buena Vista

Wessex Estate. U-Bahn EW21, CC22 Buena Vista, dann weiter mit Bus 191 oder CC23 One-North

ESSEN UND TRINKEN

Min Jiang. Edel, chinesisch, besonders gut ist die Pekingente. 5 Rochester Park, Tel. 0065 67 74 0122, www.goodwoodparkhotel.com

ColBar. Früher Militärkantine, heute bodenständiges Lokal. 9A Whitchurch Road, Tel. 0065 67 79 4859

ÜBERNACHTEN

Park Avenue Rochester Hotel. Modernes Vier-Sterne-Hotel am Rochester Park, ab S$ 190, 31 Rochester Drive, Tel. 0065 68 08 86 00

AKTIVITÄTEN

ArtWalk@Wessex. »Tag der offenen Türen« bei Künstlern und ihren Ateliers. Tel. 0065 93 65 58 29, www.facebook.com/ArtWalkWessex

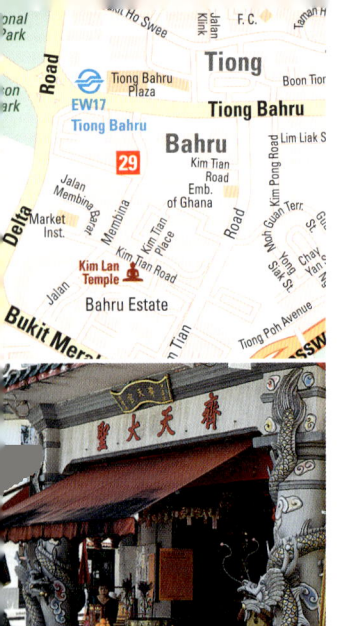

29 Tiong Bahru
Kultureller Schmelztiegel

Einst lag hier ein Friedhof, dann bauten die Briten die ersten Sozialwohnungen Singapurs. Das ist ein Glück: Denn längst ist Tiong Bahru ein architektonisches Schmuckstück und eines der schönsten und spannendsten Viertel der Stadt. Hier ist sie wirklich das, was sie auszeichnet: ein Schmelztiegel, in dem Kulturen und Interessen nicht aufeinanderstoßen, sondern sich gegenseitig befruchten.

Art déco und Affengott

Für viele ist das Viertel etwas abseits der Innenstadt das wahre Singapur: Hier leben Alt und Neu, Reich und Arm, Singapurer und Zugezogene im besten Einvernehmen. Das Viertel ist 80 Jahre alt, und seine Geschichte ist an fast jedem Haus abzulesen: Art déco bestimmt die Fassaden, oft besitzen die Wohnungen noch ihre Originalfenster und die alten Türen. Die Gitter vor den Fenstern, die Farben – alles ist aufeinander abgestimmt, wirkt wie aus einem Guss. Besucher werden an das Paris oder Berlin der 1930er-Jahre erinnert. Und doch herrscht unübersehbar asiatisches Flair. Die Straßen tragen Namen bekannter Geschäftsleute oder Plantagenbesitzer aus den frühen Tagen Singapurs. Immer wieder gibt es Gedenktafeln, die Stadt hat längst den Wert des Viertels erkannt. Den Mittelpunkt dieses Quartiers bildet die alte Markthalle. Hier sieht man noch Händler und *hawker,* die ihr Angebot seit Dutzenden von Jahren nie geändert haben. Die guten Imbissstände erkennt man daran, dass sich schon morgens Schlangen davor bilden, bis sie mittags – ausverkauft – schließen.

Oben: Der Affentempel in Tiong Bahru, einem der schönsten Viertel der Stadt
Unten: Geschichte hautnah: Löwentanz auf der Straße

Rundgang durch Tiong Bahru

Hier können Spaziergänger die Zeit vergessen und bleiben doch ganz in der Moderne: Die wunderbare Art-déco-Architektur, die Cafés und Bäckereien, die schönen Boutiquen mit ihrem ganz eigenen Stil lohnen den Besuch:

A Tiong Bahru Market. Hier weht noch der Wind der 1950er-Jahre. Wer morgens kommt, der sieht die alten Leute bei ihrem Einkauf. Im Erdgeschoss des weitläufigen, luftigen Marktes gibt es alles: Besteck und Plastikschüsseln, Gemüse und Fleisch. Oben wird gekocht, gedämpft und gebraten: Der *food court* gilt als eines der besten *hawker center* der Stadt. Die Koh-Brüder von Stand Nummer 29 bieten für europäische Zungen Ungewohntes: Ihre Suppe mit Schweineinnereien aber lieben die Singapurer. 30 Seng Poh Road

B Tiong Bahru Bakery. Ein Franzose gründete die Backstube. Hier gibt es die besten Croissants Singapurs und wunderbar belegte Brote. Sicher, die Qualität hat ihren Preis. Morgens treffen sich hier die Ehefrauen der Expats zum Kaffeeklatsch. 56 Eng Hoon Street, www.tiongbahrubakery.com

C Nimble/Knead. Mit müden Muskeln kennt man sich in diesem Massagesalon aus. Das Interieur besteht – wie könnte es in der Hafenstadt anders sein – aus alten Schiffscontainern. Gleichwohl ist

Französische Croissants im tropischen Singapur: die Tiong Bahru Bakery

die Atmosphäre angenehm, nur eben etwas weniger esoterisch. Tgl. 11–22 Uhr, 66 Eng Watt Street, www.nimbleknead.com

D Loo's Hainanese Curry Rice. Spätestens hier steht man wieder mitten in Asien. Das Curry simmert drei Tage auf kleiner Flamme. Einheimische wissen das. Samstagsmorgens stehen lange Schlangen vor dem Restaurant. 71 Seng Poh Road

E Books Actually. Viertel- und Szenetreff, ein paar Antiquitäten gibt es auch. Wer Rat und Tipps für den Spaziergang braucht, findet ihn bei den freundlichen Buchhändlern. So, Mo 10–18, Di–Fr 10–20, Sa 10–21 Uhr, 9 Yong Siak Street, www.booksactually.com

F Fourty Hands. Auf den Sperrmüllmöbeln lässt es sich gut sitzen, der Kaffee schmeckt. Der Name ist Programm: 40 Hände brauche es vom Pflücker bis zum Kellner, einen gelungenen Kaffee zu servieren, glauben die Besitzer. Sie begründeten 2010 die junge Kaffeekultur des Stadtstaates mit. 78 Yong Siak Street, www.40handscoffee.com

Aus Sozialwohnungen werden Szenekneipen

Geheimtipp

Die Stadt wies das Viertel zunächst als Wohngebiet für Arme aus und baute hier Sozialwohnungen. Später lebten in Tiong Bahru vor allem jene Damen, die im angrenzenden Rotlichtviertel ihr Geld verdienten, oder die Gespielinnen reicher Singapurer Geschäftsleute. Heute steht fast der gesamte Bereich unter Denkmalschutz. Die Einheimischen tauften die modern wirkenden Gebäude *puay kee chu* – »Flugzeughäuser« auf Hokkien, da manche an Flugzeuge oder den Kontrollturm am alten Flughafen Kallang erinnerten. Selbst der heutige Name des Viertels ist typisch singapurisch: Zusammengesetzt aus Hokkien und Malaiisch steht er für »neue Gräber« – vor den 1920er-Jahren war hier im Mangrovenwald ein Friedhof.

Längst ist es mit der Ruhe vorbei. Heute werden hier Filme gedreht, gerade samstags treffen sich Anwohner und Touristen in den zahlreichen Cafés, Kneipen und Restaurants. Die wechseln ab mit Buchhandlungen, Boutiquen oder Bars; manchmal wird – aufgrund der hohen Mieten – aus demselben Platz, der bis zum frühen Abend als Café firmiert, nachts eine Szenebar. Wer aber Tiong Bahru wirklich kennenlernen will, der darf nicht nur in den verlockenden Kneipen sitzen bleiben. An einer Straßenecke liegt der farbenfrohe, fast hundert Jahre alte Affentempel, der Qi Tian Gong Temple. Er strahlt in leuchtendem Rot und Gold und mit zehn Statuen des mutigen und großzügigen Affengottes. Man erkennt den Ort am Duft: Die vielen Gläubigen, die den Tiergott um Hilfe anrufen, entzünden Räucherstäbchen. Die Taoisten, die den Affengott verehren, hoffen auf seine Kampfkraft, die sie beschützen soll. Deshalb zeigen einige der Statuen auch Affen in martialischer Rüstung.

Zum Reinbeißen!

Infos und Adressen

Suppe zum Frühstück: Schweine-Innereien bei den Koh-Brüdern auf dem Tiong Bahru Market

SEHENSWÜRDIGKEITEN

Anfahrt: Tiong Bahru erreicht man mit der U-Bahn EW17 Tiong Bahru oder Bus 123 ab Orchard Road.

Qi Tian Gong Temple. Mr. Lim öffnet den Affentempel um 7 und schließt ihn um 17 Uhr. Er gibt Auskunft zum Tempel und zum Viertel.
44 Eng Hoon Street, www.qitiangong.com

ESSEN UND TRINKEN

Tiong Bahru Food Market & Hawker Centre.
30 Seng Poh Road.
Stadtbekannt sind folgende Essstände: Pork Ribs Prawn Noodle (Nr. 02–31), Koh Brothers Pig Organ Soup (Nr. 02–29), Tiong Bahru Hainanese Boneless Chicken Rice (Nr. 02–82), Wanton Noodles (Nr. 02-30), 178 Lor Mee (Nr. 02–23) und Tiong Bahru Lee Hong Kee Cantonese Roasted (Nr. 02–60). Food Market tgl. 7–13 Uhr, Hawker Centre tgl. 7–23 Uhr

Hua Bee und Bincho. Im Doppelpack: Hua Bee ist ein traditionelles Nudelhaus, das von 7–14.30 geöffnet ist, dann verwandelt sich der hintere Teil in das japanische Restaurant Bincho (Di–So 18–24 Uhr), 78 Moh Guan Terrace, www.bincho.com.sg

House of Peranakan Petit. Authentische Peranakan-Küche. 42 Eng Hoon Street, www.houseofperanakan.com.sg

The Rabbit Stash at Wangz Hotel. Bar und Restaurant im Hotel (s.u.) mit wunderbarem Blick über Tiong Bahru. 321 Outram Road, Tel. 0065 65 95 13 88, www.wangzhotel.com

ÜBERNACHTEN

Hotel Nostalgia. Sehr günstig gelegenes Boutiquehotel mit kleinem Pool, 50 Zimmern im Kolonialstil. 7 Tiong Bahru Road, Tel. 0065 68 08 18 18, www.hotelnostalgia.com.sg

Wangz Hotel. Hippes 41-Zimmer-Hotel. Tel. 0065 65 95 13 88, 231 Outram Road, www.wangzhotel.com

AKTIVITÄTEN

We need a Hero. Bei diesem Friseur können Männer sich verwöhnen lassen. Mo–Fr 11–21, Sa 10–21, So 10–20 Uhr, 57 Eng Hoon Street, Tel. 0065 62 22 55 90, www.weneedahero.sg

Art déco und Küchenkunst: Schlangestehen in Tiong Bahru

201

30 Gillman Barracks
Moderne Galerien in alten Baracken

Bis vor wenigen Jahren war moderne Kunst in Singapur eine Randerscheinung. Das hat sich geändert – die Regierung fördert die Kunst nun massiv. In dieses Konzept passen die Gillman Barracks: In den alten Kasernen der einstigen britischen Kolonialherren werden Galerien angesiedelt, Vernissagen gefeiert, hier wird Musik gemacht und geschlemmt.

Heute sind die Gillman Barracks der Ort für zeitgenössische Kunst in Singapur. Das Besondere liegt in ihrer Atmosphäre: Denn hier berühren sich die üppige Natur, die Stadtgeschichte und internationale Spitzenkunst. Diese Melange aus Alt und Neu, aus tropischem Grün und dem Weiß der Galeriewände verleiht dem Gelände seinen Zauber, besonders abends, wenn etwa freitags zu Vernissagen geladen wird – oft im Beisein der Künstler.

1936 hatten die Briten hier im Dschungel am Hang zusätzliche Unterkünfte für ihre Infanterie gebaut. Benannt wurden sie nach Sir Webb Gillman, einem Offizier der Kolonialtruppen. Im Februar 1942 bekämpften sich die vordringenden Japaner und die Briten hier heftig, bevor die Stadt drei Tage später fiel. Nach dem Abzug der Kolonialherren zog zunächst die Singapurer Armee ein, dann wurde aus dem damaligen Gillman Village ein verträumter Ort mit einigen Restaurants. Erst 2012 kam neues Leben auf das 6,4 Hektar große Gelände: Die Stadt eröffnete in den alten Häusern mit den hohen Wänden ein Kunstzentrum. Nach Anlaufschwierigkeiten –

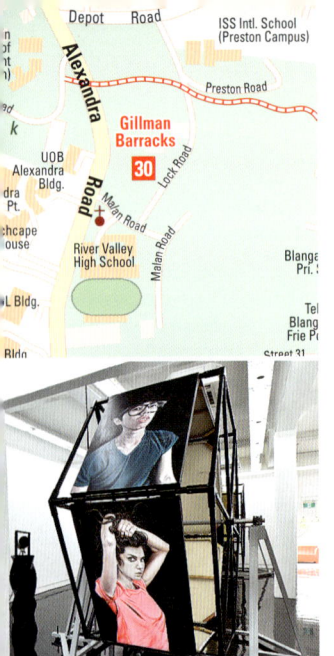

Oben: Junge Kunst bei Michael Janssen im Galerienviertel Gillman Barracks
Unten: Gehaltvolle Leere, coole Räume: die Tropenstadt ist Kunstmetropole

immerhin liegen die Galerien ein gutes Stück außerhalb der Stadt, und zunächst musste sich das richtige Konzept herausschälen – werden sie mehr und mehr zu einem Aushängeschild der modernen Kunstmetropole Singapur.

Breites Spektrum

Derzeit siedeln hier 17 der führenden Galerien aus aller Herren Länder – aus Deutschland ist die Berliner Galerie Arndt vertreten, die Künstler wie Stephan Balkenhol nach Singapur bringt. Die Galerie Michael Janssen zeigt den chinakritischen Ai Weiwei, andere fördern die junge Kunst Südostasiens wie etwa Maler aus Indonesien oder Thailand. Das Spektrum ist weit: So werden auch die Fotografien von Annie Leibovitz oder die sozialkritischen Aufnahmen von Sebastião Salgado gezeigt und verkauft; oft abgestimmt mit Ausstellungen in den großen Museen der Stadt.

Neben der großen Kunst sind es oft die Kleinigkeiten, die Gillman so schön machen: Der alte, von Moos überwucherte rote Hydrant am Rand der Straße. Die ausfahrbaren Sonnenblenden der Häuser aus kolonialen Tagen. Die öffentliche Kunst am Wegesrand, wie etwa ein historisches Bus-Wartehäuschen. So wird die gesamte weitläufige Anlage zu einem Erlebnis. An deren unterem Ende liegt in einer großen Halle das Centre for Contemporary Art Singapore (CCA), das eine Fülle an Veranstaltungen bietet. Hier beginnen auch oft Führungen am Wochenende, mit deren Hilfe sich die Galerien und ihre Künstler wesentlich besser erfahren lassen. Weil die Gillman Barracks längst zu einem Aushängeschild geworden sind, werden hier in den nächsten Jahren mehr und mehr Veranstaltungen stattfinden. Da das Programm variiert, lohnt es sich, sich vor der Fahrt in die Kunst-Enklave zu informieren.

SEHENSWÜRDIGKEITEN

Gillman Barracks. Mo geschlossen; Öffnungszeiten je nach Galerie, meist Di–So 12–19 Uhr. Galerien und Touren unter www.gillmanbarracks.com. 9 Lock Road. Bus 175 ab Orchard Road oder U-Bahn CC27 Labrador Park, weiter mit Bus 175, 100, Eingang Malan Road.

Galerie Arndt. Di–Sa 11–19, So 11–18 Uhr, 9 Lock Road Nr. 03-21, Tel. 0065 6734 0775, www.arndtberlin.com

Galerie Michael Janssen. Di–Sa 12–19, So 12–18 Uhr, 9 Lock Road, Nr. 02-21, Tel. 0065 89 48, www.galeriemichaeljanssen.de

Centre for Contemporary Art Singapore (CCA). Di–Sa 12–19, Fr 12–21 Uhr, Block 43 Malan Road, Tel.0065 63 39 65 03, www.ntu.ccasingapore.org

ESSEN UND TRINKEN

Timbre @ Gillman. Musik, Essen und Kunst – alles ganz ungezwungen vereint. Solides Essen, Bier, Bands. 9A Lock Road 01–05, Tel. 0065 66 94 42 01 www.timbregroup.asia

Kunstgenuss in den Gillman Barracks

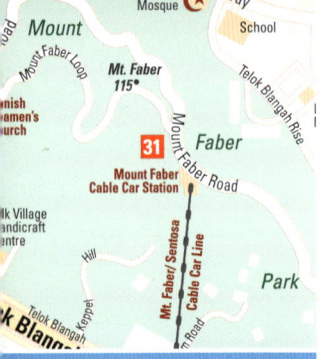

31 Mount Faber
Vom Fahnenmast zur Seilbahnstation

Mount Faber als vierthöchster Hügel Singapurs lohnt den Aufstieg. Oben angekommen, überrascht er seine Besucher mit fantastischen Blicken und einer schwindelerregenden Seilbahn hinunter zur Insel Sentosa. Zu Kolonialzeiten diente der Berg als Aussichtspunkt und Verteidigungsanlage, heute ist er Teil der neu angelegten Parklandschaft Southern Ridges.

Schöne Aussichten

Einst hieß der Hügel Telok Blangah Hill, wurde aber 1845 in Mount Faber umbenannt, zum Andenken an den britischen Kolonialoffizier Captain Charles Edward Faber. Der hatte die gewundene Straße zur Spitze von indischen Sträflingen bauen lassen. Damals standen dort oben nicht mehr als eine Signalstation und ein Fahnenmast, die bis in die 1970er-Jahre erhalten blieben. Später wurden sie durch Sendemasten der Singapurer Telefonge-

GUT ZU WISSEN

Die Wege auf den Mount Faber und die Southern Ridges führen nicht in die Wildnis – wir wären nicht in Singapur, gäbe es nicht überall ausreichende Möglichkeiten zu trinken und zu essen. Dennoch gilt in der freien Natur im Stadtstaat: Niemals die Wasserflasche im Hotelzimmer vergessen. Denn im tropisch-heißen Klima strengt jede Bewegung an der Luft an. Es ist unerlässlich, genug zu trinken, sonst macht man schnell schlapp. Dies gilt insbesondere beim Aufstieg auf die grünen Hügel.

Von hier aus geht es hoch über dem Wasser nach Sentosa: die Seilbahnstation auf dem Mount Faber

Hoch hinaus: Die Seilbahn führt vom Mount Faber auf die Spaßinsel Sentosa.

sellschaft ersetzt. Die Anlage Faber Peak (vormals The Jewel Box) auf dem 105 Meter hohen Hügel bietet zwei Restaurants mit Ausblick auf das Meer und die Cable-Car-Station für die Gondelfahrt nach Sentosa. Eingebettet ist sie in den Mount Faber Scenic Park, einem ruhigen, schön angelegten Platz, der zum Genießen des Ausblicks einlädt, da hier abends oft eine angenehme Brise weht. Von der Aussichtsplattform Faber Point kann man einen fantastischen Blick über die Stadt und bis nach Sumatra werfen.

Moschee, Schrein und Golden Bell Mansion

Aber nicht nur auf der Spitze, auch auf dem Weg hinauf und hinunter gibt es geschichtsträchtige Orte zu besuchen: Die Straße auf den Berg führt durch einen Sekundärurwald. Er hat die früheren Ananasplantagen der ersten Siedler überwuchert, der malaiischen Temenggong aus Johor, den Statthaltern des Sultans. Man muss mit dem Taxi auf den Berg fahren, die Seilbahn nehmen, oder man wagt sich an den Aufstieg – so wie viele Jogger morgens und abends. Den besten Überblick bekommt man aus einer Gondel der Seilbahn

Nicht verpassen

DINNER AM SEIL

Ein Dinner auf Wolkenhöhe? Sky Dining on Cloud 9 lädt nicht nur Liebespaare zu einem beeindruckenden Abendessen ein: Man schwebt in der eigenen Seilbahnkabine und genießt die hell erleuchtete Stadt unter und die Sterne über sich, während ein Vier-Gänge-Menü serviert wird. Auf so besondere Weise lässt sich sonst kaum in der Stadt dinieren. Ausgangspunkt dieser romantischen Fahrt ist die Seilbahnstation im Faber Peak. Der Einstieg in die private Gondel ist zwischen 18 und 19 Uhr möglich. Ab da geht es 90 Minuten lang den Mount Faber hinunter und wieder hinauf; viel Zeit also für ein erlebnisreiches Essen. Das hat allerdings seinen Preis: ab 288 Singapur-Dollar für zwei Personen muss man rechnen.

Singapore Cable Car/Sky Dining on Cloud 9. www.faberpeaksingapore.com/eat-drink-shop/sky-dining

205

Oben: In den Türmen mit Sozialwohnungen kann man günstig leben.
Mitte: Koloniales Erbe: das »Golden Bell Mansion« auf dem Mount Faber
Unten: Koloniale Pracht am Fuß des Berges

nach Sentosa, dann sieht man große Black-and-White-Häuser am Hang: die typischen herrschaftlichen Kolonialbauten mit ihren Kontrasten aus dunklem Holz und weißen Mauern. Außerdem die Kuppel der Masjid-Temenggong-Daeng-Ibrahim-Moschee. An ihrer Stelle stand 1824 der Palast der Temenggong von Johor, 1890 wurden dann dort die heutige Moschee und ein Friedhof erbaut. Oberhalb des Palastes befand sich ehemals die Befestigungsanlage Fort Faber mit Ständen für mächtige Kanonen, um den westlichen Teil des Hafens zu schützen, aber längst sieht man nur noch wenige Überreste von ihnen.

Von der Straße führt eine steile Treppe mit gelbem Geländer zu einem kleinen Schrein, dem Makam Puteri Radin Mas. Dort liegt der Sage nach die schöne und tapfere javanische Prinzessin Radin Mas Ayu begraben, die ihr Leben opferte, um ihren Vater zu retten. Bis heute kommen Singapurer hierher zum Beten.

Auf dem Weg auf der anderen Seite hinunter, auch Teil der Southern Ridges, steht auf halber Höhe das Golden Bell Mansion. Das gewaltige rot-weiß gestreifte Backsteinhaus im Historismusstil erinnert wegen des Kuppeldachs auf einem Turm an einen buddhistischen Stupa. Es wurde 1909 gebaut. Eigentümer war Tan Boon Liat, ein wohlhabender Geschäftsmann, der eng mit dem thailändischen Königshaus verbunden war. Bei ihm waren auch Sun Yatsen, der chinesische Revolutionär, und seine Familie zu Gast. Heute beherbergt das Anwesen die dänische Seemannsmission. Auf der Rückseite des Mount Faber liegt ein für Singapur typischer Komplex mit Sozialwohnungen des HDB-Programms (Housing and Development Board). Für diese Umgebung ist das junge Café Old Habits mit seiner Vintageboutique ein richtiges Wagnis. Hier kann man sich nach dem Aufstieg ausruhen.

Infos und Adressen

Lecker essen, umgeben von Trödel und Kuriositäten am Fuß des Mount Faber

SEHENSWÜRDIGKEITEN

Masjid Temenggong Daeng Ibrahim Moschee.
30 Telok Blangah Road, Tel. 0065 62 73 60 43

Singapore Cable Car. 9–21.30 Uhr, 109 Mount
Faber Road, Tel. 0065 63 77 96 88,
www.faberpeaksingapore.com

Golden Bell Mansion. 10 Pender Road,
Tel. 0065 62 74 63 44

ESSEN UND TRINKEN

Café Old Habits. Die Eigentümer Don und Selena
servieren großzügige Portionen. Und sie erklären
nur zu gern ihre Kuriositätensammlung, die von
Gameboys bis zu alten Uhren reicht – ihre schönsten Stücke verkaufen sie auch. Die Tischplatten
liegen auf uralten Nähmaschinengestellen.

Die Speisekarte bietet bodenständiges, asiatisch-
westliches Essen, von Burger bis zu Nudeln,
außerdem wird guter Kaffee serviert. 38 Telok
Blangah Rise Nr. 01-315, Tel. 0065 96 44 27 77

Spuds & Aprons. Westliche Küche mit Fernblick.
109 Mount Faber Road, Tel. 0065 63 77 96 88,
www.faberpeaksingapore.com

Faber Bistro. Terrassenrestaurant mit Blick
und westlichem Essen. 101 Mount Faber Road,
Tel. 0065 63 77 96 88,
www.faberpeaksingapore.com

ÜBERNACHTEN

Harbour Ville Hotel. Preisgünstiges Boutiquehotel,
ab 80 Singapur-Dollar, 512 Kampong Bahru Road,
Tel. 0065 62 71 27 71, www.harbourvillehotel.com

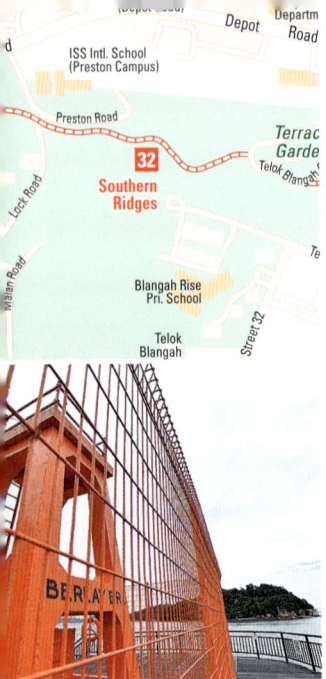

32 Southern Ridges
Brücken über Hügel und Dschungel

Eine Hügellandschaft mit Blick auf das Meer, fünf große Parks und der Mount Faber, geschichtsträchtige Orte und davor an der Küste der beeindruckende Containerhafen – das kennzeichnet diese Gegend. Die fünf Parks sind durch die Southern Ridges mit ihren spektakulären Brücken verbunden – ein wunderbarer Ort zum entspannten Wandern auf Höhe der Baumwipfel.

Die 2008 angelegten Southern Ridges sind eine zehn Kilometer umspannende Konstruktion aus Fußwegen und Brücken, die das Labrador Nature Reserve, den Kent Ridge Park, den Hort Park, den Telok Blangah Hill Park und den Mount Faber Park miteinander verbinden.

Oben: Leuchtfeuer im Labrador Park
Unten: Weg durch die Baumwipfel am Hort Park

Es gibt zwei spektakuläre Fußgängerbrücken: die Henderson Waves, entworfen von den Singapurer Architekturbüros Ijp Architects und Rsp Architects, 274 Meter lang und mit 36 Metern Höhe über der Henderson Road die höchste Fußgängerbrücke der Stadt. Sie ist wellenförmig mit sieben »Rippen« gebaut, die als überdachte Sitzplätze fungieren. Die zweite ist die 80 Meter lange Alexandra Arch über der Alexandra Road. Beide sind schwungvolle Holz-Stahl-Konstruktionen, künstlerisch angelehnt an organischen Formen wie Wellen oder Blätter, aus Balau-Holz, einem Hartholz, das nur hier in Südostasien wächst. Die Wege verlaufen ebenerdig oder auch auf Höhe der Baumwipfel, wie der Forest Walk oder der Canopy Walk. Und sind – typisch für Singapur – auch mit dem Kinderwagen zu befahren.

Gartenfreuden im Hort Park

Die Alexandra Arch, die spektakuläre Fußgängerbrücke, die die Form eines Blattes nachbilden
will, führt auf dem Forest Walk in Höhe der
Baumkronen weiter. Hier kann man besonders
viele der heimischen Pflanzen und der 72 behei-
mateten Vogelarten beobachten. An ihrem Fuß
liegt der Hort Park, eine Schaugartenanlage, in
der sich Singapurs Gärtnereien präsentieren und
neben Ausstellung und Verkauf von Pflanzen
auch Forschung und Weiterbildung betrieben
werden: Hier testete die deutsche Herstellerfirma
das Glas der beiden riesigen Gewächshäuser des
Neuen Botanischen Gartens.

Im Verlauf des Weges lohnen einige Sehenswürdigkeiten: Die Reflections at Bukit Chandu in einem
restaurierten Kolonialbau im Kent Ridge Park
thematisieren den Zweiten Weltkrieg mit der japanischen Besatzung. Im Mittelpunkt des kleinen,
aber anschaulich gestalteten Museums steht die
Verteidigungsschlacht im Februar 1942 auf diesem »Opiumhügel«, benannt nach den ehemaligen
Opiumplantagen an seinem Fuß.

Das Alkaff Mansion im Telok Blangah Hill Park
ist die ehemalige Wochenendvilla der wohlhabenden arabischen Familie Alkaff. In dem prächtigen Anwesen aus dem Jahr 1918 befindet sich
heute ein elegantes italienisches Restaurant mit
herrlicher Terrasse und großem Garten.

Und schließlich empfiehlt sich der Besuch der
Labradorvilla aus dem 19. Jahrhundert, ebenfalls
ganz im Grünen gelegen. Sie ist Teil der britischen
Militäranlagen des Fort Pasir Panjang im Labrador
Park. Heute bietet hier das Restaurant Tamarind
Hill thailändische Köstlichkeiten. In dem Gelände
sieht man auch noch alte Geschützstände.

SEHENSWÜRDIGKEITEN
Southern Ridges Walk. Möglicher
Ausgangspunkt: Science Park Drive,
U-Bahn CC24 Kent Ridge oder Bus
92, 92A; Endpunkt: Einkaufszentrum
Vivo City südl. Mount Faber,
www.nparks.gov.sg

Reflections at Bukit Chandu.
Di–So 9–17.30 Uhr, 31K Pepys Road,
Tel. 0065 63 75 25 10,
www.nhb.gov.sg

Henderson Waves. Henderson Road,
U-Bahn NS22 Orchard, dann mit Bus
124, Haltestelle B09

Hort Park, Alexandra Arch.
Alexandra Road, U-Bahn NS22
Orchard, Bus 175, Haltestelle B17

ESSEN UND TRINKEN
Alkaff Mansion. 10 Telok Blangah
Green, Tel. 0065 65 10 30 68,
www.alkaff.com.sg

Tamarind Hill. 30 Labrador Villa
Road, Tel. 0065 62 78 63 64,
www.tamarindrestaurants.com

The Plant Story. Café und Pflanzen-
verkauf im Hort Park, Do–Di 10–19
Uhr, 33 Hyderabad Road,
Tel. 0065 97 22 04 38,
theplantstory.com

Die Henderson Wave auf
dem Southern Ridges Walk

33 Lee Kong Chian Natural History Museum
Außergewöhnliche Sammlung in ungewöhnlichem Gebäude

Dinosaurier, Wale und der riesige Laufvogel Dodo – im neuen Naturkundemuseum brauchen sich auch Kinder nicht zu langweilen. Die Ausstellung geht zurück auf die Sammlung von Sir Stamford Raffles. Schon der Bau lässt staunen: Denn er sieht aus wie ein einziger riesiger Stein. In seinem Inneren wird hart gearbeitet: Die Wissenschaftler hier sind führend in der Forschung und Lehre über Biodiversität in Südostasien.

Prince, Apollonia und Twinky

Diese kleine Dinosaurierfamilie mit Vater, Mutter und Baby ist für viele die Hauptattraktion des Museums. Mit 27, 24 und 12 Metern Skelettlänge brauchen die drei natürlich viel Platz, aber den haben sie hier auf den 2000 Quadratmetern des neuen Museums auch gefunden. Zusammen mit dem ausgestorbenen Laufvogel Dodo veranschaulichen die Dinos eindrucksvoll prähistorisches Leben. Meer und Regenwald sind die großen Themen in den 20 Ausstellungszonen. Die zoologische und die botanische Sammlung zeigen den faszinierenden Artenreichtum des Lebens im südostasiatischen Raum und insbesondere der Tiere und Pflanzen in Singapur.

Oben: Moderne Kunst im Foyer des Naturkundemuseums
Unten: Aufgebrochen: Die Fassade des Museums für Naturgeschichte fordert den Betrachter.

Neben den Dinosauriern werden Meeressäugetiere wie Wale, Echsen wie Krokodile und Komodowarane, aber auch Arthropoden wie prähistorische Trilobiten, Insekten und Krabben ausgestellt. Im Bereich

LKC Natural History Museum

Regenwald befinden sich die zehn verbreitetsten Bäume Singapurs, darunter der Saga-Baum mit seinen lackroten Samen. Die Südostasiaten sammeln die kleinen, strahlend roten Perlen, um sie dann als *red love seeds,* als Liebessymbol zu verschenken. Auch zu Schmuck werden die Samen gern verarbeitet. Essen freilich sollte man sie nicht, denn sie sind giftig.

Ein langer Weg

Die Idee eines Naturkundemuseums geht auf den Stadtgründer Sir Stamford Raffles zurück. Schon 1823 hatte er die Singapore Institution gegründet, seit 1878 Raffles Library and Museum genannt. Knapp zehn Jahre später entstand daraus das Raffles Museum and National Museum in der Stamford Road. Dann dauerte es fast hundert Jahre, bis Singapur seine kostbare Sammlung in National History Collection umbenannte. Auf ihrer Grundlage eröffneten die Stadtväter 1998 das Raffles Museum of Biodiversity Research. Doch erst im April 2015 zog sie endlich in das eigens dafür gebaute Museum ein. Und das ist selbst schon eine Sehenswürdigkeit.

Der Riesenstein

Der Singapurer Architekt Mok Wei Wei von W Architects, durch den Bau des National Museums und der Victoria Theatre and Concert Hall erfahren wie kein anderer im Bau von Museen, hat hier ein Meisterstück abgeliefert: Für rund 46 Millionen Singapur-Dollar baute er einen riesigen ovalen »Stein«. Er wird an einer Seite von Terrassen aufgebrochen, die mit ausschließlich heimischen Pflanzen begrünt sind. Bedingt durch die Lichtempfindlichkeit der ausgestellten Artefakte ist das Gebäude nahezu fensterlos und wird damit noch spektakulärer.

Infos und Adressen

SEHENSWÜRDIGKEITEN
Lee Kong Chian Natural History Museum. Di–So 10–19 Uhr, auf dem Gelände der National University of Singapore, 2 Conservatory Drive, Tel. 0065 66 01 33 33, www.lkcnhm.nus.edu.sg, U-Bahn EW23 Clementi, dann weiter mit Bus 96

ESSEN UND TRINKEN
Late Plate. Bistro mit leckerem Frühstück und auch den ganzen Tag über mit gutem Angebot auf dem Gelände der NUS, 11 Kent Ridge Drive, Nr. 01-03, Shaw Foundation Alumni House.

NUSS Guild House. Modernes Veranstaltungsgebäude der Universität mit mehreren Restaurants, hier kann man gut mittags und abends essen. 9 Kent Ridge Drive, Tel. 0065 67 79 18 11, www.nuss.org.sg/dining-outlets

ÜBERNACHTEN
Santa Grand Hotel West Coast. Modernes und funktionales Drei-Sterne-Hotel, ab S$ 150. 428 Pasir Panjang Road, Tel. 0065 67 78 67 88, www.santagrandhotels.com/westcoast.asp

Junger Staat zeigt uralte Versteinerungen.

34 Haw Par Villa und Chinesischer Garten
Zwischen Kitsch und Kunst

Nirgendwo in Singapur kann man die Klassiker der chinesischen Mythologie besser kennenlernen als in der Haw-Par-Villa, nirgendwo traditionelle chinesische und japanische Gartenanlagen stilvoller genießen als im Chinese und Japanese Garden. Auch wenn die Anlagen weit voneinander entfernt liegen, so bieten sich doch beide für Liebhaber der ostasiatischen Kultur an.

Die Tigerbalsam-Gärten

1937 baute Aw Boon Haw für seinen Bruder Aw Boon Par einen Garten mit Statuen und Dioramen aus der chinesischen Mythologie, nebst einer der schönsten Villen der damaligen Zeit. Daher der Name Haw Par Villa, zusammengesetzt aus den Vornamen der beiden Brüder. Die Familie Aw besaß die Tiger-Balm-Manufaktur, die die bis heute sehr beliebte Heilsalbe herstellte. Nach der Zerstörung der Villa im Zweiten Weltkrieg durchlebte der erhalten gebliebene Garten viele Erweiterungen unter verschiedenen Eigentümern. Seit 2001 steht er unter der Ägide des Singapore Tourism Board (STB). In all diesen Jahren blieb der Garten mit seinen handbemalten, farbenfrohen Figuren, die Geschichten aus der chinesischen Mythologie darstellen, unangetastet. Denn es ist das erklärte Ziel der Behörden, ihn als kulturelles Erbe zu erhalten und an den Reichtum der chinesischen Mythen und Märchen zu erinnern. Generationen von Singapurern wurden durch die Geschichten in Moral und Ethik

Rot ist die Farbe des Glücks in China.

King Kong, diesmal auf Chinesisch, in der Haw Par Villa

belehrt. Und das zum Teil sehr drastisch – die Darstellungen der »10 Courts of Hell« haben schon so manchem Schüler den Schlaf geraubt, denn hier werden die Sünder in mannigfachster Weise bestraft. Bis heute pflegt der alte Mr. Teo die mehr als tausend Figuren, malt sie wie eh und je von Hand an und bessert sie aus.

Traditionelle Gartenkunst

Der 1975 eröffnete Chinesische Garten im Stadtteil Jurong, nicht weit vom Vogelpark entfernt (siehe S. 216), wurde nach klassischen Vorbildern wie dem Sommerpalast in Peking und den Gärten in Suzhou mit Teehäusern, Teichen und Skulpturen angelegt. Auf dem 13,5 Hektar großen Gelände befinden sich auch eine Bonsaisammlung von mehr als 2000 Bäumchen und eine 42 Meter hohe Pagode. Die White Rainbow Bridge, eine Brücke mit 13 Bögen, bildet die Verbindung zum kleineren Japanischen Garten. Dieser ist eine malerische, traditionelle Anlage mit Steinlaternen und kleinen Brücken, ideal für Ruhe und Entspannung. Beide werden ab 2018 Teil der neu konzipierten Jurong Lake Gardens mit ihren Pflanzenausstellungen und Veranstaltungsprogrammen sein.

Infos und Adressen

SEHENSWÜRDIGKEITEN
Haw Par Villa. 9–19 Uhr, 262 Pasir Panjang Road, Tel. 0065 67 36 66 22, U-Bahn CC25 Haw Par Villa

Chinese/Japanese Garden. 6–23 Uhr, 1 Chinese Garden Road, Tel. 0065 62 61 36 32, U-Bahn EW25 Chinese Garden

ESSEN UND TRINKEN
On the Table. Beliebtes Familienrestaurant mit westlich-asiatischem Twist. 118 Pasir Panjang Rd., Tel. 0065 97 80 80 94, www.onthetable.com.sg

Manhill Restaurant. Chinesische Küche, sehr beliebt bei Einheimischen. 99 Pasir Panjang Road, Tel. 0065 64 74 68 35, www.hillmanrestaurant.com

AKTIVITÄTEN
Touren zur chinesischen Mythologie. In der Haw-Par-Villa, zu buchen unter www.journeys.com.sg/singapore-walks/tours_hawparvilla.asp

35 Science-Centre-Komplex
Im Westen viel Neues

Alles aus Wissenschaft und Technik ist im Science Centre und seinen drei angegliederten Zentren versammelt. Spielerisch und mit allen Sinnen erfahrbar werden hier vor allem Kinder angesprochen. Aber auch Erwachsene können hier und bei den angrenzenden Attraktionen so manche Überraschung erleben – wer würde schon mit echtem Schnee und Rodeln in der Tropenmetropole rechnen?

Keine Angst vor Wissenschaft und Technik!

Ein wunderbarer Ort, um Wissenschaft und Technik interaktiv und multimedial zu erleben und zu verstehen! Hier kann man nicht nur, hier soll man alles anfassen, ausprobieren und erkunden: Die 14 ständigen Galerien mit mehr als tausend Ausstellungsobjekten führen durch Themen wie Feuer und Blitz, Klimawandel und Entstehung der Erde, zu Singapurer Erfindungen bis zu Fragen, wie unser Gehirn arbeitet und in welche Richtung der Mensch dank des medizinischen Fortschritts gehen wird.

Oben: Das Science Center bietet Wissenschaft zum Anfassen.
Unten: Der Singapurer der nächsten Generation: Roboter im Museum

Nicht nur drinnen, sondern auch draußen wird experimentiert. Im 20 000 Quadratmeter großen Außenbereich befinden sich die Waterworks, der Kinetic und der Eco Garden. Beim Thema Waterworks lässt sich alles rund ums Wasser, wie etwa der Verbrauch beim Autowaschen, interaktiv erfahren. Vorsicht: Man kann beim Forschen ziemlich nass werden – zum Trocknen geht es dann

Science-Centre-Komplex

vor ein riesiges Gebläse. Der kinetische Garten stellt mit Spielobjekten physikalische Phänomene nach, wie etwa Energie, Gleichgewicht oder Klangerzeugung. Und im ökologischen Garten gibt es kleine Gummibaum-, Gemüse- und Obstplantagen sowie einen Medizinkräuter- und Gewürzgarten zu bestaunen. Ausruhen kann man sich dort in Baumhäusern.

Schnee auf der Tropeninsel

Wer eine Auszeit braucht von der Äquatorhitze, betritt am besten die Snow City neben dem Science Centre. Hier ist die Welt der Maskottchen Oki, des Inuit-Jungen, Suki, der Schneeeule, Nooka, des Polarbären, und von Ila dem Husky und Koko, dem Fuchs, die durch die Reise an die Arktis begleiten, zu Iglus, Eisfischern und Polarlichtern. Schnee aus Schneekanonen liegt über diesem »Abenteuer am Polarkreis«. Den sportlichen Höhepunkt bietet die 60 Meter lange Schneerutsche, die man herunterrodeln kann. Außerhalb steht neben dem Gebäude die große Kletterwand The Cliff mit Vertigo-Klettersystem, die schon für eine Jugend-Weltmeisterschaft genutzt wurde.

Ein »Dom« für Filme und eine Welt für Kinder

Im Omni-Theatre gleich nebenan ist mit dem neuesten 8K-Digital-Fulldome-System ausgestattet, mit dem IMAX-Filme in Riesengröße auf die wie eine Kuppel gewölbte Leinwand über und um die Besucher projiziert werden. Auf dem Programm stehen stündlich Dokumentationen über das Weltall, Planeten und Sonnensysteme, Tierfilme und vieles mehr. Das KidsStop im selben Gebäude schließlich bietet vier Themenwelten für kleinere Kinder, die sie mit viel Fantasie spielerisch erforschen können.

Infos und Adressen

SEHENSWÜRDIGKEITEN
Science Centre Singapore.
10–18 Uhr, 15 Science Centre Road, Tel. 0065 64 25 25 00,
www.science.edu.sg, U-Bahn EW24, NS1 Jurong East, dann zu Fuß oder Bus 66, 335

Snow City. 10–18 Uhr, 21 Jurong Town Hall Road,
www.snowcity.com.sg

Omni-Theatre. 21 Jurong Town Hall Road, Vorführungen stündl. 12–18, Fr 20 Uhr, Tel. 0065 6425 2500, www.omnitheatre.com.sg

KidsStop. 9.30–13.30 und 14–18 Uhr, www.kidsstop.edu.sg

ESSEN UND TRINKEN
Alpine Restaurant and Brewery. In Snow City. Der alpine Teil sind dabei Bratwürstchen und Schweinshaxe und frisch gebrautes Bier, ansonsten lokales und italienisches Essen.

EINKAUFEN
Curiosity Shop. Im Science Centre. Hier gibt es originelle Mitbringsel zu Wissenschaft und Technik.

Wer genug hat von der Hitze, kann in Snow City mitten in den Tropen frieren.

36 Jurong Bird Park
Asiens größter Vogelpark

Adler im freien Flug, ein Papagei, der in drei Sprachen singt, lärmende Nashornvögel, flinke Pinguine und graziöse Flamingos – Asiens größter Vogelpark ist ein Paradies. Touren, Shows und das Essen mit den Vögeln zeigen die farbenprächtigen Tiere von ihrer besten Seite. Einen Blick hinter die Kulissen bietet das Forschungszentrum. Spielplätze und Restaurants runden einen ereignisreichen Ausflugstag ab.

Ein Mittagessen mit Papageien gehört auch in Singapur zu den außergewöhnlichen Attraktionen. Doch der 20 Hektar große Vogelpark bietet noch viel mehr: Hier tummeln sich 5000 Vögel, die zu 400 Arten zählen.

»Wolkenkratzer« fürs Federvieh

Der Jurong Bird Park gehört, wie der Zoo, zu den Wildlife Reserves Singapore. Sein größtes Vogelhaus ist das Waterfall Aviary mit seinem 30 Meter hohen Wasserfall. 600 Vögel in den schillerndsten Farben fliegen hier frei herum, umgeben von mehr als 100 Pflanzenarten. Das weltgrößte Vogelhaus für frei fliegende Loris ist das Lory Loft, so hoch wie neun Stockwerke. Hier sind die Besucher diesen freundlichen Papageien ganz nah und können sie von Hängebrücken aus mit Schalen voll Nektar anlocken. Gerade aus der Nähe sind die bunten Vögel besonders beliebte Fotomotive. Tukane und andere farbenprächtige Vögel des südamerikanischen Regenwalds lassen sich im üppigen Blätterwald des Jungle Jewels erspähen. Ein weiteres Vogelhaus bietet die

Oben: Warten auf den Einsatz: Eule im Jurong Bird Park
Unten: Ganz zahm bei Kindern: Papagei im Vogelpark

Jurong Bird Park

größte Sammlung von Nashornvögeln (Hornbills) weltweit. Mit ihren lauten Stimmen sind sie unschwer zu finden. Eine ganz andere Atmosphäre wieder herrscht in der »Welt der Dunkelheit« mit den nachtaktiven Eulen.

Auch Wasservögel haben ihre eigenen großen Areale: In der Penguin Coast tummeln sich die flinken Pinguine während der Fütterung. Auf dem Schwanensee schwimmt sogar ein schwarzer Schwan. Sehr pittoresk ist das Bild der Scharen von Flamingos, die graziös am Flamingo Lake stehen. Und in der Pelican Cove ist die umfassendste Pelikan-Artensammlung der Welt angesiedelt, in der Unterwassergalerie des Geheges lassen sich die Tiere beim Tauchen beobachten.

Touren und Shows

Bei den geführten Touren sehen die Besucher ausgewählte Tiere und deren Kunststücke. In der High Flyers Show fliegen die Vögel frei herum und machen kleine Showeinlagen. Der Höhepunkt ist der Gelbnackenamazon, der einzige Vogel der Welt, der in drei Sprachen singen kann. Könige der Lüfte, wie die Weißschwanzseeadler, lassen sich während der furiosen Show Kings of the Skies beim Jagen zuschauen. Etwas ganz Besonderes ist das Schlemmen mit den Vögeln: Die Tiere zeigen dabei ihre Kunststücke im Restaurant, mittags die Papageien oder beim Dinner die Pinguine. Besuchern, die nicht so lang gehen mögen oder können, bietet die Bird's Eye Tour eine Fahrt mit dem offenen Buggy.

Spannend und lehrreich ist auch der Einblick in das Brut- und Forschungszentrum (BRC): Hier erfährt man alles über Brut, Aufzucht und Fütterung und kann noch einen Blick in die Küche während der Futterzubereitung werfen.

Infos und Adressen

SEHENSWÜRDIGKEITEN
Jurong Bird Park. 8.30–18 Uhr, 2 Jurong Hill, Tel. 0065 62 65 60 22, www.birdpark.com.sg, U-Bahn EW27 Boon Lay, weiter mit Bus 194 oder 251. Shuttlebusse aus der Stadt: Tel. 0065 67 53 05 06, www.saex.com.sg

AKTIVITÄTEN
Bird's Eye Tour. 10, 13 und 15.45 Uhr, Dauer 90 Minuten, ab dem Visitor Service Centre, Tel. 0065 62 65 00 22

Lunch with Parrots. 12–14 Uhr, Songbird Terrace, Anmeldung erforderlich, www.birdpark.com.sg

Dinner with Penguins. 19–22 Uhr, für Gruppen ab 30 Personen, Tel. 0065 66 61 78 07

Birds of Play. Großer (Wasser-) Spielplatz. Mo–Fr 11–17.30, Sa, So 9–17.30 Uhr

ÜBERNACHTEN
Genting Hotel Jurong. Modernes Hotel mit Dachgärten und -pool, ab S$ 200. 2 Town Hall Link, Tel. 0065 65 77 88 99, www.rwsentosa.com

Bitte füttern!

DER OSTEN

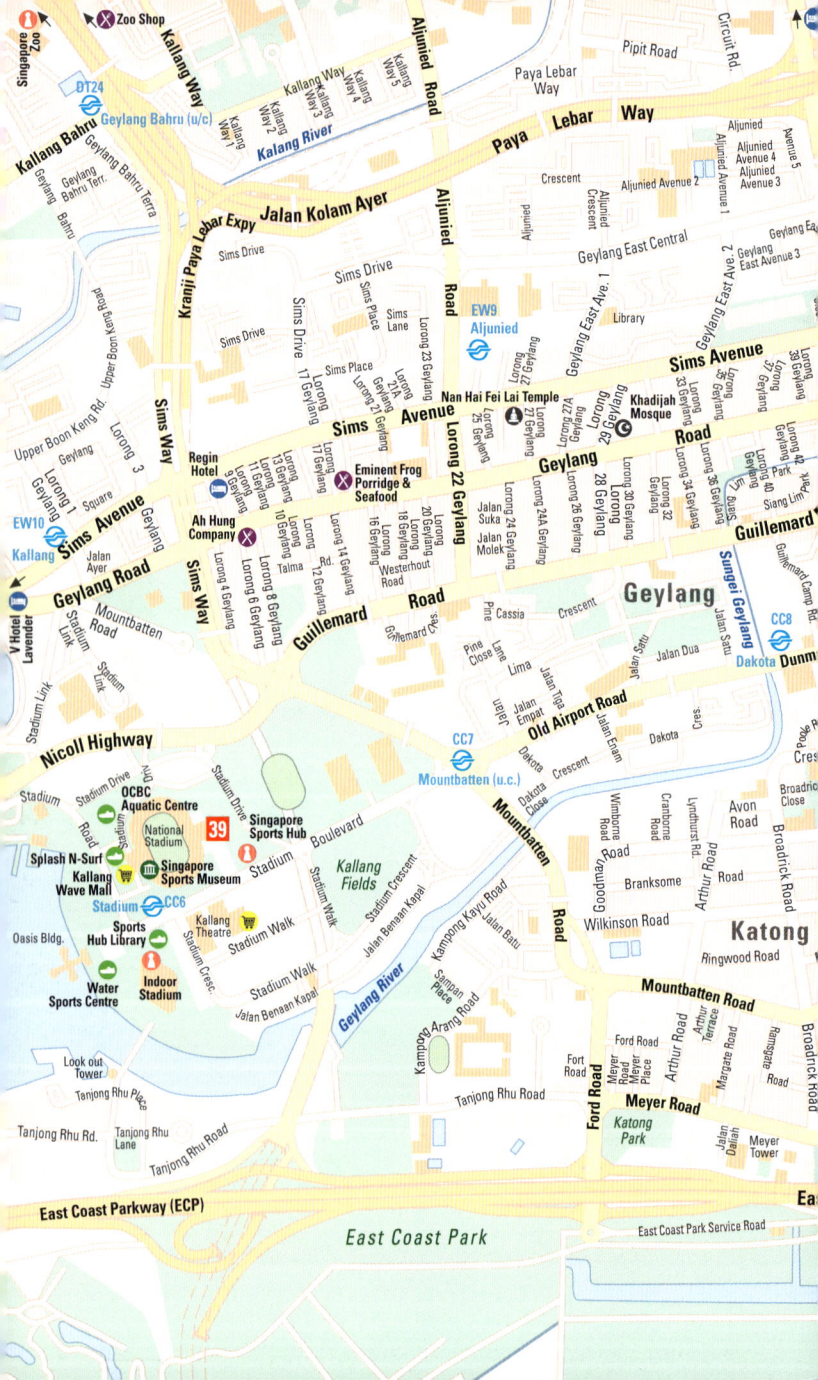

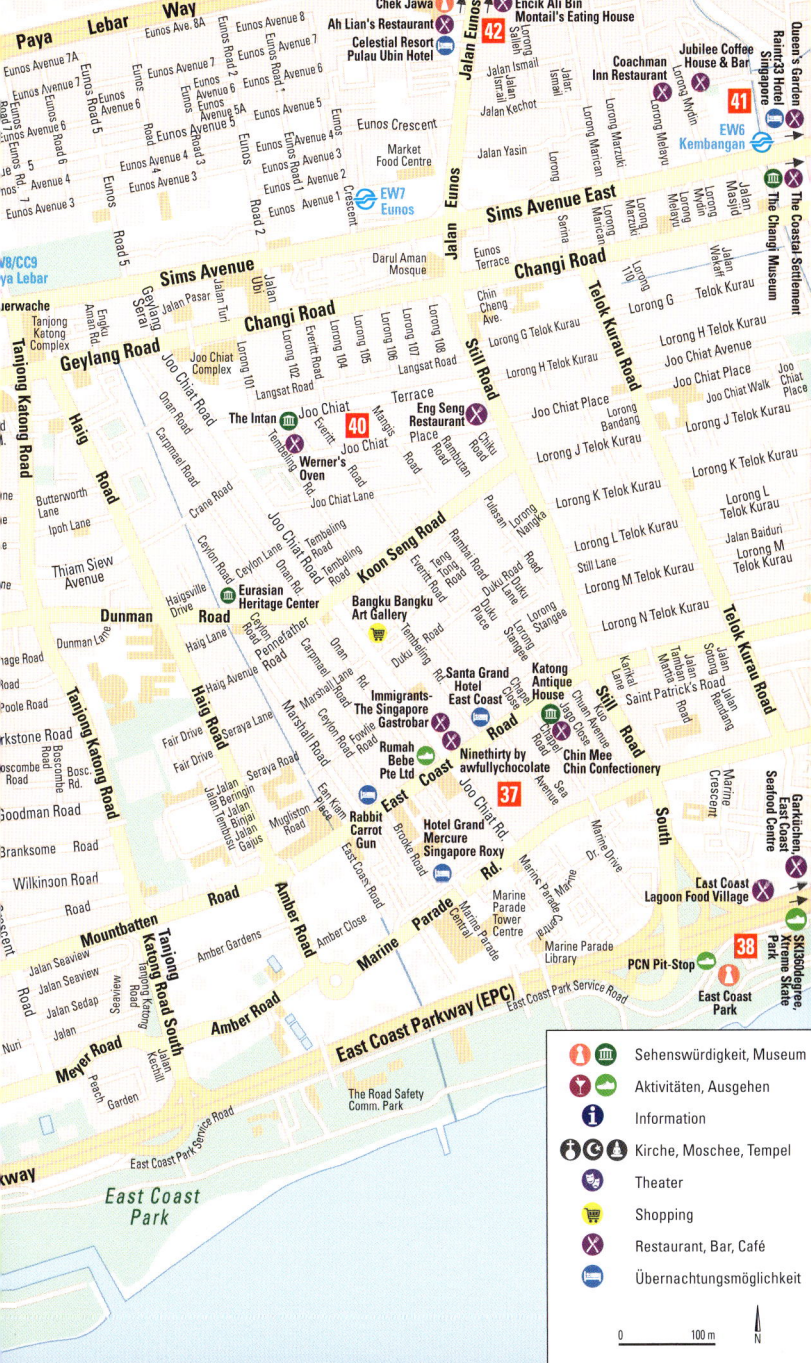

37 Katong
Vom Strandort zum Szeneviertel

Früher siedelten in Katong Plantagenbesitzer, die reich wurden. Dann kamen die Bars und die Barmädchen. Heute wohnen hier Architekten und Journalisten, Hochschullehrer – und Erben. In die Restaurants kommen die Singapurer von weit her, um die beste Laksa der Stadt zu essen. Wer das echte Singapur kennenlernen will, jenseits seiner touristischen Seiten, der muss sich mindestens einen halben Tag Zeit nehmen, um Katong zu erkunden.

Hochburg der Peranakan-Kultur

Hier treffen Alt und Neu aufeinander. Heraus kommt dabei ein Gemisch, das es so nur einmal in Singapur gibt. Katong ist noch nicht so hip wie Tiong Bahru. Es ist nicht so herausgeputzt wie Chinatown. Aber dafür gibt es hier das wirkliche Leben zu sehen. Vor den Restaurants bilden sich am Abend Schlangen von Singapurern, nicht von

GUT ZU WISSEN

PROSTITUTION

Abends stehen in Katong auch »leichte Mädchen«. Traditionell war das Viertel über Jahre eine der Amüsiermeilen der Stadt. Zwar werden Karaoke-Bars und was sich dahinter verbirgt immer weiter verdrängt. Doch muss man darauf vorbereitet sein, dass hier nach Einbruch der Dunkelheit kurze Röcke und hohe Schuhe immer noch zum Stadtbild zählen – was für manche störend sein mag, für andere aber zum Reiz des bunten Viertels beiträgt.

Seite 218/219: Architektonisches Erbe in Pastellfarben: die reich verzierten Peranakan-Häuser in Katong
Oben: Die Koon Seng Road ist ein Mekka für Architekturliebhaber.
Unten: Für Naschkatzen: Awfully Chocolate in Katong

Rundgang durch Katong

Die schönste und erlebnisreichste Straße Katongs ist die **Joo Chiat Road.** Sie geht von der East Coast Road ab und streckt sich weit ins Viertel hinein, bis zur Geylang Road.

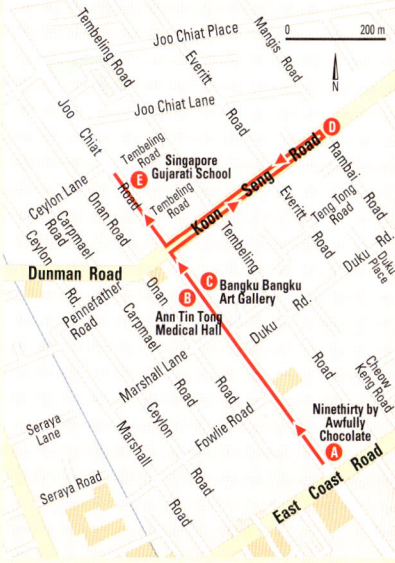

Ⓐ Gleich zu Beginn an der Ecke liegt der wundervolle Schokoladenladen mit Bistro **Ninethirty by Awfully Chocolate,** 131 East Coast Road.

Ⓑ Immer wieder findet man auf der Joo Chiat Road ein Kleinod: wie die Apotheke **Ann Tin Tong Medical Hall,** die fast 70 Jahre alt ist und einen Arzt beschäftigt, der den Patienten gleich die richtigen Kräuter verschreibt. Mo–Sa 9–18, So 9–12 Uhr, Nr. 320.

Ⓒ Auf dieser Straße befindet sich eine immer buntere Mischung aus europäischen Bäckereien, Trödelläden oder lokalen Garküchen wie beispielsweise **Bangku Bangku Art Gallery,** ein Trödel- und Antikshop (tgl. 10–22 Uhr, Nr. 317). Abends erkennt man die besten Plätze an den langen Schlangen, die die essbegeisterten Singapurer vor den Restaurants bilden.

Ⓓ Alle Architekturbegeisterten geraten spätestens dann ins Schwärmen, wenn rechter Hand die **Koon Seng Road** abgeht: Denn ein solches Ensemble von Wohnhäusern gibt es in Singapur nur einmal – hier. Die meist pastellfarbenen Außenwände der Häuser sind mit Stuckelementen übersät. Sie spiegeln die viktorianischen und chinesischen Ursprünge der Erbauer. Fledermäuse, Drachen, Hirsche oder Hunde sind als Symbole für Glück und langes Leben eingearbeitet. Oft haben die oberen Fenster die Form einer liegenden Acht – sie steht für die Glück bringende Fledermaus. Böse Geister scheitern an den »Saloon«-Türen, die sie nicht überwinden können.

Alte Kacheln aus Europa gaben den Häusern der Eurasier den letzten Schliff. Unter dem Dach verfügen die Bauten über eine Belüftung, und sie sind um einen offenen Hof gebaut, in dem ein kleines Wasserbecken den Regen auffing. Dies sorgte für Kühlung.

Ⓔ Zurück auf der **Joo Chiat Road** wird auch den Augen immer wieder etwas geboten: Neben Art-déco-Fassaden an den *shophouses* findet man auch immer wieder Beispiele für die großen alten Plantagenbungalows. In einem davon residiert heute ein **chinesischer Tempel** (Nr. 205), in einem anderen eine **indische Schule** (Nr. 225).

Touristen. Dabei wird gerade ihnen hier alles geboten: eine fremde, spannende Kultur und tolles Essen. Katong ist eines der besten Viertel der Stadt.

Das liegt auch an seinen Ahnen. Denn nirgendwo auf der Insel ist die Peranakan-Kultur so sichtbar wie in diesem Stadtteil. Peranakan? Das sind die Nachfahren von Malaien, Europäern und Chinesen, eine ganz wichtige, prägende Volksgruppe in Singapur und Grundlage des bis heute für alles Fremde so offenen Flairs der Stadt. Die Peranakan bildeten ihre eigene Kultur. Sie schufen Möbel, Häuser und vor allem Speisen, die es vorher nicht gab. Die Häuser in Katong tragen Ornamente aus dem britischen Baustil um die Wende des vorigen Jahrhunderts. Das Essen ist scharf, schmeckt aber auch Chinesen. Die von der Form her oft altenglischen Möbel sind mit Schnitzereien und eingeleg-

Oben: Farbenpracht im Hindu-Tempel
Unten: Mehr ein Gaumen- als ein Augenschmaus: Black Pepper Crab im »Eng Seng Restaurant«

ten Perlen verziert. Die Peranakan-Kultur ist nichts weniger als ein Schmelztiegel. Er steht in Katong.

Etwas Besonderes: die Peranakan-Küche

Bohrt man noch tiefer, findet man den Schmelztiegel im Wortsinne in der Imbissbude »328 Katong Laksa« (51 East Coast Road). Sie ist Dutzende Male ausgezeichnet worden als die beste Suppenküche der Stadt. Laksa ist eine scharfe Nudelsuppe auf Kokosmilchbasis, mit Garnelen und Muscheln. Mittags und abends halten vor dem Stand an der Hauptstraße schwere BMWs und Mercedes' – die zu Geld gekommenen Söhne und Töchter Katongs wollen wieder einmal wie »bei Muttern« essen. Denn niemand kann die aufwendige Suppe so machen wie die Köche in dem von außen unspektakulär wirkenden Laden an der Ecke zur Ceylon Road.

Und auch der gehobene Geschmack wird bedient. Nur ein paar Meter weiter bieten »Rumah Kim Choo« und »Kim Choo's Kitchen« (109–111 East Coast Road) eine breite Karte mit Peranakan-Küche. Spezialitäten hier sind die Nonya Dumplings, Klebreistaschen, gefüllt mit gehacktem Schweinefleisch, Wintermelone und Pandanblättern, verfeinert mit indischen Gewürzen. Desmond Wong, der Betreiber des Restaurants, schwört, dass er auf Geschmacksverstärker verzichtet. Er setze lieber auf eine selbst gekochte Brühe aus Hühnerknochen, Ingwer und Knoblauch, deren Rezept von seiner Großmutter stamme. Die alten Männer hier heißen Baba, die Omas werden Nonyas genannt. Daher die Bezeichnung »Nonya-Küche« – mit Rezepten, die seit Generationen überliefert werden. So bleiben die Wurzeln des Viertels erhalten.

Nicht verpassen

NICHTS ALS RAUCH

Wer den Gang ins Jenseits antreten muss, will darauf vorbereitet sein. Das ist in Singapur nicht anders als im Westen. Anders aber ist die Art, wie die Lebenden ihrer Vorfahren gedenken. Denn das ist auch von praktischem Handeln bestimmt. Alles, was im Himmel gebraucht wird, muss zunächst auf Erde angezündet und in aufsteigenden Rauch verwandelt werden. Davon lebt der Hersteller von Papierfiguren in der Joo Chiat Road. Seine – oft alten und erfahrenen – Angestellten kleben die kunterbunten Papierfetzen mit Leim auf leichte Holzgerüste. So entstehen ganze Häuserzeilen, aber auch Automobile – vorwiegend schwarz und mit Mercedesstern – oder Handys. Sie werden sogar mit kleinen Papierpuppen ausgestattet, die ein schönes Mitbringsel für Touristen sein können.

Chiang Pow Joss-Paper Trading. 252 Joo Chiat Road, Tel. 0065 64 40 66 83

Kunst ganz eigener Art: Papierfiguren für Begräbnisse

Feines Peranakan-Porzellan

Geheimtipp

Zum Baden nach Katong

Diese Wurzeln sind auch in der Architektur unübersehbar. Die Kokosnussplantagen gehen zurück bis in die 20er-Jahre des 19. Jahrhunderts. Damals erstreckten sich die Grundstücke hier vom nahen Strand bis tief ins Land. Längst sind sie heute zerstückelt, die East Coast liegt hinter Hochhaustürmen und einer Autobahn. Gleichwohl ist die Seeluft noch zu spüren. Der Strand war zunächst ein Badeparadies. Aber wie es auch heute noch so geht: Die Reichen fanden schnell Gefallen am schönen Ende der Insel Singapur. So entstanden hier riesige, reich verzierte Bungalows. Eine ganze Reihe von ihnen, oft auf Stelzen gebaut, sieht man noch entlang der Mountbatten Road, wenn man mit dem Taxi von der Innenstadt ins Viertel fährt. Bis heute wohnen hier die Nachkommen der ersten Siedlergenerationen.

Kirchen, Klöster, Tempel

Neben den Peranakan siedelten in Katong auch traditionell die Eurasians – also diejenigen, die Asiaten und europäische Siedler als Vorfahren hatten. Sie reizte das kühlere Klima, außerdem die Gründung von Kirchen und Klöstern.

Keine Kirche, aber ein wundervolles Gebetshaus ist der Sri-Senpaga-Vinayagar-Tempel. Er ist den Hindus aus Sri Lanka heilig. Erbaut um 1930 im Stil der südindischen Chola-Dynastie des 7. Jahrhunderts, gilt er als der zweitälteste Hindutempel der Stadt und zeichnet sich aus durch seinen reichen Skulpturenschmuck. Schon 1850 stand an seiner Stelle eine Statue des Elefantengotts Vinayagar unter einem Chempaka-Baum, genannt Senpaga-Baum – nach ihm wurde der Tempel dann benannt.

Infos und Adressen

Hier können Touristen einkaufen:
Rumah Bebe bietet schöne Andenken.

SEHENSWÜRDIGKEITEN

Sri Senpaga Vinayagar Temple. 19 Ceylon Road,
www.senpaga.org.sg

Eurasian Heritage Center. Zeigt prominente eurasische Familien und eine Chronik der Zeit während der japanischen Besetzung. Di–So 9–18 Uhr,
139 Ceylon Road, Tel. 0065 64 47 15 78,
www.eurasians.org.sg

The Intan. Privates Peranakan-Museum und Restaurant von Alvin Yapp, 69 Joo Chiat Terrace,
Tel. 0065 64 40 1 48, nur nach Vereinbarung.
www.the-intan.com

ESSEN UND TRINKEN

Chin Mee Chin Confectionary. Die letzte Bäckerei ihrer Art in Katong: Hier gibt es noch das authentische Singapurer Frühstück und die lokalen Kuchen zum Tee. Die Einrichtung scheint ebenfalls seit dem 80-jährigen Bestehen unverändert – einfach herrlich. Di–So 8–16.30 Uhr, 204 East Coast Road,
Tel. 0065 63 45 04 19

Eng Seng Restaurant. Bekannt im ganzen Viertel für seine Black Pepper Crabs. Deshalb unbedingt vorher reservieren! 247–249 Joo Chiat Place,
Tel. 0065 64 40 55 60

328 Katong Laksa. Gewinner etlicher Wettbewerbe um die beste traditionelle Nudel-Kokosmilch-Suppe (siehe S. 225) in Katong. 10–22 Uhr,
53E East Coast Road

Werner's Oven. Seit Jahrzehnten in Singapur lebend, offeriert der Deutsche Brot aus der eigenen Bäckerei und Gerichte aus Deutschland.
49 Joo Chiat Place, Tel. 0065 64 42 38 97,
www.wernersoven.com.sg

ÜBERNACHTEN

Rabbit Carrot Gun/The Trenchard Arms.
Shophäuser von 1925 mit neuem Konzept:
Essen, Trinken, Schlafen. Restaurant, Bar und sechs moderne Zimmer bieten britische Atmosphäre pur. 49 East Coast Road,
Tel. 0065 63 48 85 68,
www.rabbit-carrot-gun.com

Santa Grand Hotel East Coast. Gepflegtes Drei-Sterne-Heritage-Hotel mit Pool mitten in Katong. Sein Restaurant gehört zu den besten Peranakan-Lokalen der Stadt. 171 East Coast Road,
Tel. 0065 63 44 68 66, www.santagrandhotels.com

Alt und Neu vereint im »Rabbit Carrot Gun«.

SINGAPURS
Nationalgerichte

Man muss es mögen, das traditionelle Fish-Head-Curry

Singapurer sind *foodies*. Weil hier die chinesische, die indische, die malaiische und die westliche Kultur zusammentreffen, hat sich eine ganz eigene, faszinierende Kochkultur herausgebildet. Kaum eine andere Stadt auf der Welt bietet eine solche Auswahl auf engstem Raum – vom Imbiss in einem *food court* bis zur Spitzengastronomie im Edel-restaurant. Hier die zehn Lieblingsgerichte der Singapurer:

1. Chicken Rice:
Er gilt als das Nationalgericht: zart gekochtes (nicht zerkochtes) Hühnchenfleisch wird auf Duftreis serviert. Und dann die Soßen: die beste dunkle Soja- oder Chilisoße mit Knoblauch und gestoßenem Ingwer, dazu frische Gurken.

2. Char Kway Teow: Fett – aber lecker! Breite Reisnudeln werden in Schmalz ausgebacken. Dazu kommen chinesische Würstchen, Sojasoßen, Chili, Sojasprossen, Ei, Krabben und Muschelfleisch, die im Wok zusammengeführt werden. Eigentlich ein Arme-Leute-Resteessen.

3. Wantan Mee: Das kantonesische Gericht besteht aus hauchzarten Dumplings, den mit Krabben oder Schweinemett gefüllten Eiernudeln. Die Klößchen werden gedämpft und in Suppe oder »trocken« serviert.

4. Carrot Cake: Die »Möhren« in diesem »Möhrenkuchen« sind weißer Rettich. Dieses Hauptgericht wird mit Mehl ausgebacken, dann in kleine Stückchen geschnitten und anschließend im Wok mit Eiern, Fisch- und Sojasoße sowie Gemüsen frittiert.

5. Chili Crab: Der nächste Klassiker: Ein großer Krebs, serviert in einer scharfen Chili-Tomaten-Soße. Nichts für einen Abend im weißen Hemd – denn ohne Spritzer geht es kaum. Die Krebse werden auch mit schwarzer Pfeffersoße geboten.

6. Economy Rice: Wie der Name schon sagt: Billiger geht's kaum: die Straßenköche bieten den weißen Reis mit Beilagen aus Fisch, Fleisch, Tofu oder Gemüse an. Sparen kann schmecken!

7. Fish-Head-Curry: Zugegeben, das ist nicht jedermanns Sache. Aber wer Saumagen verzehrt, wird sich auch mit dem Kopf eines Fisches in einer sehr scharfen Soße anfreunden. Serviert wird er vor allem in den Restaurants Little Indias.

8. Katong Laksa: Dies ist ein klassisches Gericht der wunderbaren Peranakan-Küche: Eine schwere Kokossuppe wird mit Nudeln, Krabben, einem halben Ei serviert. Frische Gewürze machen sie scharf.

9. Rojak: »Rojak« bedeutet auf Malaiisch Durcheinander. Früchte, Gemüse, Tofu, frittierte Kuchenstücke und Fisch werden in Krabbenpaste geschwenkt und dann mit gehackten Erdnüssen serviert. Man wird dem Gericht schnell verfallen.

10. Kaya Toast: Doppeldecker-Toast, dazwischen dick Butter und Kaya – ein weicher Aufstrich aus Kokosnüssen und Eiercreme, der an ein Nutellabrot erinnert. Mit Kaffee und gekochten Eiern ergibt er ein (kalorienreiches) Frühstück.

38 East Coast Park
Entspannen am Meer

Singapur ist eine Einkaufsstadt und die Orchard Road ihr Zentrum. Das stimmt. Und ist doch so falsch: Denn Singapur ist auch eine grüne Insel am Meer. Und eines ihrer Zentren ist der Strand entlang der East Coast. Wenn man sich inmitten von Singapurern tummeln will, besucht man den Küstenstreifen am Wochenende. An einem Dienstagmorgen etwa aber kann man hier wunderbar radeln und die Natur erleben.

Freizeitpark mitten in der Stadt

Wer die East Coast, die sich von der Marina Bay bis in die Nähe des Flughafens Changi hochzieht, erstmals besucht, hat sein Aha-Erlebnis beim Blick auf das Meer: Denn fast in der Entfernung eines Steinwurfs ankern hier Hunderte Frachter, Tanker, Container- und Spezialschiffe. Sie liegen in der sicheren Einflusssphäre Singapurs auf Reede, bis sie wieder eingesetzt werden. Das kann Monate dauern, manche wurden sogar von einem pleite gegangenen Reeder hier »vergessen« – dann wird es schwierig, die oft philippinische oder burmesische Mannschaft auf den Schiffen zu versorgen.

Doch ist der Blick auf die Schiffe nicht der Hauptgrund für die Singapurer, zu ihrer Küste zu pilgern: Denn die East Coast ist der größte – und kostenlose – Freizeitpark der Stadt. Hier kann man radeln und schlemmen, fischen und joggen, campen und grillen. Der Strand selbst ist dem Meer abgerungenes Land. Die Regierung öffnete ihn 1970, seitdem wird er laufend ausgebaut. Inzwischen misst er 185 Hektar und erstreckt sich über 15 Kilometer.

Oben: Mit dem Rad entlang der Küste am East Coast Park
Unten: Lange Strände mit herrlichem weißem Sand prägen die East Coast.

Wer einen sehr klaren Tag erwischt, kann bis hinüber auf die indonesischen Inseln blicken. Allein aber ist man hier – wenn überhaupt – nur frühmorgens in der Woche: Mehr als sieben Millionen Menschen streben jedes Jahr an diesen Küstenabschnitt.

Ein Wunder ist das nicht, denn hier findet jeder etwas zu tun: Wer sich austoben will, kann Strand-Volleyball spielen, radeln, Skateboard fahren, segeln und surfen oder sogar Wasserski fahren. Am Abend kann man entweder auf den öffentlichen Barbecue-Anlagen das mitgebrachte Fleisch und Gemüse grillen oder in eines der *hawker centre* oder Restaurants einkehren. Das alles macht schon deshalb Spaß, weil der leichte Wind vom Meer das Leben in den Tropen hier erträglicher macht.

Kühle Brise, heißer Sport

Spektakulär und auch von Touristen gern besucht ist das Ski360degree, Singapurs einziger Kabel-Wasserskipark. In der Anlage direkt an der Küste werden die Wasserskiläufer an Stahlseilen über einen Parcours gezogen. Auch Wakeboards werden gestellt. Der Xtreme SkatePark@East bietet

Nicht verpassen

KREBS IN SCHWERÖL

Sie sehen auch gekocht noch grimmig aus. Aber wer sie auf dem Teller besiegt, erlebt einen Gaumenschmaus. Die Krebse, die die Seafood-Lokale entlang der East Coast servieren, sind aus gutem Grund eine Spezialität. Groß, frisch gekocht und dann etwa in der schwarzen Pfeffer- (Pepper-Crab) oder einer bräunlichen Chilisoße serviert, sind sie im Wortsinn atemberaubend. Reis und Bier helfen, den Schmerz in der brennenden Kehle zu mildern. Kleiner Tipp: Man sollte hier eher dunkle Kleidung tragen, denn weiße Hemden wurden oft schon von Soßenflecken ruiniert. Welches der nebeneinanderliegenden Restaurants man wählt, ist unerheblich, denn die Rezepte ähneln sich. Für dieses Essen nimmt man gern höhere Preise in Kauf, ebenso die Herausforderung, am Abend ein Taxi zurück in die Stadt zu bekommen.

East Coast Seafood Centre. 17 bis 23.15 Uhr, 1206 East Coast Park Way, Nr. 01-07/08, Tel. 0065 64 48 99 59

Oben: Unter Palmen …
Mitte: … auf hoher See oder …
Unten: … mit Volldampf – das
tropische Wasser ist immer ein
Genuss!

Enthusiasten die Chance, ihre Brettkünste direkt am Meer auszuprobieren. Wem das zu aufwendig ist, der kann sich die Küste per Fahrrad erobern. Immer wieder befinden sich Kioske mit Fahrradverleih entlang der gut ausgebauten Strecke. Allerdings entsprechen die Räder nicht allen europäischen Erwartungen, etwa mit Blick auf die Rahmengröße. Für einen Nachmittag mit viel Spaß aber reichen sie allemal.

An der East Coast sind aber auch jene gut aufgehoben, die es etwas ruhiger angehen lassen wollen. Am Morgen treffen sich hier Tai-Chi-Gruppen; tolle alte Bäume und interessante Pflanzen lassen sich die gesamte Strecke entlang entdecken. Gerade für Landschaftsfotografen bietet die Küste im Abendlicht wunderbare Motive.

Essen mit Tradition

Für viele Singapurer ist der Küstenstreifen aber vor allem ein Ort, an dem man hervorragend essen kann. Mehrere Meeresfrüchte-Restaurants servieren an einfachen Tischen frische Fische, Krabben und Krebse. Besonders während der – am Äquator kurzen – Phase des Sonnenuntergangs sitzt es sich hier am Wasser schön – auch wenn die Stühle aus rotem Plastik sind. Klar, dass das Essen hier schmeckt: Denn die East Coast grenzt an die malaiischen Viertel der Stadt in Geylang und das Peranakan-Viertel in Katong – beide sind berühmt für ihr Essen. Auch die *food courts* am Strand sind empfehlenswert: Hier reizen vor allem die über Holzkohle gegrillten Satay-Spieße und die frisch gepressten Säfte. Entlang des Strandes gibt es außerdem gut 80 Barbecue-Stellen. Man muss sie allerdings im Vorfeld buchen. Kostenlos ist das Picknick mit der ganzen Familie entweder am – leider nicht immer sauberen – Strandstreifen oder auf dem Rasen darüber.

Infos und Adressen

SEHENSWÜRDIGKEITEN

East Coast Park. Entlang des East Coast Parkway und der East Coast Service Road. Bus 36 oder 401 (nur am Wochenende) von Orchard Road oder Bus 76 oder 401 (nur am Wochenende) von der U-Bahn CC9, EW8 Paya Lebar, www.nparks.gov.sg

ESSEN UND TRINKEN

Red House (Nr. 01-05), **Longbeach** (Nr. 01-04) und **Jumbo** (Nr. 01-08) sind gute Adressen im East Coast Seafood Centre, 1206 East Coast Parkway, Nr.01-07/08

East Coast Lagoon Food Village. Preisgünstiger *food court* mit sehr gutem Essen, auch frischen Fruchtsäften und mit Blick aufs Meer. Die Garküchen haben unterschiedliche Öffnungszeiten, aber ab mittags sind alle offen. 6 bis ca. 22 Uhr, 1220 East Coast Parkway

Im tropischen Wasser kein Problem:
Stand-up-Paddeln für Anfänger

Der East Coast Park lädt zum Rollschuhlaufen ein.

ÜBERNACHTEN

Hotel Grand Mercure Singapore Roxy. Modernes Geschäftshotel, ab S$ 150. 50 East Coast Road, Roxy Square, Tel. 0065 63 44 80 00, www.grandmercureroxy.com.sg

AKTIVITÄTEN

Ski360degree. Mo, Di, Do 10–19, Mi 12–21, Sa, So 9–22 Uhr, 1206A East Coast Park Way, Tel. 0065 64 42 73 18, www.ski360degree.com

Xtreme Skate Park @ East Coast. East Coast Park Service Road

PCN Pitstop. Ausleihe und Reparatur von Rädern und Skates, Mo–Fr 9–22, Sa, So 8–22 Uhr, 1030 East Coast Parkway bei Carpark 4, Tel. 0065 64 43 66 75, www.lifestylerecreation.com.sg

Zelten. Ist in vorgegebenen Abschnitten kostenfrei erlaubt, muss aber per AXS oder online angemeldet werden unter www.nparks.gov.sg

BBQ-Pits. Offenes Feuer ist im Park nur an diesen vorgegebenen Stellen erlaubt. Sie können an jedem AXS-Automaten (meist neben Geldautomaten) für S$ 12 gebucht werden oder online unter www.e-station.axs.com.sg/NParks/Internet_Payment

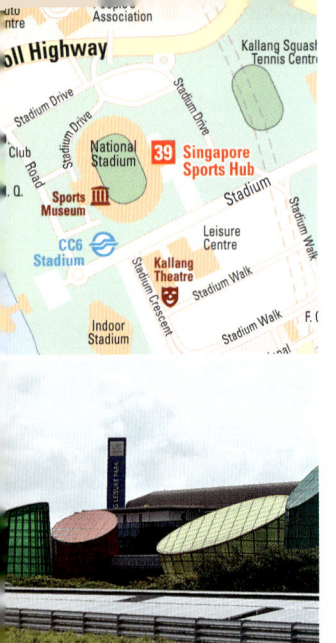

39 Singapore Sports Hub
Ziel für Sportbegeisterte

»Sport« war für die meisten Singapurer lange Jahre ein Fremdwort – ihr Lieblingssport war Shopping. Das ändert sich durch die gezielte staatliche Förderung von Spitzensport wie Tischtennis, Segeln oder Schwimmen. Nun soll die Sportbegeisterung auch in die Breite wachsen. Das Zentrum der Bewegung ist der 2014 fertiggestellte Stadionkomplex Singapore Sports Hub in Kallang mit unendlichen Möglichkeiten, die Freizeit aktiv zu gestalten.

Singapur ist die wohl einzige Metropole der Welt, die ein neues großes Stadion praktisch im Stadtzentrum gebaut hat. Es ist als große, silbrig-grau schimmernde Kuppel in der Innenstadt zu sehen – und vom Stadion aus ergeben sich wiederum spannende Blickwinkel auf die Hochhäuser. Doch ist der Sports Hub viel mehr als ein Stadion mit modernster Technik. Hier geht es darum, Spaß zu haben, sich zu bewegen, einzukaufen, zu essen, Neues auszuprobieren.

Der graue Riese

Natürlich dreht sich alles um das Nationalstadion, das den Mittelpunkt der großen Anlage bildet. Technikfans werden ihre Freude haben: Das überdimensionale Schiebedach lässt sich je nach Wetterlage öffnen oder fast vollständig schließen. An der Dachkonstruktion haben übrigens auch deutsche Mittelständler mitgebaut. Das Stadion ist mit 82,5 Metern so hoch wie 25 Stockwerke. In das riesige Rondell würde das Konzerthaus Esplanade leicht hineinpassen. Die Sitze sind in den Singa-

Oben: Futuristische Architektur im Kallang Leisure Park
Unten: Rot und Weiß – das Nationalstadion ist in den Farben des Landes gehalten.

Singapore Sports Hub

purer Nationalfarben Rot und Weiß gehalten, die wirkliche Innovation aber liegt darunter: Fast zwei Millionen mit Glykol gefüllt Plastikbälle werden dort in Tanks unter der Tribüne eisgekühlt. Die Energie dafür wird zum großen Teil über Solarpaneele gewonnen. Durch die Tanks wird dann Luft geleitet, die in Schlitzen unter den Sitzreihen und Treppenstufen wieder austritt: So wird die Temperatur im Stadion konstant bei 23 Grad gehalten. 55 000 Plätze auf sieben Etagen bietet das Stadion – würde man die Zahl auf 80 Millionen Deutsche umrechnen, müsste ein im Verhältnis gleich großes Stadion gut 800 000 Menschen Platz bieten. Der Neubau ist also allein von der Größe her schon ambitioniert. Verschiebbare Tribünen, Rasen- oder Kunststoffflächen und unterschiedliche Belüftung machen daraus einen multifunktionalen Veranstaltungsort für Sportwettkämpfe, Konzerte, aber auch für Volksfeste.

Glücksversprechen auf 888 Metern

Um den zentralen Bau herum läuft eine überdachte Laufbahn als Teil der Rundpromenade, die genau 888 Meter misst – die Acht ist das Glückssymbol der Chinesen. Von dieser 100-Plus-Promenade aus lassen sich die anderen Gebäude des Komplexes mühelos erreichen: Das OCBC Aquatic Centre bietet 6000 Sitzplätze und olympische Dimensionen. Daneben ist der Trainingspool, der auch der Öffentlichkeit zugänglich ist. Die Schwimmhallen sind wegen des tropischen Klimas zwar überdacht, aber an den oberen Seitenwänden geöffnet. Riesige Deckenventilatoren sorgen für Luftzug. Der Eintritt kostet umgerechnet weniger als 1,50 Euro – so sollen die Singapurer die Chance erhalten, sich dort auszutoben, wo sonst Athleten Spitzensport betreiben. Von hier aus öffnet sich

Einfach gut!

TCHOUKBALL UND MADONNA

Sport wird im SportsHub nicht nur zum Zuschauen geboten: Um das Riesenstadion zu beleben, offeriert der Staat hier eine Fülle von Programmen. Das Beste daran: Die meisten sind kostenlos und auch Touristen können mitmachen. Wer sich vorab über die Webseite registriert, ist willkommen. Zur Auswahl steht alles, was sich im tropischen Klima gut machen lässt. Gerade das Experience Sports Program bringt Spaß, denn hier werden Schnupperkurse auch für so fremde Sportarten wie Tag Rugby oder Tchoukball geboten. Kostenlos gibt es aber auch Yoga oder Pilates. Selbst wer Sport lieber als Abtanzen versteht, ist im Sportshub richtig: Mehr und mehr große Konzerte finden hier statt, zum Beispiel die erste große Show von Madonna in Singapur – zu der allerdings wegen »sexueller Anspielungen« nur Zuschauer ab 18 Jahren Zutritt erhielten.

Anmeldung zum Sportprogramm unter www.sportshub.com.sg/Pages/default.aspx

der Blick übrigens zum leeren Tower des alten Flughafens von Singapur, des Kallang Airport, auf der anderen Straßenseite. Heute wird er vor allem für gelegentliche Kunstausstellungen genutzt. Wer der Runde weiter folgt, erreicht das Indoor-Stadium mit seinen 12 000 Sitzplätzen. Es ist eine gut 25 Jahre alte Halle, die geschickt in den hochmodernen Komplex integriert wurde. Viele Singapurer haben hier in ihrer Jugend die ersten Popkonzerte in ihrer Stadt gesehen.

Klettern oder shoppen?

Die Nähe zum Wasser und die warmen Temperaturen legen es nahe: Neben Außenschach oder Basketball bietet der Sportshub vor allem die Möglichkeit, Wassersport zu betreiben. Ob Kanufahren oder gemeinsam Paddeln im Drachenboot – hier geht es.

Aber er bietet noch mehr. In der neuen Einkaufsmeile Kallang Wave gibt es alle Modemarken, vor allem aber Sportgeschäfte. Wem langweilig ist, der kann seine Kraft an der höchsten überdachten Kletterwand Singapurs testen. Gegenüber lädt Singapur in sein Sportmuseum ein, das Athleten-Legenden huldigt und Trophäen ausstellt. Daneben wurde eine Sportbücherei eingerichtet, in der auch wissenschaftlich gearbeitet werden kann.

Oben: Der Sports Hub ist auch ein Ort zum Feiern.
Mitte: Beachvolleyball auf dem künstlichen Strand
Unten: Klettern ganz ohne Fels: Im Sports Hub geht vieles.

Infos und Adressen

SEHENSWÜRDIGKEITEN

Singapore Sports Hub. 2 Stadium Walk, Tel. 0065 66 53 89 00 für alle Auskünfte, www.sportshub.com.sg, U-Bahn CC6 Stadium

Zu dem Komplex gehören (alle entsprechende Links unter www.sportshub.com.sg):

National Stadium. Nur bei Veranstaltungen geöffnet, Informationsschalter am Tor 6 Mo–Fr 9–18, Sa 9–13 Uhr

Water Sports Centre. Im Becken des Kallang River kann man mit geliehenen Kajaks und Kanus herumpaddeln oder Kurse absolvieren. 7–20 Uhr

Singapore Indoor Stadium. Nur bei Veranstaltungen geöffnet.

OCBC Aquatic Centre. 7–22 Uhr

Splash N Surf. 8–22 Uhr, Wellenreiten im Stingray, sich treiben lassen im Lazy River oder kostenloser Spaß für Kinder in der Water Play Area

Singapore Sports Museum. Mo–Fr 10–20, Sa, So 10–21 Uhr

Sports Hub Library. Mo–Fr 10–20, Sa, So 10–21 Uhr

EINKAUFEN

Kallang Wave Mall. 10–22, hier ist auch ein Supermarkt FairPrice Xtra, 8–22.30 Uhr, www.sportshub.com.sg/kallangwave/Pages/kallang-wave-mall.aspx

Leisure Park Kallang. Shoppingmall mit Bowlingbahnen, Eislaufbahn und Kino, 10–22 Uhr, 5 Stadium Walk, Tel. 0065 62 42 12 20, www.leisurepark.com.sg

ÜBERNACHTEN

V Hotel Lavander. Einfaches, praktisches Hotel neben der U-Bahn, ab S$ 120, Tel. 0065 63 45 22 33, www.vhotel.sg

Nicht nur sporteln, auch lesen: Das Sports Hub bietet sogar eine Bücherei.

40 Geylang
Das unbekannte Singapur

Geylang – das steht in Singapur für die Geschichte der malaiischen Vorfahren, für die Nähe zum Meer, für Rotlicht und gutes Essen. Das Viertel liegt abseits der Touristenrouten. Und bietet dem, der Zeit mitbringt und sich darauf einlässt, doch einen tiefen Einblick in das wirkliche Leben der Stadt. Hier verkehren vor allem Malaien und jene Singapurer, die auf traditionelle, preiswerte Küche aus sind. Doch es gibt auch einiges an Baukultur zu entdecken.

Plantagen und Puffs

Geylang ist traditionell das Viertel der Arbeiter und Seefahrer. Hier fanden die Neuankömmlinge aus China ein Heim, und bis heute bestimmen die oft schön renovierten Clanhäuser der Chinesen das Bild der engen Straßen zwischen Sims Avenue und Geylang Road. Hier wird getischlert und geschweißt und gehämmert, hier werden Autos auseinander- und zusammengeschraubt, hier wird mit Schiffsausrüstungen gehandelt, hier gehen aber auch leichte Mädchen ihrer Arbeit nach. Bekannt ist das Viertel außerdem für seine Durian-Händler, die vielen Stände mit der »Stinkfrucht« sind bis tief in die Nacht geöffnet. Die Vielzahl und das Nebeneinander der Tempel, Moscheen und Kirchlein zeigt, dass das Viertel traditionell weltoffen ist.

In den frühen Jahren der Stadt lagen hier große Kokosnussplantagen, im Krieg bauten die Menschen Tapioka an, um sich zu ernähren. Die Herkunft des Namens des lang gestreckten Viertels ist

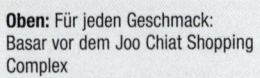

Oben: Für jeden Geschmack: Basar vor dem Joo Chiat Shopping Complex
Unten: Nach allen Regeln des Handwerks wird hier gerahmt: bei Sultan Maricar in Geylang.

Rundgang durch Geylang Serai

A Das Viertel jenseits der Paya Lebar Road wird dominiert vom **Geylang Serai Market**. Er bietet nicht nur viele Lokale, sondern auch alles für den täglichen Gebrauch wie Kleidung oder elektronische Geräte. Sehr ausgefallen sind einige der Gewürz- und Gemüsestände. 6.30–12 Uhr (Wet Market), 8–22 Uhr (Food Centre), 1 Geylang Serai

B Im gegenüberliegenden, moderneren **Joo Chiat Complex**, einem malaiischen Kaufhaus, haben sich viele Goldhändler niedergelassen. 1 Joo Chiat Road/Ecke Changi Road

C Wer in die **Joo Chiat Road** einbiegt, sieht die nur zweistöckigen, schön mit Stuck dekorierten alten *shophouses*. Chop Eng Huat ist ein traditionelles Obstgeschäft (Nr. 38), bei Hausnummer 5B findet man einen Küchenladen, in dem man manche Mitbringsel auch für Europa entdeckt (Nr. 42–46).

D Dann geht es links ab in die **Joo Chiat Terrace.** Hier liegen einige wunderschöne alte Häuser. Rechter Hand befindet sich Hat of Cain

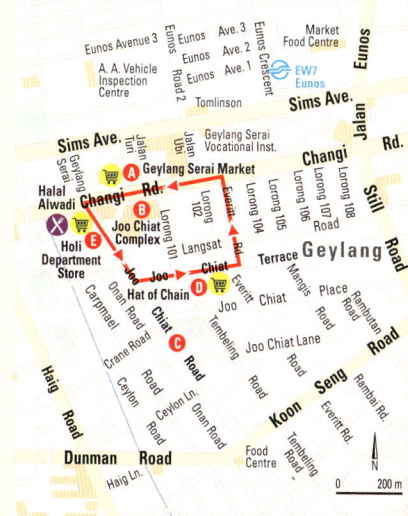

Hinter dieser Fassade verbergen sich Dutzende muslimische Geschäfte.

(Nr. 18; siehe Geheimtipp S. 240). Über die Kreuzung hinweg lohnt sich der Blick auf die Häuser, denn dies sind wahre Architekturdenkmäler, die immer noch bewohnt werden. Nach wenigen Schritten folgt auf der linken Seite ein privater taoistischer Tempel, der abends noch heute erleuchtet ist wie vor hundert Jahren (Nr. 41).

E Nun geht es zurück auf die Hauptstraße **Changi Road.** Linker Hand befindet sich der **Holi Department Store.** Er verkauft seine Billigwaren – T-Shirts, Uhren, Schmuck, aber auch Sportartikel – rund um die Uhr und findet auch morgens um halb drei noch Kunden.

Nur ein paar Schritte weiter ist für das leibliche Wohl nach der kleinen Tour durch Geylang Serai gesorgt: Bei **Alwadi** gibt es frische Roti Prata, eine Art Pfannkuchen, in allen erdenklichen Versionen, frische Säfte und jede Menge malaiischer Köstlichkeiten.

DER HUTMACHER

Geheimtipp

Schon der Laden ist ein echtes Schmuckstück. Die Einrichtung sorgfältig aus dem burmesischen Teak der 40er-Jahre des vergangenen Jahrhunderts komponiert, die alten Plakate an der Wand, ein Ölbild. Hier werden Hüte nicht einfach verkauft, hier wird der Panamahut zelebriert, der ihm – und ihr natürlich auch – bei der Tropenhitze Südostasiens hilft. Das hat seinen Preis, kommt aber dafür mit feinem Service daher. So kann man hier auch für das Wochenende Termine ausmachen, bei denen die meist weißen Hüte dann ausgewählt und angepasst werden. Sie sind handgewebt und werden in Ecuador gefertigt. Eines allerdings darf der schöne Hut aus Singapur nicht: Dem tropischen Monsun ausgesetzt werden, denn das Wasser saugt er auf wie ein Schwamm.

Hat of Cain. 18, Joo Chiat Terrace, Mi–Do 10–14, Sa 11–17 Uhr, Tel. 0065 88 09 62 42, www.hatofcain.com

Recycling-Kunst im Goodman Arts Centre

nicht klar – er könnte von den Pressen *(kilang)* stammen, die für die Verarbeitung der Nüsse genutzt wurden. Der Name des angrenzenden Geylang Serai geht auf den Anbau von Zitronengras *(serai)* zurück, der aber bereits Anfang des 20. Jahrhunderts eingestellt wurde.

Heute dominieren die Malaien das Stadtbild. Sie kamen in das innenstadtnahe Viertel, nachdem die besser gestellten Chinesen nach dem Krieg wegzogen und das Viertel Kampong Glam zu eng geworden war (siehe S. 104 ff.). Der malaiische Hintergrund ist schon den Restaurants zu entnehmen, die als mit die besten der regionalen Küche in Singapur gelten. Sie liegen oft in den offenen Hallen der *shophouses,* von denen die meisten heute unter Denkmalschutz stehen.

Hier und in einigen moderneren Stundenhotels spielt sich außerdem ein reges Prostitutionsgeschäft mit meist ausländischen Frauen aus Thailand, China oder Vietnam ab, weshalb abends Tausende Gastarbeiter und Singapurer Männer nach Geylang ziehen. Der Staat, der Prostitution offiziell nicht erlaubt, duldet dies dennoch, von wenigen Razzien abgesehen.

Geylang ist heute durch die Paya Lebar Road in zwei Hälften geschnitten: Im östlichen Teil liegt Geylang Serai (siehe Rundgang). Im stadtnahen Teil liegen die meisten Restaurants, in denen es durchaus auch Schildkröten und Haifischflossen zu essen gibt. Hier befinden sich aber auch einige Kulturdenkmäler wie die Khadijah-Moschee aus dem Jahr 1920, die alte Feuerwache von 1929 – und damit die zweitälteste der Stadt – oder das buddhistische Kloster Nan Hai Fei Lai Guan Yin aus dem Jahr 1923, das der Gnadengöttin gewidmet ist.

Infos und Adressen

SEHENSWÜRDIGKEITEN
Khadijah-Moschee.583 Geylang Road,
Tel. 0065 67 47 56 07, www.khadijahmosque.org,
U-Bahn EW9 Aljunied

Alte Feuerwache. 29 Paya Lebar Road,
U-Bahn CC9, EW8 Paya Lebar

Kloster Nan Hai Fei Lai Guan Yin. 8–16 Uhr,
35 Lorong 27 Geylang, Tel. 0065 67 48 56 25,
www.nanhaifeilai.sg, U-Bahn EW9 Aljunied

ESSEN UND TRINKEN
Ah Hung Company. Sehr gute Durians,
tgl. 24 Stunden geöffnet. 204 Geylang Road

Eminent Frog Porridge&Seafood. Kleiner Imbiss
für Nachtschwärmer. 17–4 Uhr, 323 Geylang Road

AKTIVITÄTEN
Schöner Rundgang zu den Essständen des Viertels
unter: www.heritagefest.sg/explore-heritage/gey-
lang-serai-foot-trail zu erreichen.

Auf dem Geylang-Serai-Markt

ÜBERNACHTEN
Regin Hotel. Ordentliches Budgethotel mit 46 klei-
nen, aber freundlichen Zimmern, ab S$80. 56 Sims
Avenue, Tel. 0065 67 47 28 11, www.reginhotel.com

(Weitere Hotels im angrenzenden Stadtteil Katong,
siehe S. 227)

Schmuckvoll: Peranakan Haus in der Joo Chiat Road

41 Changi
Fischerdorf und Ausflugsziel

Fischerboote, Strand und weitläufige Kolonialansiedlungen kommen nur wenigen Touristen in den Sinn, wenn sie an Changi denken. Denn der neue Flughafen und das Gefängnis sind weitaus bekannter. Wer aber unverfälschtes Lokalkolorit und Unerwartetes erleben möchte, ist in diesem abgelegenen, nordöstlichsten Viertel der Stadt richtig.

Strände und Kolonialbauten

Im 19. Jahrhundert war Changi Plantagenland. Kokosnuss- und Sagobäume wuchsen hier, und der heimische Chengai-Baum, nach dem das Viertel wahrscheinlich benannt ist. Schon um die Mitte des Jahrhunderts wurde es ein beliebter Erholungs- und Ausflugsort, an seinen Stränden um den Nicoll Drive machte man Picknick. Aus dieser Zeit stammen auch die herrschaftlichen privaten und staatlichen Kolonialbauten am Changi Point. Bis in die 1970er-Jahre blieben das Viertel und die Strände ein Ausflugsort für die Singapurer. Umfangreiche Rodungen für den Bau des Flughafens, der 1981 eröffnet wurde, veränderten Landschaft und Ort dann nachhaltig. Aber dieses Gefühl, weg aus der Stadt aufs Land zu fahren, hat sich bis heute erhalten.

Oben: Fähren auf die Insel Pulau Ubin warten in Changi auf Passagiere.
Unten: Auf dem Wasser laufen: der Kelong Walk in Changi

Wege durch Changi

Man fährt am besten mit U-Bahn und Bus hierher. Von der U-Bahn Tampines (EW2) fährt der 29er-Bus die drei besten Seiten des Stadtteils an. Als Erstes erreicht man das Changi Museum: Zunächst lag es im 1936 erbauten Gefängnis. 2001 siedelte

Infos und Adressen

es an diesen Platz um und beleuchtet eindrucks-voll und emotional die dunklen Jahre der japani-schen Besatzung und des Lebens der Kriegsgefangenen hinter Gittern.

Der zweite Halt ist Changi Village, zusammen mit Changi Point das Herz des Viertels. Es hat einen noch aktiven Fischerhafen, und im danebenliegenden *food court* und den vielen kleinen lokalen Restaurants kommen die Früchte des Meeres dann frisch auf den Teller. In dem Hafen liegt auch das Changi Point Ferry Terminal, von hier legen die Boote nach Pulau Ubin ab (siehe S. 244 f.). Vom Village erreicht man Changi Beach zu Fuß über eine Brücke (oder man nimmt den Bus 109).

Der dritte Punkt der Route ist das weitläufige koloniale Areal des Changi Point. Ein Spaziergang lohnt sich: Vorbei am Sailing Club, der ein öffentlich zugängliches Restaurant mit Blick auf Wasser und Boote bietet, kommt man zu großen Kolonialbauten mit Restaurants und Hotels, eingebettet in tropischem Grün. Die Straßen sind nach britischen Ortschaften benannt.

Diese abgelegene Gegend bietet wirklich Unerwartetes: Das Hotel »Raintr33« im renovierten Kolonialbau etwa, hier kann man nächtigen im Stil des Raffles Hotel – nur wesentlich günstiger. Kulinarische Genüsse sind im »The Coastal Settlement« zu entdecken, dem Geheimtipp großstadtmüder Singapurer: Hier geht es zu wie in einem richtigen Landgasthaus, mit großzügigen Tellerportionen europäisch-asiatischer Küche und Tischen auf der Terrasse. Es ist auch eine Fundgrube für typisch Singapurer Sammlerstücke, die der Inhaber als Restaurantausstattung zusammengetragen hat. Auch »Queens Garden« mit seiner modernen europäischen Küche und seinem Blumengarten ist zauberhaft.

SEHENSWÜRDIGKEITEN
The Changi Museum. 9.30–16.30 Uhr, 1000 Upper Changi Road North, Tel. 0065 62 14 24 51, www.changimuseum.sg

ESSEN UND TRINKEN
Coachman Inn Restaurant. Im Changi Sailing Club, 32 Netheravon Road, Tel. 0065 62 14 96 00, www.csc.org.sg

Jubilee Coffee House & Bar. Vorwiegend lokale, gute Gerichte. 580 Netheravon Road, Tel. 0065 65 43 00 60

Queen's Garden. Fantasievolle europäische Küche, im Hotel Raintr33, 33 Hendon Road, Tel. 0065 96 47 13 78, www.queensgardenchangi.com

The Coastal Settlement. 200 Netheravon Road, Tel. 0065 64 75 02 00, www.thecoastalsettlement.com

ÜBERNACHTEN
Raintr33 Hotel Singapore. Prächtiger Kolonialbau, herrliche Terrasse und Garten. 33 Hendon Rd., Tel. 0065 66 53 38 33, www.raintr33hotel.com

Übernachten im Kolonialstil:
das Rainstr33

Sentosa I.
Straße von Sing
Nongsa
Sekupang   Nagoya
Kapala   Batam I.
Jenih I.
Bulan I.
Combol-Straße
Combol I.
Panjang I.
Sugi I.   Citlim I.

42 Pulau Ubin
Flucht vor dem Kaufrausch

Singapur vor 50 Jahren – so wirkt das Inselchen Pulau Ubin auf viele der Städter. Hier kann man noch Kampongs sehen, die alten Dörfer, hier kann man im Schlick und Watt die Natur hautnah erleben. Boote bringen einen zur verträumten Insel, Miet-Fahrräder sind dann das Transportmittel der Wahl. Der ideale Ausflug für all jene, die einen Tag vor Kultur und Kaufrausch flüchten wollen.

Übersetzen ins Dorf

Auf Pulau Ubin (malaiisch für Granitinsel) schmecke das Essen besser, sei die Luft reiner, und die Eindrücke dort streichelten die Seele, sagen die Singapurer. Das ist auch für die Gäste der Millionenmetropole reizvoll: Offene Holzboote bringen sie vom Pier in Changi (siehe S. 243) in wenigen Minuten auf die andere Seite der Meeresenge im Osten der Stadt. Erst auf der Insel angekommen, findet man sich im dörflichen Südostasien wieder – überwachsene Plantagen, Affen und Wildschweine und exotische Vögel, ab und an ein Haus auf Stelzen, vor dessen Treppen die Hühner picken. Die Weltstadt Singapur erscheint hier wie aus einem anderen Jahrhundert.

Die Boote fahren von Sonnenaufgang bis Untergang auf die Insel. Am Anleger befindet sich ein Informationsstand der Singapurer Ranger, der von 8.30 bis 17 Uhr geöffnet ist. Man kann auf dem Eiland übernachten und beispielsweise zelten; in der Regel aber reicht ein Tagesausflug, um frische Luft zu schnuppern und das tropische Asien zu erfahren. Mit dem Fahrrad kommt man immer

Oben: Die Geister sollen helfen: traditionelles chinesisches Tempelchen auf Pulau Ubin
Unten: Die Familie auf dem Radl

Zum Hausboot umfunktioniert wurde diese alte Fähre auf Pulau Ubin.

wieder an kleinen Tempelchen und einer mit Gebetsfahnen geschmückten, buddhistischen Stupa vorbei.

Einzigartiges Naturerlebnis

Aus einem alten Steinbruch ist heute ein schöner See entstanden. Im Mittelpunkt jeden Besuchs aber steht Chek Jawa, das große Wattgebiet am Ostende der Insel. Auf engstem Raum lassen sich hier mehrere Ökosysteme studieren, mit Tieren und Pflanzen, die es an anderen Orten Singapurs sonst nicht mehr gibt. Im Wald oberhalb der Küste nisten noch seltene Vögel, wie der Nashornvogel. Selbst die Bäume dort, etwa die Küsten-Muskatnuss, gibt es in der Stadt nur noch in den Botanischen Gärten. Ein Aussichtsturm bietet einen Blick auf Chek Jawa. Mangroven, Stein- und Sandstrände sowie Seegraslagunen bilden ein für Singapur einzigartiges Ökosystem. Hier ruhen sich sogar Zugvögel aus Sibirien aus. Der Korallenfriedhof gibt zahlreichen Kleinlebewesen eine Heimstatt. Den Zugang zu dem fragilen System bietet zum einen der 2007 eröffnete, gut einen Kilometer lange Boardwalk mit seinem Besucherzentrum, zum anderen lassen sich Touren buchen.

Infos und Adressen

SEHENSWÜRDIGKEITEN
Pulau Ubin. Von Changi Point Ferry Terminal, 3 S$, erst ab 12 Personen. Auf der Insel: Radverleih und Inseltaxis mit Führern. www.nparks.gov.sg

Chek Jawa. 8.30–18 Uhr, Tel. 0065 65 42 41 08, www.chekjawa.nus.edu.sg

ESSEN UND TRINKEN
Encik Ali Bin Montail's Eating House. Links vom Anlegesteg gelegen, malaiische Küche.

ÜBERNACHTEN
Celestial Ubin Beach Resort. Einfache Räume und Strandhütten, Fahrrad- und Kajakverleih. 8V Pulau Ubin Island, Tel. 0065 65 42 97 49, www.ubinbeach.celestialresort.com

INFORMATIONEN
NParks Information Kiosk. Gegenüber dem Bootsanlegesteg

Chek Jawa Visitor Centre. Naturführungen auf Deutsch. Robert Heigermoser, www.german-association.org.sg/www.ulusingapore.com

DER NORDEN

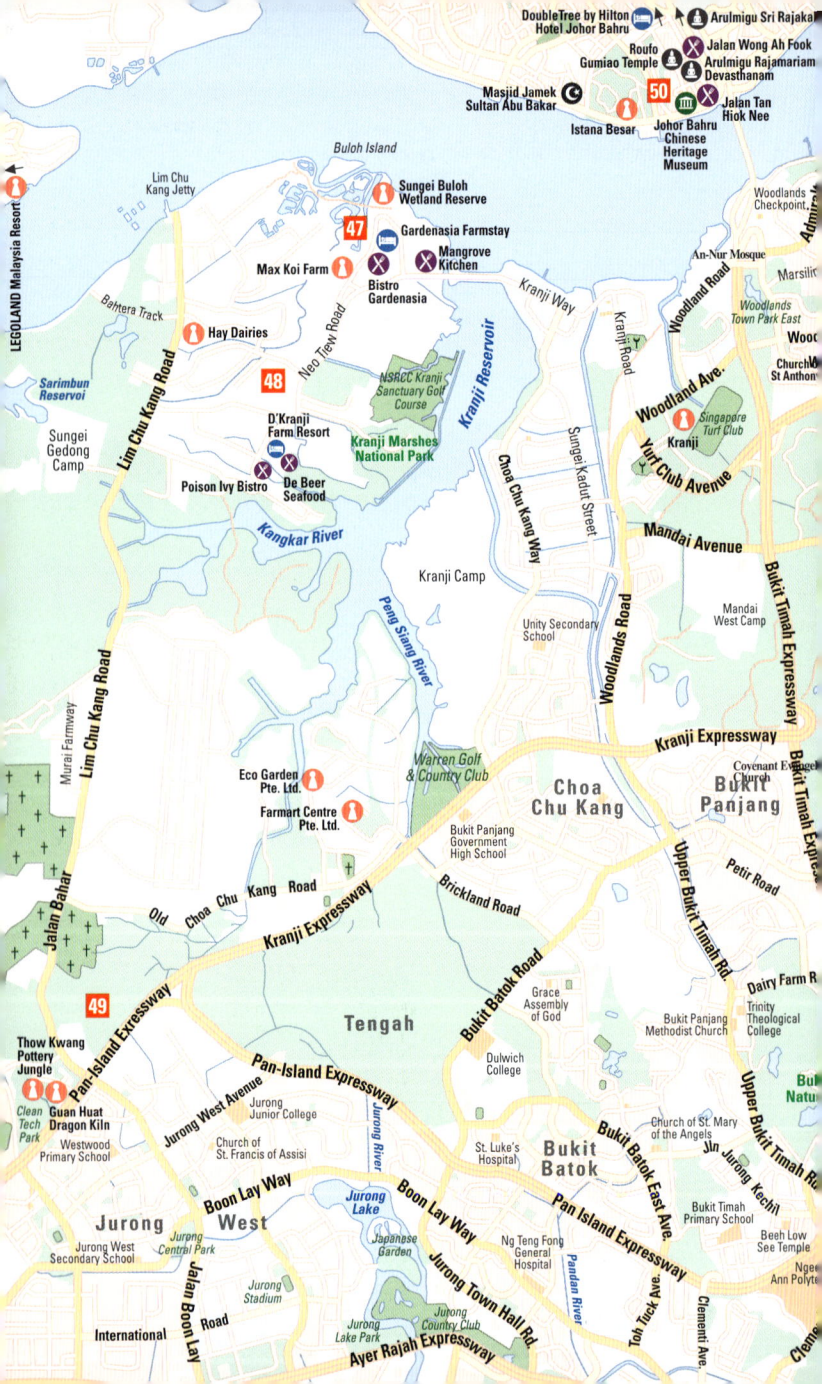

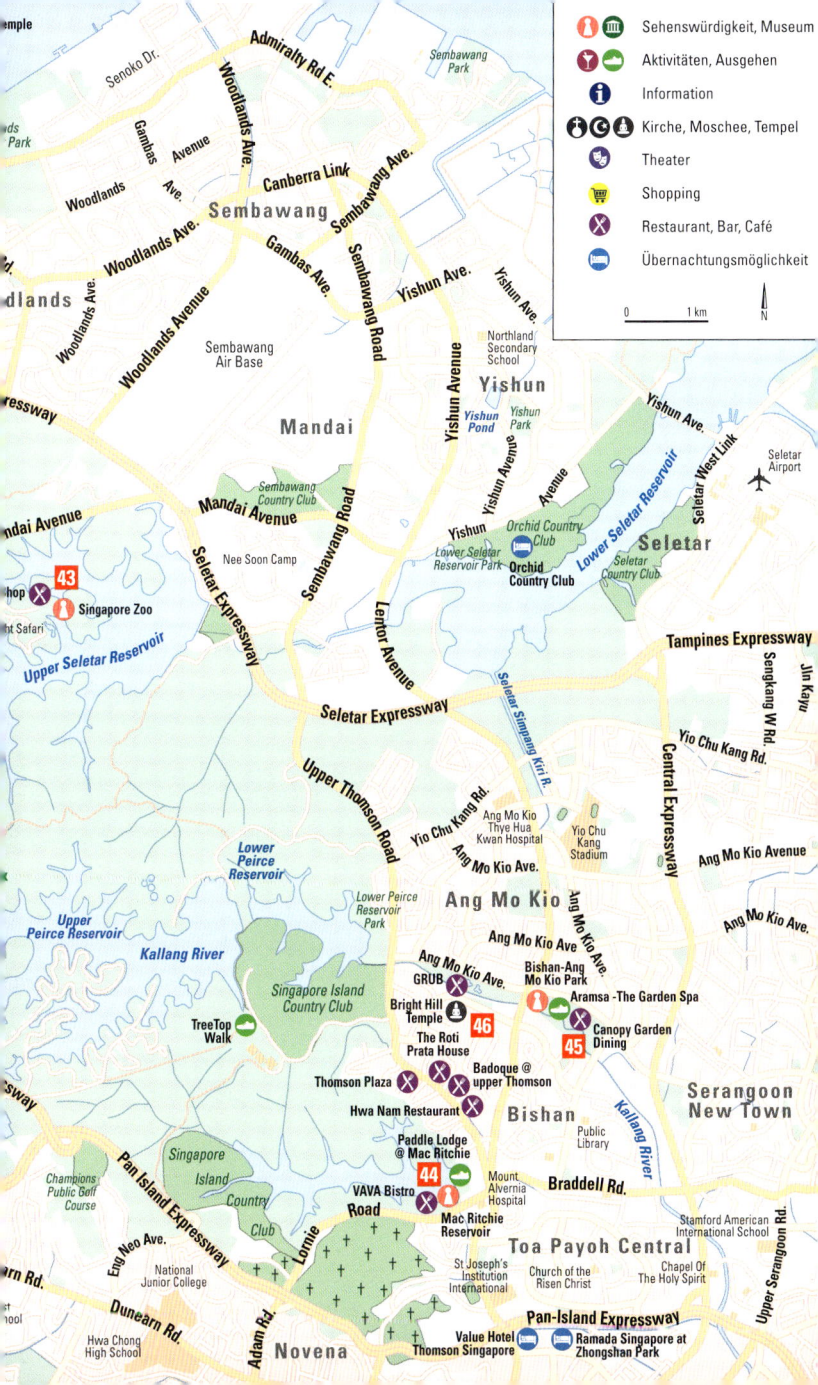

Legend (top right):

🧍🏛	Sehenswürdigkeit, Museum
🍴🌿	Aktivitäten, Ausgehen
ℹ	Information
⛪🌙🛕	Kirche, Moschee, Tempel
🎭	Theater
🛒	Shopping
✗	Restaurant, Bar, Café
🛏	Übernachtungsmöglichkeit

0   1 km

N

Map labels:

Senoko Dr.
Admiralty Rd E.
Sembawang Park
Woodlands Ave.
Gambas Avenue
Canberra Link
Sembawang Ave.
Woodlands Ave.
Sembawang
Woodlands Avenue
Gambas Ave.
Sembawang Road
Yishun Ave.
Woodlands Avenue
Sembawang Air Base
Yishun Ave.
Northland Secondary School
Mandai
Yishun Avenue
Yishun
Sembawang Country Club
Yishun Pond
Yishun Park
Yishun Avenue
Avenue
Yishun Ave.
Seletar West Link
Seletar Airport
Mandai Avenue
Mandai Avenue
Sembawang Road
Yishun Reservoir Park
Lower Seletar Reservoir
Lower Seletar Reservoir
Seletar Country Club
Seletar
Nee Soon Camp
Orchid Country Club
Orchid Country Club
Seletar Expressway
Lentor Avenue
43 Singapore Zoo
Night Safari
Upper Seletar Reservoir
Seletar Expressway
Seletar Simpang Kiri R.
Tampines Expressway
Sengkang W Rd.
Jln Kayu
Upper Thomson Road
Yio Chu Kang Rd.
Ang Mo Kio Ave.
Ang Mo Kio Thye Hua Kwan Hospital
Yio Chu Kang Stadium
Central Expressway
Yio Chu Kang Rd.
Ang Mo Kio Avenue
Lower Peirce Reservoir
Lower Peirce Reservoir Park
Ang Mo Kio
Ang Mo Kio Ave.
Upper Peirce Reservoir
Kallang River
Ang Mo Kio Ave
Ang Mo Kio Ave.
Singapore Island Country Club
Ang Mo Kio Ave.
Bishan-Ang Mo Kio Park
GRUB
Aramsa -The Garden Spa
TreeTop Walk
Bright Hill Temple
46
Canopy Garden Dining
45
The Roti Prata House
Serangoon New Town
Thomson Plaza
Badoque @ upper Thomson
Hwa Nam Restaurant
Bishan
Public Library
Kallang River
Paddle Lodge @ Mac Ritchie
44
Mount Alvernia Hospital
Braddell Rd.
Pan Island Expressway
Singapore Island Country Club
VAVA Bistro
Road
Mac Ritchie Reservoir
Stamford American International School
Champions Public Golf Course
Eng Neo Ave.
Lornie
Upper Serangoon Rd.
National Junior College
St Joseph's Institution International
Toa Payoh Central
Dunearn Rd.
Adam Rd.
Church of the Risen Christ
Chapel Of The Holy Spirit
Hwa Chong High School
Novena
Pan-Island Expressway
Value Hotel Thomson Singapore
Ramada Singapore at Zhongshan Park

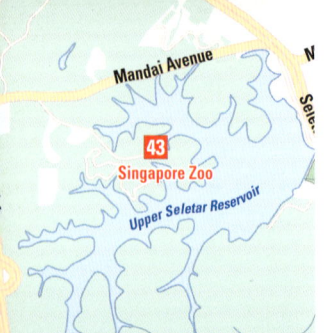

43 Zoo
Tief in den wilden Tropen

Es gibt sie wohl kaum – die Touristen, die in diese Stadt kommen, und deren weltbekannten Zoo links liegen lassen. Denn dieser Tierpark ist wirklich einzigartig, spektakulär. Die Tiere erscheinen oft wie in freier Wildbahn. Der Nachtzoo ist eine zusätzliche Attraktion, die sich niemand entgehen lassen darf. Und dann gibt es noch die neue River-Safari…

Tropisches Grün, Vogelgezwitscher, wunderbare Wege – das ist es, was der Besucher zunächst vom Zoo wahrnimmt. Dann aber öffnen sich die Blicke auf großzügige Freigehege, auf Hügel und Wasserstellen. An ihnen sammeln sich die Tiere, denen die tropische Hitze offenbar wenig auszumachen scheint. Oft sind die Zäune der Gehege so niedrig, dass der Besucher praktisch keine Barriere erkennt. Dieses Konzept, das Einbetten des Zoos in eine Tropenlandschaft, macht den Park in Singapur so attraktiv. Als er seine Pforten 1973 öffnete, gab es 270 Tiere zu bestaunen. Heute leben hier

GUT ZU WISSEN

MITBRINGSEL
Natürlich sind Andenken schön, und auch in den Zoos gibt es Souvenirläden mit wunderbaren Büchern oder Postkarten, aber auch viel überteuertem Plunder. Verständlicherweise müssen auch Zoos in die schwarzen Zahlen kommen. Doch ist es manchmal ein Albtraum, mit Kindern diese Läden am Ausgang zu betreten. Denn nach einem wunderbaren Zoobesuch fließen hier schnell die Tränen, wenn es denn doch nicht der Hut mit Giraffe von Dutzenden von Dollar werden darf.

Seite: 246/247: Hier gibt es Schildkröten, Echsen und auch Krokodile: Das MacRitchie-Reservat bietet Natur pur.
Oben: Auf der Night Safari: Die eleganten Flamingos sind immer wach.

mehr als 2800, über 300 Arten werden gezeigt. Die jüngsten Nachzügler sind vier Koalabären, die Australien den Singapurern zu ihrem 50. Gründungsjubiläum als Geschenk übergab.

Vier tierische Attraktionen in der Stadt

Genau genommen ist es nicht korrekt, von »dem Zoo« zu sprechen. Denn der Singapore Zoo gehört wie der Jurong Bird Park (siehe S. 216 f.), die Night Safari und die River Safari zu den Wildlife Reserves Singapore – insgesamt also gibt es vier verschiedene Tierattraktionen an unterschiedlichen Orten. Wie wichtig sie für Singapur sind, zeigt ihre wirtschaftliche Einbettung: Die Zoos liegen in Händen des milliardenschweren Staatsfonds Temasek Holdings. So dürfte der Tierpark der Finanzmetropole der Einzige weltweit sein, der von einer staatlichen Finanzholding geführt wird. Nach einigen Anpassungen und auch Umstrukturierungen scheint der Zoo durchaus profitabel zu sein: Rund 1,7 Millionen Besucher wollen seine Attraktionen jährlich sehen.

Wenn es dunkel wird im Zoo...

Night Safari – dahinter verbirgt sich eine Reise in den nächtlichen Dschungel, die gerade Kinder so schnell nicht vergessen werden. Schon am Eingang stehen riesige Fackeln, die an die »Jäger des verlorenen Schatzes« erinnern. Die Geräusche und Gerüche, der fahle Mondschein hinter den hohen Bäumen, die Tiere bei Nacht – das alles ist sonst nirgends in dieser Nähe und Intensität zu erleben. Da der Nachtzoo auf 35 Hektar einen Teil des normalen Tiergartens umfasst, scheint es auch nach Einbruch der Dunkelheit, als wären keine Sperren, Zäune oder Barrieren zwischen Besuchern und Tieren errichtet. Nur: Nachts wirkt all

Geheimtipp

AFFENZIRKUS
Der Singapurer Zoo ist der einzige Tierpark weltweit, der ein Familienfrühstück der ganz besonderen Art bietet: mit einer Herde Orang-Utans. Im »Ah Meng«-Restaurant werden die Besucher zum Frühstück geladen, bei dem es an nichts fehlt. Dann aber kommen die Orang-Utans für eine halbe Stunde hinzu, direkt aus dem Wald. Tierpfleger erklären dabei das Verhalten und beantworten Fragen. Natürlich kommen das Fotografieren und Filmen mit den ungewöhnlichen Frühstücksgästen nicht zu kurz. Zum Eintritt für den Zoo sind 33 S$ für Erwachsene, 23 S$ für Kinder zusätzlich fällig. Die Show kann täglich für den Zeitraum von 9 bis 10.30 Uhr gebucht werden. Daneben bietet der Zoo weitere Mahlzeiten mit Tierbesuch, wie etwa das Mittagessen mit Papageien.

Frühstück mit Affen. Buchung über www.eventsales.wrs.com.sg/wildDiningJungleBreakfastWithWildlife.html

BILLIGER IM QUARTETT

Auf den ersten Blick mag es etwas verwirrend wirken. Doch sind die vier verschiedenen Tierparks des Stadtstaates alle miteinander »verbrüdert«. So liegt es nahe, Kombitickets anzubieten. Für Besucher lohnt es sich, im Vorfeld zu überlegen, welche der Parks man sehen will. Die Nachtsafari sollte definitiv darunter sein, sie ist wohl das spektakulärste Erlebnis des Zoo-Quartetts. Es wird viel geboten – doch billig ist der Eintritt nirgends. Rabatte wechseln, so etwa auf bestimmte Kreditkarten. Sie können schnell 30 Prozent erreichen. Nachlass gibt es auch für die Kombination verschiedener Parks, ein *package deal*. Strukturiert wird das Angebot als Park Hopper, bei dem sich zwei, drei oder alle vier Parks in einem verbilligten Ticket zusammenfassen lassen.

www.zoo.com.sg/visitor-info/park-hopper-specials.html

Einfach gut!

dies ungewohnter, unheimlicher. Geschickt haben die Zooarchitekten Gatter errichtet, durch die die Nachtschwärmer nicht kommen. Aber die ungefährlichen unter ihnen können durchaus nach Einbruch der Dunkelheit eine Straße im Zoo kreuzen. Streckte man die Hand aus, könnte man sie streicheln. Sicher die einfachste, vielleicht die beste Art, den nächtlichen Tierpark und seine Bewohner zu besuchen, ist die 40-minütige Fahrt mit der Tram. Aber natürlich kann man den Nachtzoo auch zu Fuß erobern – dann allerdings ziehen sich die Wege, und es wird zeitweise sehr einsam. Mehr als 130 Tierarten, fast 40 Prozent davon vom Aussterben bedroht, zeigen sich den Besuchern im Dunkeln. Einige von ihnen sind die Ersten, die in Asien in Gefangenschaft leben. Der Held der Nacht ist der asiatische Elefantenbulle Chawang, von dem schon vier Kälber abstammen.

Die Ströme der Welt

Die dritte Attraktion im Zoogelände ist die 2014 eröffnete River Safari. Für mehr als 160 Millionen Dollar hat Singapur auf zwölf Hektar die großen Flüsse dieser Erde nachgebaut. Man mag darüber lächeln, aber die Idee funktioniert. Hier werden in einzelnen Zonen die Lebensbedingungen und die Tiere des Mississippi, des Kongo, des Nil, des Ganges, des Mekong und des Yangtse gezeigt. Gut 80 Prozent der Tiere lassen sich auch von schön gebauten Stegen beobachten, wenn man den Rundgang einer Bootsfahrt vorzieht.

Insgesamt sind mehr als 6000 Tiere in diesem ungewöhnlichen Konzept zu bewundern. Hier leben Riesenotter und der drei Meter lange chinesische Catfish aus dem Mekong. Die Flussszenen wechseln mit modernen Aquarien. Dazu gibt es interessante Erklärungen, die Erstaunliches

Eisgekühlt – selbst Eisbären überleben im Zoo der Insel am Äquator.

aus dem täglichen Leben der Tiere berichten. Besonders für Kinder ist der Amazonas River Quest attraktiv: Über zehn Minuten geht die Bootsfahrt fast einen halben Kilometer lang. Am Ufer lassen sich Jaguare oder Tapire ausmachen.

Am schönsten für den europäischen Besucher aber ist wahrscheinlich das Gehege am Yangtse-Fluss: Denn dort leben die beiden Pandas Kai Kai und Jia Jia, die China Singapur geschenkt hat. Sie zeigen sich erstaunlich rege, es scheint ihnen in ihrem künstlichen Paradies von 1500 Quadratmetern gut zu gefallen. Kai Kai und Jia Jia teilen sich ihr Zuhause mit einigen roten Pandas, die sogar über den Köpfen der Besucher turnen. Das Gehege ist auf rund 20 Grad heruntergekühlt, was den Besuch nach dem Tag in den Tropen besonders erholsam macht. Mancher hat hier schon

Oben: Farbenfrohes Singapur, ganz ohne Gitter: Der Zoo wurde so offen wie möglich gebaut.
Unten: Fütterung der Raubtiere

Stunden zugebracht, denn näher ist den Pandas wohl nirgends zu kommen.

Showtime

Der Singapurer Zoo zeigt aber nicht nur Tiere in ihrer – fast – natürlichen Umgebung. Er lädt auch zu verschiedenen unterhaltsamen Shows ein. Auf Hollywood getrimmt ist die Themenschau Rainforest Fights Back. Bei der Rache des Urwalds im Shaw-Amphitheater spielen Tiere und Wärter ihre Rollen. Affen, Otter und Ureinwohner wehren sich gegen die Eingriffe in ihre Lebenswelt. So macht Lernen Freude und unterhält. Lehrreich ist auch die Freiluftschau Elephants at Work and Play, bei der die Dickhäuter bei ihrem traditionellen Einsatz gezeigt weden. Der Mahout, der Elefantenführer, stellt seine Kunst unter Beweis, das große Tier zu führen. Natürlich darf auch die in europäischen Zoos eher klassische Wassershow mit Seelöwen und Pelikanen nicht fehlen. Für die ganz Kleinen zeigen sich während der Show Animal Friends Haustiere wie Hunde oder Papageien im Kidzworld-Amphitheater. Auch der Streichelzoo ist schön und bietet gerade den Singapurer Stadtkindern einen ersten Kontakt mit Ziege oder Esel. Ähnlich dem Botanischen Garten versteht sich auch der Zoo aber als weit mehr als nur eine Touristenattraktion: Erfolgreiche Zuchtprogramme führen zu weltweiter Beachtung.

Oben: Die beißt garantiert nicht!
Mitte: Der Felsen ist künstlich, der Seehund echt.
Unten: Alles mein Reich!

Infos und Adressen

Wer genug hat von den Affen, der kann hier selbst turnen.

SEHENSWÜRDIGKEITEN

Singapore Zoo. 8.30–18 Uhr (Tickets bis 17.30). Rainforest Kidzworld mit Wasserspielplatz und vielen Kinderattraktionen 9–18 Uhr. Geführte Tour in der offenen Tram 8.30–17.30 Uhr, Tickets am Eingang oder an jeder Tramstation. Wild Discovery Tour bietet Hintergrund-Einblicke zu Insekten, Reptilien und Baboons. 80 Mandai Lake Road, Tel. 0065 62 69 34 11, www.zoo.com.sg.

Night Safari. 19.30–24 Uhr (Tickets 17.30–23.15), man kann wählen zwischen einer Tour zu Fuß mit inhaltlichen Schwerpunkten oder einer 40-minütigen Tram-Safari durch sieben geografische Zonen, www.nightsafari.com.sg.

River Safari. 10–19 Uhr (Tickets 9.30–18.30), man kann wählen zwischen Amazon River Quest Ride und River Safari Cruise mit jeweils ca.10-minütiger Bootsfahrt, www.riversafari.com.sg.

Anfahrt und Tickets für alle Parks:

Shuttle-Bus SAEx morgens stündlich von ausgesuchten Innenstadthotels (www.bushub.com.sg/_saex_to_the_zoo.html), oder U-Bahn NS4 bis Choa Chu, dann Bus 927. Einzeltickets oder Park-Hopper-Package-Tickets, Kindertarif von 3 bis 12 Jahren. Für Geburtstagskinder (Pass!) freier Eintritt, außerdem zusätzliche Rabatte bei Shops oder Restaurants, www.wrs.com.sg

ESSEN UND TRINKEN

Es gibt acht Restaurants und Cafés im Zoo, sechs im Nachtzoo und zwei im Areal der River Safari zu den jeweiligen Öffnungszeiten.

EINKAUFEN

Zoo Shops. Am Eingang Mo–Fr 9–19, Sa, So 8.30–19 Uhr; am Shaw Amphitheatre tgl. 9.30–17.30 Uhr; am Rainforest Kidzworld tgl. 9.30–18 Uhr. Safari Shop im Night Safari Village tgl. 17.30–24 Uhr

ÜBERNACHTEN

Orchid Country Club. Golfclub mit angeschlossenem Hotel und Restaurants (und Golfplatz), 1 Orchid Club Road, Tel. 0065 67 50 21 00, www.orchidclub.com

Kräftemessen

44 MacRitchie-Reservoir
Wald und Wasser satt!

Auf einer Hängebrücke in Höhe der Baumwipfel laufen, Primärurwald mit vielen Tierspezies sehen, wandern und Kajak fahren – das MacRitchie-Reservoir bietet eine entspannende Auszeit von der hektischen Metropole. Dabei ist der große See mit seinem umliegenden Tropenwald leicht von der Stadt aus zu erreichen und deshalb so beliebt als herrliches Ganz-nah-Erholungsgebiet.

Größtes Naturreservat Singapurs

In der geografischen Mitte der Insel des Stadt-staates befindet sich das Central Catchment Re-serve, das größte Naturreservat Singapurs. Es teilt sich in vier Reservoirs mit jeweils großen, weit-verzweigten Seen und dichten tropischen Wäldern auf. Das MacRitchie-Reservoir ist dabei das süd-lichste und stadtnächste. Die insgesamt 2000 Hektar großen Reservoirs dienen als grüne Lungen der Stadt, der Erhaltung der heimischen Flora und Fauna und der wichtigen Trinkwassergewinnung. Es gibt hier noch kleine Teile mit Primärregen-wald, der größte Teil aber ist Sekundärregenwald, doch auch der mit einer breit gefächerten, sehens-werten Pflanzenwelt.

Oben: Starke Farben: Blütenpracht im Naturschutzgebiet
Unten: Nah am Wasser gebaut: der Boardwalk im MacRitchie Reservoir

Wandern, Kajakfahren und Dschungeltiere

Und natürlich kann man in den Parks viel erleben. Das zwölf Hektar große MacRitchie-Reservoir bietet 20 Kilometer gut markierte Rundwander-wege durch den Dschungel und am See entlang. Der Kajakverleih in der Nähe des Haupteingangs

Infos und Adressen

gibt Besuchern die Möglichkeit, den sehr großen See mit seinen vielen versteckten Ufern auf eigene Faust erkunden zu können.

Man trifft hier unweigerlich auf Urwaldtiere: Die putzigen kleinen Makaken laufen meist in großer Anzahl in vielen Rudeln herum. Auch wenn insbesondere die Baby-Makaken noch so niedlich ausschauen, sollten Spaziergänger immer einen gebührenden Abstand zu den Tieren halten, sie nicht durch Kamerablitze erschrecken und ihnen auf keinen Fall Futter anbieten, denn sie können sehr aggressiv werden.

Am Wasser und über den Wipfeln

Scheuer und in Singapur vom Aussterben bedroht ist der Banded Leaf Monkey, der Binden-langur, von dem nur noch einige wenige in den Reservoirs leben. Eine Vielzahl von Vögeln und Reptilien aber wird man sehen. Eisvögel und Reiher kreisen über den Bäumen und dem See. Die großen Warane spazieren auf dem Land herum, sie können aber auch sehr gut schwimmen, man kann diesen großen Echsen also durchaus einmal beim Paddeln begegnen.

Der Tree Top Walk ist für viele der unbestrittene Höhepunkt des Reservoirs. Die 250 Meter lange Hängebrücke verbindet die beiden höchsten Punkte des Parks miteinander, den Bukit Peirce und den Bukit Kalang. Auf bis zu 25 Metern über dem Boden kann man die Tier- und Pflanzenwelt der Baumkronen beobachten und hat zudem einen – im wahren Sinn des Wortes – erhabenen Blick über die Vegetation in diesem Gebiet. Wer mehr über die Pflanzen- und Tierwelt des Reservoirs erfahren möchte, kann auch eine geführte Tour mitmachen.

SEHENSWÜRDIGKEITEN

MacRitchie Reservoir. 6–19 Uhr, Haupteingang: Lornie Road/Thompson Road. Anfahrt: U-Bahn NS22 Orchard, dann Bus 74 vor dem Hotel Royal Plaza on Scotts; oder U-Bahn CC17 Caldecott, dann zu Fuß.

Touren: www.nparks.gov.sg/gardens-parks-and-nature/parks-and-nature-reserves/macritchie-reservoir-park basicInfo

Tree Top Walk. Di–Fr 9–17, Sa, So 8.30–17 Uhr, Eingang Venus Drive Parkplatz. Anfahrt: Taxi oder vom Haupteingang des Reservoirs, Bus 980. Wanderzeit: bis zur Ranger Station und zum Einstieg via Peirce Track: ca.1 Std. (2,5 km); vom Haupteingang durch den Park ca.1,5–2 Std. (4,5 km).

AKTIVITÄTEN

Paddle Lodge@MacRitchie Reservoir. Tgl. 9–12 und 14–18 Uhr (letzte Ausleihe 16.30 Uhr), Tel. 0065 62 58 00 57, www.scf.org.sg/contactus/facilities/paddle-lodge-macritchie-reservoir

Man muss nicht schwindelfrei sein, um den Tree Top Walk zu genießen.

45 Bishan-Ang Mo Kio Park
Ökopark als Aushängeschild

Die Verwandlung eines Betonkanals in eine blühende Flusslandschaft – in Singapur ist dies Wirklichkeit geworden. Deutsche Landschaftsarchitekten haben hier Maßstäbe für zukünftige Renaturierungsprojekte asiatischer Städte gesetzt. Erst waren die Singapurer skeptisch; heute aber lieben sie ihren neuen Park, in dem sie eine halbwilde Natur ihrer Stadt erfahren können.

Der zehn Kilometer lange Kallang River führt vom Lower-Peirce-Reservoir im Innern der Insel durch die Stadtteile Bishan und Ang Mo Kio bis zur Marina Bay. In den 1970er-Jahren hatte Singapur alle seine Flüsse kanalisiert, um die Überschwemmungen während der Regenzeit mit ihren Wassermassen einzudämmen. Im Sommer sehen diese reinen Betonkanäle trostlos aus. Dann erinnert nur ein müdes Rinnsal am Boden des Kanals noch an den ehemaligen Fluss. Setzen im Monsun dann die Regenmassen ein, verwandelt sich der Kanal in Minuten in einen reißenden Strom, in dem sogar jedes Jahr vom Wasser völlig überraschte Menschen ertranken.

Trinkwasser und Biotope

Singapur hat nun ein neues Konzept der Wasserwirtschaft entwickelt. Die Stadt will mehr Wasser auf der Insel zurückhalten, um in Zukunft eine unabhängige Trinkwasserversorgung zu gewährleisten. Die Marina Bay wurde vom Meer abgeriegelt, um so ein Wasserreservoir zu schaffen. Und auch entlang der ehemaligen Flüsse soll nun

Oben: Der Bishan-Park wurde von deutschen Landschaftsplanern für Singapur geschaffen.
Unten: Seerosen sorgen für ein gesundes Klima.

Moderne Kunst von Kelvin Lim im Bishan-Ang Mo Kio Park

das Wasser aufgefangen werden. So entstand das Parkkonzept, in dem Wassermanagement mit Naherholung und Stadtnatur vereint werden. Der Bishan-Ang Mo Kio Park ist dabei bisher das Vorzeigeprojekt.

Von 2009 bis zu seiner Eröffnung 2012 hat das Landschaftsarchitekturbüro Dreiseitl für 76 Millionen Singapur-Dollar den geraden Kanal in eine mäandernde Flusslandschaft verwandelt und dabei neue Methoden und Materialien entwickelt. Viele technische Widerstände und die anfängliche Skepsis der Bürger waren zu überwinden. Heute aber zieht sich der drei Kilometer lange, neue alte Kallang River durch 62 Hektar geschaffene Wiesen, die so angelegt sind, dass Teile von ihnen überflutet werden können. Biotope mit einer Vielzahl von Pflanzen und Tieren sind auf diese Weise entstanden, ein Recycle Hill aus dem Abraum des Kanals erhebt sich, es gibt Bächlein und Tümpel, Frösche, Reiher, und Libellen schwirren durch die Luft. Kinder planschen herum und können heute wieder barfuß über Wiesen mit Wildblumen rennen. So etwas hat es in Singapur lange nicht gegeben; und nun sind alle sehr stolz auf die Arbeit der deutschen Architekten.

Infos und Adressen

SEHENSWÜRDIGKEITEN
Bishan-Ang Mo Kio Park. Entlang der Bishan Road und der Ang Mo Kio Avenue 1, U-Bahn CC15/NS17 Bishan, dann weiter mit Bus 55 oder 58

ESSEN UND TRINKEN
Canopy. Im Park an den River Plains, westlich-asiatische Küche, hell und freundlich, großes Panoramafenster und Terrasse. 1382 Ang Mo Kio Ave. 1, Tel. 0065 65 56 15 33, www.canopygardendining.com.sg

Grub. Restaurant im Pond Gardens mit kleinen Gerichten wie Burger oder Pasta. 510 Ang Mo Kio Avenue 1, Tel. 0065 64 59 57 43, www.grub.com.sg

ÜBERNACHTEN
Ramada Singapore. Modernes und funktionales Businesshotel im Hochhaus mit Blick über Park und Stadt. Ab S$ 160. 16 Ah Hood Road, Tel. 0065 68 08 68 88, www.ramadasingapore.com

46 Bright-Hill-Tempel
Ferientag im Kloster

Im Urlaub ins Kloster? In eines, zu dem das größte Krematorium Singapurs gehört? Ja, unbedingt. Denn der Bright-Hill-Tempel mit seinem buddhistischen Kloster bietet einen wundervollen Einblick in die Religion und ihre Riten. Zugleich ist er ein Ort der Ruhe und Einkehr im hektischen Stadtleben. Der Besuch des riesigen Tempelkomplexes ist ein Ausflug, der Gästen das wirkliche Leben in Singapur näherbringt.

Wäre da nicht die goldene Stupa, könnte es sich bei dem massiven Bauwerk auch um eine Versammlungshalle handeln. Erst beim Näherkommen bemerkt der Besucher, dass die verschachtelten, in den Hügel gebauten, weißen, cremefarbenen und gelben Gebäude fast alle Gebetshallen sind.

Ruhe, Würde und Zuversicht

Den Bright Hill umweht der Duft von Räucherstäbchen. Dann und wann erklingen buddhistische Weisen. Ja, und man sieht Leichenwagen und Trauergesellschaften, die zu den Verbrennungsöfen ziehen. Dennoch ist die Stimmung im Kong Meng San Phor Kark See Monastery, wie das Kloster offiziell heißt, alles andere als gedrückt. Sie ist ruhig, gedämpft und doch von Zuversicht geprägt. Die riesige Anlage steht, umgeben von Industriebauten und Wohnhäusern, wie ein Fels in der Brandung. Neben dem Krematorium, dem Kolumbarium und mehreren Gebetshallen bietet sie vor allem Unterkünfte für die Mönche. Ein Glockenturm und ein Park mit Wasserfall und Teich verleihen ihr Würde und Ruhe. Gegründet wurde sie 1921 vom Abt Sik Zhuan Dao, der vor

Andächtige Ruhe im Tempel der Toten, der zum Vesakh Day dekoriert wurde.

Bunt, und doch ernst: ein Leichenwagen in Singapur

allem den aus China nach Singapur strömenden Mönchen eine Bleibe bieten wollte. Zuvor lag hier eine Gummibaumplantage, die Stadt war noch weit entfernt; so gründete Sik damals das erste »Wald-Kloster« in Singapur. Heute begreift sich Bright Hill unter Führung seines sechsten Abtes Sik Kwang Sheng vor allem als Lehranstalt, um den Weg des Dharma im Mahayana-Buddhismus unter die Menschen zu bringen. Zu geringen Gebühren werden Kurse angeboten.

Umweltbewusste Mönche

Die Anlage ist im südchinesischen Baustil gehalten, mit farbenfroh verzierten, geschwungenen Dächern. Mit einer Grundfläche von mehr als 75 000 Quadratmetern ist sie das größte Kloster der Stadt. In der mehr als 3000 Quadratmeter großen Hall of No Form finden mehr als 2000 Menschen Platz. Der riesige Bronzebuddha am Kopfende wiegt 55 Tonnen und wurde in Taiwan gegossen. Ein kleiner, aber gut sortierter Laden bietet Literatur und Musik. Auch sind die Mönche umweltbewusst: Schilder bitten die Gläubigen, doch nur eine Räucherkerze zu entzünden, um die Umwelt zu schonen. Ein anderes verweist darauf, dass die »Öko-Verbrennungsöfen im zweiten Stockwerk« lägen.

Infos und Adressen

SEHENSWÜRDIGKEITEN
Kong Meng San Phor Kark See Monastery, 88 Bright Hill Road, Tel. 0065 68 49 53 00, www.kmspks.org, U-Bahn CC16 Marymount, dann Bus 410

ESSEN UND TRINKEN
An der **Upper Thomson Road** liegt eine Häuserreihe mit Restaurants:

Roti Prata House. Nr. 246M, stadtbekannt für seine köstlichen, kross gebratenen Teigfladen mit Currysoße.

Badoque Café. Nr. 246, beliebt wegen seiner guten Rippchen.

Hwa Nam. Nr. 244, hier gibt es klassische Dim Sum.

ÜBERNACHTEN
Value Hotel Thompson. Günstig und ordentlich. 592 Balestier Rd, Tel. 0065 63 58 23 23, www.valuehotel.com

AKTIVITÄTEN
Kurse und Workshops zu Meditation und Buddhismus im Kloster

47 Sungei Buloh Wetland Reserve
Natur wie zu Raffles Zeiten

So muss die Küste ausgesehen haben, als Raffles 1819 in Singapur landete: Mangroven- und Regenwälder, in denen Krokodile, Warane, Otter und Kletterkrabben, Schlammspringer und Schützenfische leben. Es ist ein Paradies für heimische Vögel und für Zugvögel. Heute können Besucher die ungebändigte Natur im Reservat von Wegen und Holzstegen aus beobachten. Damals wie heute fasziniert die Küste.

Entschleunigung in Kranji

Der Bus fährt durch den Norden Singapurs, vorbei an den unzähligen Flachbauten der Kleinindustrie in Kranji. »Bin ich hier richtig?«, mag sich der ortsunkundige Besucher fragen. Das ist die eine Seite von Kranji, einem Gebiet, das die Singapurer Woodlands nennen. Dann aber geht es über den Damm des Kranji-Reservoir-Sees mit seinen markanten Stauwehrtürmen hinüber in eine völlig andere und überraschende Welt. Düfte von Wildblumen an Teichen, der feuchte Geruch des Schlamms der Mangrovenwälder, Vogelgezwitscher und das Summen und Zirpen von Insekten – das viel verwendete Modewort der Entschleunigung, hier passt es.

Singapurs erster ASEAN Heritage Park

Kranji mit seinen Mangroven- und Regenwäldern war schon 1890 ein geschütztes Gebiet. In den

Oben: Das ganz große Rohr für ein gutes Bild der Tiere im Sungei Reserve
Unten: Auf Stelzen über das brackige Wasser

Sungei Buloh Wetland Reserve

1970er-Jahren wurden die Mangrovenwälder dann aber gerodet, und es siedelten sich Krabben- und Fischfarmen an (siehe S. 264 f.). Nur das Gebiet des jetzt 202 Hektar großen Reservats wurde erhalten. 2003 wurde es zu Singapurs erstem ASEAN Heritage Park gekürt.

Naturtrails

Im Westen des Parks liegt das Wetland Centre mit seiner Nature Gallery, die die Geschichte des Reservats und seiner faszinierenden Tier- und Pflanzenwelt beschreibt. Hier beginnen die Wanderwege mit vielen Aussichtspunkten und Unterständen: Der 1,9 Kilometer lange Migratory Bird Trail führt durch wasserreiche Gebiete, die sich bei Ebbe und Flut ganz unterschiedlich darstellen. Hier sieht man vor allem zahlreiche heimische Vögel wie den Eisvogel und den Weißbauch-Seeadler. Von September bis März kommen dann die Zugvögel, die Tausende Kilometer zwischen Tundra und Australien zurücklegen, wie der Golden Plover, (Wander- oder Goldregenpfeifer) oder der Nordmann's Greenshank (Tüpfelgrünschenkel). Mehr als hundert Arten wurden registriert. Auf dem Aussichtsturm Aerie Tower hat man einen großartigen Rundumblick.

Der Mangrove Boardwalk ist ein Holzpfad durch die Mangrovenwälder. Wer Glück hat, sieht neben Kletterkrabben und urzeitlichen Horseshoe Crabs (Pfeilschwanzkrebsen) auch Warane und die – leider seltenen – Krokodile. Vom 1,3 Kilometer langen Coastal Trail zweigt der Forest Trail ab, der die Bäume dieses Gebiets zeigt. Beide Wanderrouten führen zum neuen Besucherzentrum, wo man sich in der klimatisierten Mangrove Gallery erfrischen und über die einzigartige Flora und Fauna informieren kann. Stärkung bietet das Restaurant Mangrove Kitchen.

Infos und Adressen

SEHENSWÜRDIGKEITEN
Sungei Buloh Wetland Reserve.
7–19 Uhr, Tel. 0065 67 94 14 01
Wetland Centre: 301 Neo Tiew Crescent,

Visitor Centre: 60 Kranji Way, www.nparks.gov.sg/sbwr
U-Bahn NS7 Kranji, weiter mit Bus 925 oder Kranji Express

Tipp: Unbedingt Mückenspray verwenden, feste Schuhe, lange Hosen und langärmelige Oberteile in hellen Farben tragen.

ESSEN UND TRINKEN
Gardenasia Bistro. Lokale und westliche Küche in den Gardenasia Farmstay Villas (s. u.)

ÜBERNACHTEN
Gardenasia Farmstay Villas. Urlaub auf dem Gartenhof einer der ältesten Landschaftsgärtnereien Singapurs, unweit des Naturreservats. Hier stehen mehrere tropische Villen mit Doppelzimmern. Ab 350 S$ inklusive Frühstück sowie Vergünstigungen im Gardenasia Bistro. 240 Neo Tiew Crescent, Tel. 0065 68 98 91 11, www.gardenasia.com

Nicht am Nil, sondern im Sungeu Buloh Wetland Reserve

Gezwitscher zum Aufwachen
kommt aus dem alten Vogelkäfig
im Farmart Centre.

48 Die Farmen
Eine kleine Landpartie

In Kranji ist es ländlich. Ob Obst- und
Gemüse-Ökofarmen, Blumen, Ziegen-
oder Fischzucht – hier liegen die meisten
Farmen Singapurs. Die kleine Landpartie
mit dem Bus entlang des Kranji Heritage
Trail belohnt mit Blicken auf Felder und
Alleen sowie Produkten frisch vom Hersteller. Restaurants und *farm stays* locken
zum Verweilen und zeigen eine ganz
unbekannte Seite des Stadtstaates.

Farmtouren auf dem Kranji Heritage Trail

Einige Bauern in Kranji haben sich zusammenge-
schlossen in der Kranji Countryside Association und
öffneten ihre Höfe für Besucher. Dieses Angebot
wurde schließlich noch erweitert: Seit 2011 gibt
es den Kranji Heritage Trail, der neben den Farmen
auch die Sungei Buloh Wetland Reserve (siehe
S. 262 f.) und einige historische Orte, wie die Stelle
der japanischen Invasion, vorstellt. Die insgesamt
14 Stationen der Rundreise können ganz bequem
mit dem Bus angefahren werden. Mit dem Hop-on-
hop-off-Bus bleibt es dabei dem Besucher überlassen, welche Haltestellen er für sich auswählt und
wie lange er dort bleiben will. Jede Station des Heritage Trails ist mit einem Informationsschild am
Eingang markiert, auch versehen mit einem QR-
Code für Handys. Für Gruppen bietet William Ho
geführte Farmtouren an (siehe rechts unten).

Von Ziegen, Kois und Landeiern

Vorbei an der Landschaftsgärtnerei Gardenasia
mit Restaurant und *farm stays* (siehe S. 263)

Alles Banane: Plantage bei Bollywood Veggies

führt der Weg zur Max Koi Farm, der größten
Zucht für diese Zierkarpfen der Stadt. Weiter
führt der Weg kreuz und quer durch das grüne
Land zur Ziegenfarm Hay Dairies, wo man frische
Ziegenmilch kaufen kann.

Ein besonderes Highlight ist Bollywood Veggies,
die Farm von Ivy Singh, einer der Farmpionierin-
nen. Sie baut Gemüse organisch an, auf dem
Gelände gibt es auch einen Garten mit Heilkräu-
tern, ein kleines Museum zur Geschichte des Essens, eine Kochschule und das Restaurant Poison
Ivy (die Frau hat Humor!), in dem die Früchte
der Farm auf dem Speiseplan stehen. Der Bus
fährt auch den Dragon Kiln an (siehe S. 266).
Ein beliebter Ort, um frische Landeier und orga-
nische Lebensmittel zu kaufen und lokales Essen
zu probieren, ist auch das Farmart Centre, das
allerdings nur mit einem gesonderten Bus zu
erreichen ist.

Wen die Landlust gepackt hat oder wer die Ruhe
genießt und daher hier gern übernachten will,
dem bieten sich die Villen des D'Kranji Farm
Resorts gleich neben Bollywood Veggies und
die Gardenasia Farmstay Villas am Sungei Buloh
Wetland Reserve (siehe S. 263) an.

Infos und Adressen

SEHENSWÜRDIGKEITEN
Kranji. U-Bahn NS7 Kranji, dann
Kranji Countryside Express Bus

Max Koi Farm. 9–20 Uhr, 251 Neo
Tiew Crescent, Tel. 0065 68 62 63 63,
www.maxkoifarm.com

Hay Dairies. 3 Lim Chu Kang Ln. 4,
Tel. 0065 67 92 09 31,
www.haydairies.com.sg

Bollywood Veggies. Mi–Fr 9–18.30,
Sa, So 8–18.30 Uhr, 100 Neo Tiew
Road, Tel. 0065 68 98 50 01,
www.bollywoodveggies.com,

Farmart Centre. 67 Sungei Tengah
Road, www.farmart.com.sg, U-Bahn
NS4 Choa Chu Kang, dann Bus

ÜBERNACHTEN
D'Kranji Farm Resort. Mit Spa.
Tel. 0065 68 62 97 17,
www.dkranji.com.sg

INFORMATIONEN
www.kranjicountryside.com
Geführte Farmtouren. William Ho,
unclewilliam@unclewilliam.biz,
Tel. 0065 67 94 50 07 52

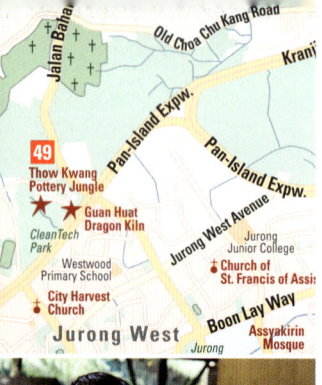

49 Thow Kwang Dragon Kiln
In der Dschungeltöpferei

Ruhig und mächtig liegt er da, wie ein schlafender Drache. Den Kopf unten im Tal, zieht sich sein gewaltiger Körper in Wellen den Hang hinauf, der Schwanz ist sein höchster Punkt. Wie er so daliegt, könnte sein Körper auch aus grünen Schuppen sein; doch es sind lehmrote Backsteine. Denn dieser schlafende Drache ist ein Dragon Kiln, ein Drachenofen. Es ist der älteste der zwei noch existierenden Öfen in Singapurs Dschungel in Kranji.

Wie lang wird der Drache leben?

Der außergewöhnliche Ofen wurde um 1940 gebaut, so wie es in China über 3000 Jahre gang und gäbe war. Damals standen in diesem weitgehend unerschlossenen Dschungelgebiet mindestens zehn Drachenöfen und ein kleiner Kampung, ein Dorf also. Der Ofen war sehr gut ausgelastet, die Produkte wechselten je nach Bedarf: Als in den 1970ern sehr viele Singapurer in Sozialbauten (HDB) ziehen mussten, stieg die Nachfrage nach Blumentöpfen, denn die Bewohner vermissten ihre dörfliche Natur und wollten Topfpflanzen. Als in den 1980ern immer mehr Friedhöfe in Urnenfriedhöfe verwandelt wurden, brannte der Ofen Urnen. Als Singapur prosperierte, wurden große Dekorationsstücke für Hotels und Restaurants hergestellt. Dann öffnete sich China, und die neue Konkurrenz ließ die meisten Töpfereien Ende der 1990er schließen. So ist auch die Zukunft dieses Drachen unsicher. Doch arbeiten die Besitzer nun mit Schulen und Künstlern aus aller Welt

Oben: Vielleicht wird sie einmal eine Töpferin?
Unten: Auch Hocker aus Porzellan stehen zum Verkauf.

Ganz altes Handwerk: historischer Drachenofen der Töpfer

zusammen, um das Interesse für die Kunst der Töpferei zu erhalten.

Höllenfeuer im Drachen

Besitzer Tan Thow Kwang will das Erbe bewahren. Ihm hilft, dass seine junge Nichte Töpferkünstlerin ist. Denn das Brennen im Drachenofen ist einzigartig. Vorn im Kopf wird das Holzfeuer entfacht, es dauert mindestens 24 Stunden, bis die richtige Temperatur von 1300 Grad erreicht ist. Der erfahrene Dachenofenbrenner erkennt die richtige Temperatur an der Farbe des Feuers. Entlang des 40 Meter langen und fünf Meter breiten Körpers werden die Tonwaren im Innern kunstvoll im mannshohen Raum verteilt. Die Eingänge werden während des Brennens zugemauert, nur kleine Seitenfenster erlauben einen Blick auf das Brenngut. Die Hitze zieht durch den gesamten Körper und entweicht oben am Schwanz. Der Ofen kann bis zu einer Woche brennen und braucht dann wieder eine Woche zum Abkühlen, erst danach kann man die Tonwaren herausholen. Das Faszinierende für alle Künstler ist die Variationsbreite der Brennergebnisse: Jedes Stück ist ein Unikat, abhängig von der Brenndauer, dem Standort im Ofen und der Art des Brennholzes.

Infos und Adressen

SEHENSWÜRDIGKEITEN

Thow Kwang Pottery Jungle. Verkauf, Kurse und Touren, 9–17 Uhr, 85 Lorong Tawas (via Clean Tech View), Tel. 0065 62 68 61 21, www.facebook.com/tkpotteryjungle. Am besten mit dem Taxi.

Guan Huat Dragon Kiln. Im Jalan Bahar Clay Studio, Kurse, Open House am 1. Samstag im Monat 11–16 Uhr, 97L Lor Tawas, Tel. 0065 67 77 18 12, www.jbcssg.com

Jurong Eco Garden. Zwischen den beiden Drachenöfen liegend, er bietet vier verschiedene Naturzonen mit Aussichtshügel, errichtet aus 200 Millionen Jahre alten Steinen der Jurong Rock Coves; außerdem große Tonskulpturen aus dem Ton des benachbarten Geländes, gebrannt im Dragon Kiln. Eingang neben Thow Kwang, www.jtc.gov.sg/industrial-land-and-space/pages/jurong-eco-garden.aspx

EINKAUFEN
Keramik und Porzellan. Bei Thow Kwang (s. o.)

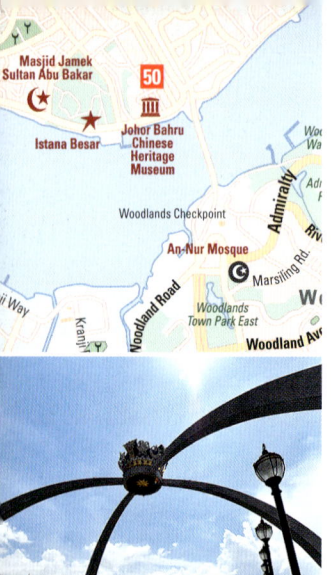

50 Ausflug nach Johor Bahru
Blick über die Grenze

Singapur ist ein Stadtstaat, und manchmal kann es sich lohnen, über dessen Grenzen zu blicken. Ausflüge auf andere Inseln bieten sich an. Wer aber für einen Tag in ein anderes Land hineinschnuppern will, der kann über eine der Brücken die Südspitze Malaysias erreichen. Natürlich lockt dort Legoland. Doch bietet auch die Grenzstadt Johor Bahru interessante Einblicke – und Essen, auf das die Singapurer schwören.

Jahrelang galt »JB«, wie die Singapurer sagen, als verdreckte und gefährliche Hafenstadt. Heute wachsen dort, auch mit Singapurer Geld, Hochhäuser in den Himmel, und die Kulturdenkmäler werden renoviert. Essen und die Billigpreise machen das Einkaufen zum Vergnügen. Allerdings wird »JB« noch auf Jahre nicht an das Angebot Singapurs heranreichen. Legoland eröffnete 2012 unter Führung eines deutschen Managers. Heute bietet der Spielpark mehr als 70 verschiedene Attraktionen. Faszinierend ist vor allem Miniland, wo Architektur-Ikonen Südostasiens *en miniature* nachgebaut wurden.

Sultanspalast und Glastempel

Besucht werden sollte auf jeden Fall der frühere Königspalast, die Istana Besar. Sultan Abu Bakar ließ sie 1866 im viktorianischen Stil errichten. 1990 wurde sie als Museum eröffnet, in dem die Schätze der Familie zu bewundern sind. Allein schon der 53 Hektar große Park lohnt den Besuch. Nach einer Renovierung soll die Istana 2016 wieder eröffnen.

Oben: Hochherrschaftlich: Krone im Garten des Sultanpalastes
Unten: Hoch hinaus: Turm der Sultan Abu Bakar Mosque

Spieglein an der Wand: im Glas Temple

Beeindruckend ist auch der Arulmigu Sri Rajakaliamman Glass Temple. Überwältigt von der Schönheit der Tempel in Bangkok, ließ der Hindu-Priester Sri Sinnathamby Sivasamy den 1922 als Hütte errichteten Tempel in den 1990er-Jahren aus Glas wieder aufbauen. Das eigentliche Wahrzeichen der Stadt, schon von Singapur aus sichtbar, ist aber die weiße Moschee. Zwar dürfen Nicht-Muslime die Sultan Abu Bakar Mosque nicht betreten, doch gilt das Gebäude aus dem Anfang des 20. Jahrhunderts mit seinem blauen Dach als einer der beeindruckenden Bauten der Region.

Deutlich älter ist der chinesische Tempel Roufo Gumiao, der – chinesisch-pragmatisch - von fünf verschiedenen ethnischen Gruppen zur Anbetung fünf verschiedener Götter genutzt wird. Er ist fast 140 Jahre alt, hat freilich seit seiner Renovierung 1990 einiges an Charme eingebüßt.

Der Tan Hiock Nee Heritage Trail führt durch die Jalan Tan Hiock Nee, in der es besonders viele Restaurants und Geschäfte in schön renovierten Häusern gibt, außerdem einen Nachtmarkt. Der Name stammt von einem vermögenden und einflussreichen chinesischen Kaufmann. Auch die Jalan Wong Ah Fook ist spannend.

Infos und Adressen

SEHENSWÜRDIGKEITEN
Istana Besar mit The Royal Abu Bakar Museum. Do–Sa 9–17 Uhr, Jalan Ibrahim, Tel. 0060 77 223 05 55

Arulmigu Sri Rajakaliamman Glass Temple. 13–17 Uhr, 22 Lorong 1, Jalan Tebrau

Sultan Abu Bakar Mosque. Jalan Gertak Merah

Johor Bahru Chinese Heritage Museum. Di–So 9–17 Uhr, 42 Jalan Ibrahim, Tel. 0060 72 24 96 33

Roufo Gumiao Temple. 7–17 Uhr, Lot 653, Jalan Trus

Legoland. Mo–Do 10–18 Uhr, Fr–So 10–19 Uhr, 7 Jalan Legoland, Bandar Medini, www.legoland.com.my

EINKAUFEN
City Square. 108 Jl. Wong Ah Fook

INFORMATIONEN
Tourism Information Centre. Jalan Tun Abdul Razak, Tourism Info Line: 13 00 88 50 50, www.tourismjohor.com

REISEINFOS

Stille Pracht: Singapurs
neues Zentrum an der Marina Bay

Anreise

Auch wenn inzwischen immer mehr Kreuzfahrtschiffe Singapur auf dem Programm haben: Die häufigste Art der Anreise ist immer noch das Flugzeug. Der Flug von Frankfurt nach Singapur dauert knapp zwölf Stunden. Zahlreiche internationale Fluggesellschaften (z.B. Lufthansa, Singapore Airlines, Turkish Airlines) fliegen den wunderbaren und vielfach ausgezeichneten Flughafen Changi entweder direkt an oder mit Zwischenstopp. Von dort geht es entweder per U-Bahn (MRT), Bus oder Taxi weiter. Busstationen sind im Untergeschoss von Terminal 1 und 2, die Fahrt kostet etwa 2 S$. Die Taxis kosten etwa 35 S$, das U-Bahn-Ticket knapp 3 S$. Die Fahrt in die Stadt dauert rund eine halbe Stunde.

Auskunft

In Deutschland:

Tourismusbüro von Singapur in Deutschland: Hochstraße 35–37, 60313 Frankfurt/Main, Tel. 069 920 77 00. Büro des Economic Development Board (EDB): Stephanstr. 14, 60313 Frankfurt/Main, Tel. 069 273 99 30 Honorarkonsulate in Hamburg (Ballindamm 1), Stuttgart-Waiblingen (Badstr. 98) und München (Montgelasstr. 14)

In Singapur:

Singapore Tourism Board, Hauptstellen: Flughafen Changi, Ankunftshallen Terminal 1 und 2, tägl. 6–2 Uhr

Orchard Road: 216 Orchard Road, gegenüber Orchard Gateway, tägl. 9.30 bis

Chingay Parade – Singapurs ureigener Karneval

Land's End: der Leuchtturm an der Raffles Marina in Tuas, mit Blick auf Malaysia

22.30 Uhr, Tel. 0065 67 38 05 79, www.yoursingapore.com/about-singapore/traveller-information/tourism-centre.html; Kostenlose Telefonauskunft: 1800 73 62 00 00

Auch die Visitor Centres in Chinatown und Little India bieten gutes Informationsmaterial. Für einen ersten Überblick reicht die folgende Webseite: www.yoursingapore.com.

Banken und Geld

Ein Singapore Dollar (S$) entspricht etwas mehr als 0,60 Euro (Stand Frühjahr 2016). Unzählige Geldautomaten (ATM) nehmen die großen Kredit- und Bankkarten. Preiswert ist das Wechseln von Bargeld bei den zahlreichen Wechselstuben (Authorized Money Changer). Die Öffnungszeiten der Banken liegen meist zwischen 9.30 und 15 Uhr.

Diplomatische Vertretungen

Deutsche Botschaft: 50 Raffles Place Nr. 12-01 Singapore Land Tower, Tel. 0065 65 33 60 02, Notruf 08 17 04 14, www.singapur.diplo.de

Österreichische Botschaft: 600 North Bridge Road Nr. 24-04/05 Parkview Square, Tel. 0065 63 96 63 50, www.advantageaustria.org/sg/Oester-reich-in-Singapur.en.html

Schweizer Botschaft: 1 Swiss Club Link, Tel. 0065 64 68 57 88, www.eda.admin.ch/singapore

Dos and Don'ts

Niemals sonntags auf die Orchard Road. Sonntags haben die Hausangestellten frei. Dann ziehen sie in die Stadt, um sich

273

Fine City

zu treffen, zu bummeln – genauso wie viele andere Singapurer. Die Stadt platzt dann aus allen Nähten. Jeder andere Tag ist besser, wenn man shoppen will.

Vorsicht in Discos und in der U-Bahn (MRT): Es gibt kriminelle Frauen, die Männern vorwerfen, sie unsittlich berührt zu haben. Wenn man nicht das Gegenteil beweisen kann, kann das zu hohen Strafen und sogar Haft führen.

Sprayen ist strikt verboten. Was anderswo auf der Welt noch ein Kavaliersdelikt wäre, ist in Singapur Vandalismus und führt zu Haft. Farb-Sprühdosen zu Hause lassen!

Das Wetter nicht unterschätzen. Regen und Gewitter sind hier stärker als in Europa, immer wieder ertrinken Menschen in den Wasserkanälen, die in Minuten zu reißenden Strömen werden. Und auch die Sonne brennt am Äquator stark: Niemals ohne Wasser und Sonnenschutz tagsüber das Haus verlassen.

Rauchen und Kaugummikauen sind in Singapur nicht so einfach möglich: Rauchen ist in öffentlichen Räumen, aber auch in Fahrstühlen verboten. Theoretisch können hohe Strafen verhängt werden. Das berühmte Kaugummiverbot ist inzwischen gelockert. Es gibt zwei Kaugummisorten (aus medizinischen Gründen) zu kaufen. Das Spucken auf die Straße aber ist untersagt.

Drogen

Hier versteht Singapurs Regierung keinen Spaß. Schon auf geringe Mengen Drogen, auch auf Designerdrogen stehen drakonische Strafen, die auch Ausländern gegenüber verhängt werden. Sie reichen selbst bei sogenannten weichen Drogen wie Haschisch bis zur Todesstrafe. Also auf gar keinen Fall versuchen, Drogen einzuführen, sie zu kaufen oder sie zu konsumieren.

Einreise

Für die Reisenden aus Deutschland, Österreich und der Schweiz ist kein Visum notwendig. Allerdings braucht man einen Reisepass, der noch mindestens drei

Immer in Uniform: Schulklasse vor dem Asian Civilisation Museum

Monate gültig ist. Der Aufenthalt wird nach Ausfüllen eines einfachen Einreiseformulars für 30 Tage gewährt. Die Durchschrift des Formulars muss bei der Ausreise wieder vorgelegt werden.

Eintrittskarten und U-Bahn-Tickets

Für Touristen bietet Singapur Tickets an, die die öffentlichen Verkehrsmittel und den Besuch vieler Attraktionen vereinfachen und verbilligen:

The Singapore Tourist Pass ist eine vergünstigte Karte für alle Transporte mit U-Bahn (MRT) und Bus, die für 1, 2, 3 Tage und 10, 16, 20 S$ für unbegrenzte Fahrten angeboten wird. Zusätzlich einer Mietgebühr von 10 S$, die bei Kartenrückgabe erstattet wird (www.thesingaporetouristpass.com.sg).

Die **EZ-link-Karte** (»Easy-Card«), also die berührungslose Chipkarte, ist für längere Aufenthalte geeignet und kostet 12 S$, wobei der Nutzwert 7 S$ beträgt, da 5 S$ als Kaufpreis einbehalten und nicht erstattet werden. Fahrten werden vergünstigt einzeln abgerechnet, die Karte kann jederzeit wieder aufgeladen werden. EZ-link Cards braucht man auch für die Dachterrasse der Pinnacles und für die River Taxis (www.ezlink.com.sg).

Beide Karten kann man in den großen MRT-Stationen beim Ticketschalter oder Passenger Service, die EZ-link Card auch in allen 7-Eleven-Läden kaufen und wieder aufladen.

Exquisiter Service inbegriffen: das legendäre Raffles Hotel

Der (fast namensgleiche) **The Singapore Pass** dagegen bietet vergünstigte Eintritte zu allen Hauptattraktionen der Stadt und ist sinnvoll, wenn man viele davon besuchen und langes Anstehen vermeiden will. Denn mit der Karte ist der Eintritt bereits bezahlt. Es gibt eine große Palette von Package-Angeboten ab 97 S$, je nach Tagen und Anzahl der Attraktionen. Ebenso gibt es ein breites Angebot an Kombitickets von Nahverkehr und Sehenswürdigkeiten.
www.singaporepass.com.sg

KALENDER

FEIERTAGE

Die chinesischen Feiertage sind vom chinesischen Kalender bestimmt, die muslimischen vom islamischen und wiederum – wie auch die hinduistischen Feste – abhängig von Mondphasen. So ergeben sich jedes Jahr immer andere Daten (Auskunft für das jeweilige Jahr über die Touristeninformation). Die großen religiösen Feste gelten für die ganze Bevölkerung Singapurs als Feiertage, nicht nur für die jeweilige Religionsgruppe. Behörden und beispielsweise Arztpraxen sind dann geschlossen – nicht jedoch Supermärkte und Geschäfte. Die gesetzlichen Feiertage sind:

1. Januar: Neujahrstag
Januar/Februar: Chinesisches Neujahrsfest
März/April: Karfreitag
1. Mai: Tag der Arbeit
Ende Mai/Anfang Juni: Vesakh (Gedenken an die Geburt und Erleuchtung Buddhas)
9. August: Nationalfeiertag
(1965 Unabhängigkeit von Malaysia)
Juli–September: Hari Raya Haji
(muslimisches Opferfest)
Oktober/November: Deepavali
(hinduistisches Lichterfest)
November: Hari Raya Puasah
(muslimisches Fest des Fastenbrechens)
25. Dezember: Weihnachten

Daneben gibt es in der Stadt der vielen Kulturen auch zahlreiche andere religiöse Feste, die zum Teil sehr farbenprächtig gefeiert werden – siehe Seite 124.

Gesundheit

Krankenhäuser sind hervorragend ausgestattet und bieten alle eine Notaufnahme (Accident&Emergency). Gut und zentral sind: Mount Elizabeth Hospital, Tel. 0065 67 37 2 66 und Gleneagles Hospital, Tel. 0065 64 73 72 22

Alle **Ärzte** sprechen hervorragendes Englisch. Arzneimittel gibt es in der Regel direkt beim Arzt.

Spezielle **Apotheken** hat Singapur nicht, die großen Drogeriemärkte wie Guardian oder Watsons haben aber eine »Pharmacy«-Theke, an der es die gängigen Medikamente und sachkundige Beratung durch Apotheker gibt.

Impfungen sind nicht vorgeschrieben. Singapur ist zwar ein Tropenland, aber kein Malariagebiet. Allerdings gibt es teilweise starke Cluster des Tropenfiebers Dengue in seinen verschiedenen Ausprägungen. Davor schützt am besten, sich gut mit Anti-Mücken-Spray einzusprühen, vor allem, wenn man in der Dämmerung das Haus verlässt.

Internet

Kostenfreies WLAN gibt es im Hightech-Staat an vielen öffentlichen Plätzen, in Malls oder Museen. Für die Registrierung wird eine Singapurer Nummer benötigt, an die das Passwort per SMS geschickt werden kann, ein Handy mit Prepaid-Karte ist daher sinnvoll. SIM-Karten für Telefone gibt es in jedem Telefonladen oder auch größeren Supermarkt, man muss dafür allerdings seinen Pass vorzeigen. Darüber hinaus gibt es vor allem in den Shoppingmalls Internetcafés.

Lampions über Chinatown beim malerischen Mid Autumn Festival

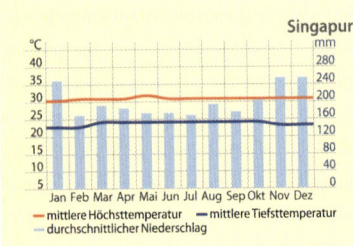

Singapur

°C   mm
40   280
35   240
30   200
25   160
20   120
15   80
10   40
 5   0
  Jan Feb Mar Apr Mai Jun Jul Aug Sep Okt Nov Dez
— mittlere Höchsttemperatur   — mittlere Tiefsttemperatur
— durchschnittlicher Niederschlag

aber regnet es länger als ein paar Stunden am Tag. Ungemütlich ist der *haze* (meist im Herbst): Rauchnebel, der sich dann über die Stadt legt, wenn die Plantagenbesitzer im nahen Indonesien die Torfböden abbrennen. Dann stinkt es in der Stadt, die Luft ist mit Rauchpartikeln verpestet, und die Sicht fällt bis auf unter 100 Meter.

Klima

Singapur hat ein tropisches Klima. Das ganze Jahr über herrschen Temperaturen um die 30 Grad – im Winterhalbjahr, das in etwa der Regenzeit entspricht, können sie bis auf 23 Grad fallen, im Sommer steigen sie auf 34 Grad. Zu schaffen macht aber eher die Luftfeuchtigkeit, die mehr als 80 Prozent betragen kann. Die Regenschauer in den Monsunzeiten können sehr heftig ausfallen. Selten

Kleidung

Leichte, tropentaugliche Kleidung ist unerlässlich, aber wegen der Klimaanlagen sollte auch eine Jacke mitgenommen werden. Für Geschäftsreisende gilt *shirt and tie*, Hemd und Krawatte. Ein Sakko wird nur bei sehr offiziellen Anlässen getragen. Baumwollkleidung saugt sich schnell mit Schweiß und Wasser voll, angenehmer ist moderne Kunststoff-Funktionskleidung. Eine Kappe schützt

Im Cé La Vi genießt man seinen Drink in luftiger Höhe.

vor der teils stechenden Sonne. Sandalen sind für die meisten Ausflüge in der Stadt ausreichend. Singapurer selber verlassen sich vor allem auf Flipflops, die bei Sonnenschein und Regen taugen. Geht man jedoch in die Natur, sollte man unbedingt auf festeres Schuhwerk achten. Tempel dürfen nicht in kurzen Hosen und nur barfuß betreten werden.

Nahverkehr

U-Bahn: Mass Rapid Transport System (MRT): Das U-Bahn-Netzwerk ist hervorragend ausgebaut und wird laufend erweitert. Es gibt fünf Linien: die North East Line (NE), die North South Line (NS), die East West Line (EW), die Circle Line (CC) und die Downtown Line (DT). Die sechste, die Thomson East Coast Line (TEL), ist noch im Bau. Die Züge starten morgens ab 5.30 und fahren bis 0.30 Uhr. Die Einzelfahrt kostet ab 1.30 S$.

Busse: Sie sind eine gute Alternative. Zwar sind sie in den Stoßzeiten meist überfüllt, fahren aber zwischen 5.15 und 24 Uhr sehr verlässlich. Die Fahrpreise entsprechen denen der U-Bahn. Wer den Betrag abgezählt bereithält, kann für die Busfahrt immer noch direkt beim Fahrer zahlen. Einfacher, preiswerter und moderner ist für Bus und U-Bahn der Kauf der EZ-link Card (siehe S. 275).

Taxis: Taxis sind übliche Verkehrsmittel und deutlich billiger als in Deutschland. Man kann sie auf der Straße durch eine Handbewegung anhalten (*flag down*). Vor Einkaufszentren gibt es geordnete

Spaß in Farbe: der color Run auf Sentosa

Warteschlangen, bei Regen aber auch Wartezeiten von bis zu einer Stunde. Zahlreiche Apps vermitteln Taxis, man kann sie auch einfach über das Mobiltelefon anrufen: Comfort & City Cab 65 52 11 11, SMRT Taxi 65 55 88 88, Premier 63 63 68 68. Die Taxi-Hotline lautet 63 42 52 52. Informationen unter www.taxi-singapore.com. Die Taxis haben alle Taxameter – betrogen wird hier nicht. Allerdings sind die Preise schwer zu verstehen, weil verschiedene Zuschläge ausgewiesen werden. Schilder auf den Scheiben erklären die Preisgestaltung.

Notrufnummern

Polizei: 999
Feuerwehr und Krankenwagen: 995

Freundlichkeit wird großgeschrieben in der multikulturellen Gesellschaft Singapurs.

Öffnungszeiten

Die Grundregel lautet, dass die Geschäfte relativ spät öffnen, dafür aber abends spät schließen und auch das ganze Wochenende über geöffnet sind. Auf Nummer sicher geht, wer zwischen 11 und 20 Uhr, in der Innenstadt oft auch 22 Uhr einkaufen geht. Behörden haben in der Regel zwischen 9 und 17 Uhr geöffnet.

Post

Es gibt sie noch, die gute alte Post. Zentral liegen das Tanglin Office (Mo–Fr 8.30–17, Sa bis 13 Uhr, 56 Tanglin Road), oder die Orchard Post (Mo–So 11–19 Uhr, 2 Orchard Turn, B2-62 im ION Orchard). Sie bietet auch einen speziellen Service: Wer sein Foto auf einem USB-Stick mit zum Postamt an der Killiney Road 1 oder ins Briefmarkenmuseum bringt, kann seine eigene Marke drucken lassen und damit einen Brief frankieren.

Stadtführungen

Auf Deutsch: Gudrun Wei offeriert Touren in deutscher Sprache (www.rmg tours.com). Martina Janssens bietet auf eigene Wünsche zugeschnittene Touren an (tinajanssens@gmail.com). Die German Association hat immer wieder sehr gut vorbereitete Ausflüge im Programm, zu denen auch Gäste willkommen sind (www.german-association.org.sg).

Auf Englisch: Die Auswahl an englischsprachigen Touren ist groß. Besonders für Kinder sind die Rundfahrten im Hippo-Doppeldeckerbus oder mit dem Amphibienfahrzeug großartig (www.ducktours.com.sg). Der SIA-Hop-on-Bus von Singapore Airlines (www.siahopon.com) bietet Fahrten entlang einer festen Route zu allen Sehenswürdigkeiten der Stadt. Fluggäste von Singapore Airlines fahren kostenlos. Fahrradrikschas lassen sich unter www.toursinsingapore.com buchen. Der Veranstalter Tour East bietet gemeinsam mit der Stadt gute Ausflüge durch Chinatown an, bei denen auch lokale Clans besucht werden (www.toureast.net/singapore). Auf dem Singapore River gibt es verschiedene Touranbieter, entlang der Kais stehen ihre Ticketschalter.

Steuern

Die Mehrwertsteuer in Singapur liegt mit 7 Prozent unter den europäischen Werten. Touristen bekommen am Flughafen oder am Kreuzfahrtterminal die Steuer erstattet. Dafür müssen sie sich an die Schalter TRS (Tax Refund System) wenden. Voraussetzung ist die Beteiligung des Geschäftes an diesem System (www.yoursingapore.com/about-singapore/traveller-information).

Strom

In Singapur gibt es Dreipunktstecker, sodass ein Adapter für Elektronik notwendig ist. Die Stromspannung ist aber dieselbe wie in Europa.

Trinkgeld

In Singapur wird eine Serviceabgabe in den Restaurants eingefordert. Trinkgelder gibt es nicht. Ein neuer Trend, dies zu ändern, setzte sich bislang nicht durch. Also bleibt es dabei, die Rechnung zu bezahlen und sich beim Ober oder der Kellnerin zu bedanken.
Alles andere hätte ein »Geschmäckle« in der Stadt, die bestechungsfrei sein will.

Veranstaltungen

An Veranstaltungen herrscht wirklich kein Mangel. Manchmal aber ist es schwierig, davon im Vorfeld zu erfahren. In den Kulturhäusern und im Tourismusamt liegen Flyer und Programmhefte für die zahlreichen Festivals. Das einfachste Mittel sich zu informieren ist ein chinesisches: Überall an den Laternenpfählen der Orchard Road verweisen Flaggen auf die Großereignisse.

Zeitverschiebung

In der Mitteleuropäischen Sommerzeit ist Singapur Europa sechs Stunden voraus, in der Winterzeit sieben Stunden.

Eine Weltstadt setzt Zeichen.

SINGAPUR
für Kinder und Familien

Seifenschnee und Weihnachtsstimmung

Singapur ist die Stadt, um asiatische Kultur zu schnuppern, in fremde Töpfe zu schauen, zu feiern. Aber eine Stadt für Kinder? Und ob. Die Singapurer sind sehr kinderlieb. Ihre Metropole bietet jede Menge für die lieben Kleinen. Nicht nur Spieleparks, sondern auch großartige Natur und Museen. Langweilig muss es hier keinem werden; auch nicht bei Regen!

Kinder bis 6 Jahre

Die ganz Kleinen werden sich am Sandstrand von Sentosa wohlfühlen, aber auch in den Dschungelparks der Nature Reserves große Augen machen – es gibt auf Schritt und Tritt etwas zu entdecken. Genau ausgerichtet auf sie ist der (kostenlose) Jacob Ballas Children's Garden im Alten Botanischen Garten, ein wunderbarer Spielplatz. Kostenpflichtig, aber gut, ist dagegen Go-Go Bambini, eine Spielhalle mit riesigem Klettergerüst für Kinder in Tanglin Village.

Kinder bis 10 Jahre

Fast fällt die Auswahl schwer: Raus in die Natur oder rein in Museen? Am besten beides! Das Science Centre fordert die Aufmerksamkeit für mindestens einen Tag. Hier können Kinder das meiste anfassen und selbst erfahren, wie Wissenschaft, Physik und Chemie funktionieren. Es gibt große Themenausstellungen, aber auch eine umfassende Dauerausstellung. Wer mehr auf Kultur setzt, nutzt die zahlreichen Angebote des Singapore Art Museum für Kinder. Das SAM legt einen Schwerpunkt auf Bildung, etwa mit der Learning Gallery. Wer die Natur erfahren will, der sollte genug Wasser einpacken und sich zum Tree Top Walk, einer 250 Meter langen Hängebrücke im MacRitchie Reserve aufmachen.

Kinder bis 14 Jahre

Die Naturparks sind auch für die Älteren noch eine Herausforderung, wenn man nur die Wanderstrecke etwas ausdehnt. Wer aber lieber shoppen geht, sollte sich in das Queensway Shopping Centre wagen: Denn dort gibt es Sportartikel, insbesondere die heißesten Turnschuhmodelle zu besonders günstigen Preisen. Die neuen Turnschuhe und seine Kräfte ausprobieren kann man dann im Kletterpark Forest Adventure Bedok Reservoir Park, wo die Seilbahn auch über den See führt.

Sand und Seeluft: Kinder fühlen sich in Singapur wohl.

Tipps für Kinder und Familien

○○○ Universal Studios, Resorts World Sentosa

Ein Tag reicht hier kaum: Der Themenpark entlang der Filme der Universal Studios ist riesig, und manchmal macht die Tropensonne auch gerade Kleinere noch sehr müde. Dennoch: Die spektakulären Achterbahnen wollen gefahren werden, viele andere Attraktionen sind überdacht. Nirgends sonst in Asien gibt es die Filmhelden und ihre Abenteuer so zum Anfassen und Mitleben wie hier. www.rwsentosa.com/Homepage/Attractions/UniversalStudiosSingapore

○○○ Zoo, River Safari, Night Safari

Mancher wird zunächst die Nase rümpfen – Zoo? Kennen wir. Kennen wir nicht. Denn der in Singapur ist nicht ohne Grund weltberühmt. Die oft exotischen Tiere werden so gehalten, dass man die Zäune kaum wahrnimmt.

Bei der Night Safari im Zoo ist das Anfassen erlaubt.

Aufregend und zugleich märchenhaft ist besonders der Nachtzoo. Die Geräusche der Tiere wirken im Dunkeln so ganz anders, ihre Schemen lassen sie ganz neu erscheinen. Die River Safari lockt nicht nur mit – nachgebauten – Flusslandschaften, sondern auch mit den beiden Pandabären Kai Kai und Jia Jia. www.zoo.com.sg

○○○ Jurong Bird Park

Auch der große Vogelpark ist aufregender als es auf den ersten Blick erscheint. Denn gerade die Tropenvögel sind sonst niemals so nah und ungestört zu beobachten. Und die Singapurer haben eine hohe Kunst darin entwickelt, Naturschönheiten gut zu präsentieren. www.birdpark.com.sg

○○ Wave House

Wie schon in San Diego oder Durban kann man nun auch in Singapur im Becken auf einer großen künstlichen Welle surfen. Auf der Spaß-Insel Sentosa wird es so endlich möglich, in perfekter Atmosphäre die Boards zu nutzen. Pool, Strandbar und ein großes Veranstaltungsprogramm runden den Spaß für Ältere ab. www.wavehousesentosa.com

○○ Mega Adventure Park

Auf Sentosa lockt auch der Abenteuerpark Mega. Er bietet – gegen Eintritt – Kletterwand und -wald, vor allem aber das Abseilen und eine Seilrutsche, die bis über das Meer führt. Mut braucht man schon, aber das Gefühl, am Drahtseil über die Tropenbäume zu sausen, entschädigt für vieles. www.megazip.com.sg

Schattenspiele im National Museum

⭕⭕ Art Science Museum

Dies ist kein Museum, es ist eine Art
Abenteuerspielplatz für Technik- und
Kulturinteressierte, insbesondere unter
den älteren Kindern. Das Museum in der
weißen Lotosblume neben dem Marina
Bay Sands kauft auf der ganzen Welt
fesselnde Ausstellungen ein, die es dann
auf didaktisch überzeugende Weise in
Singapur darbietet. Das Spektrum reicht
von Lego bis zu van Gogh – und nichts
davon ist langweilig.

⭕⭕ Indian Heritage Centre

Es gibt keinen besseren und sichereren
Platz, um der indischen Kultur näher
zu kommen. Das neue Haus mitten im
Stadtviertel Little India erklärt, fasziniert,
macht einfach Spaß.
www.indianheritage.org.sg

⭕⭕⭕ Food Court

Wo essen zum – kalkulierbaren – Abenteuer wird: Die zahlreichen *food courts*
in Singapur machen der ganzen Familie
Spaß. Man kann den Köchen bei der
Arbeit zuschauen, sich die Mahlzeiten
zusammenstellen und für kleines
Geld eine kulinarische Weltreise
durch Asien machen.

Familienfreundliche Unterkünfte

Für Gutbetuchte

Das Festive Hotel in Resorts World
Sentosa ist genau auf Familien mit
Kindern ausgelegt. Es liegt zwischen
S.E.A. Aquarium und dem Themenpark
Universal Studios. Kinderpools, buntes
Animationsprogramm und Hochbetten
sorgen für Spaß rund um die Uhr.
Die Preise aber sind saftig.
www.rwsentosa.com/Homepage/
HotelsAndSpa/FestiveHotel

Für Individualisten

Auch in Singapur bieten mehr und
mehr Eigentümer ihre Wohnungen
auf den einschlägigen Webpages zur
Vermietung an Urlauber an. Das Konzept ist längst nicht so verbreitet wie
in europäischen Metropolen. Wer aber
rechtzeitig vor der Reise sucht, kann
zu guten Preisen schöne Wohnungen
in der Innenstadt mieten.

Für Freunde des Bauernhofs

Bauernhof in Singapur? Gibt es das?
Ja, ganz am Stadtrand. Dort bieten
bislang zwei Farmen in Kranji Unter-
kunft im tropischen Grün. »D'Kranji
Farm Resort« und die »Villas Gardenasia« bieten sich zur Flucht aus der
lärmigen Großstadt an. Allerdings
lohnt sich ein genauer Blick vor dem
Buchen, denn in der Vergangenheit
fielen die Kritiken über diese Unterkünfte nicht immer positiv aus.
www.dkranji.com.sg,
www.gardenasia.com/farmstay

Register

Register

Produktmanagement: Katrin Pommer
Lektorat: Juliane Braun
Korrektorat: Anke Höhne
Layout: Roman Bold & Black
Bildauswahl: Birgit Günther
Umschlaggestaltung: ZERO Werbeagentur
Repro: Repro Ludwig
Kartografie: Kartographie Huber,
Heike Block
Herstellung: Bettina Schippel
Printed in Slovenia by Florjancic

Sind Sie mit diesem Titel zufrieden?
Dann würden wir uns über Ihre
Weiterempfehlung freuen.

Erzählen Sie es im Freundeskreis,
berichten Sie Ihrem Buchhändler
oder bewerten Sie bei Onlinekauf.

Und wenn Sie Kritik, Korrekturen
Aktualisierungen haben, freuen wir
uns über Ihre Nachricht an
Bruckmann Verlag,
Postfach 40 02 09,
D-80702 München
oder per E-Mail an
lektorat@verlagshaus.de.

Unser komplettes Programm finden
Sie unter

 www.bruckmann.de

Alle Angaben dieses Werkes wurden von
den Autoren sorgfältig recherchiert und
auf den neuesten Stand gebracht sowie
vom Verlag geprüft. Für die Richtigkeit
der Angaben kann jedoch keine Haftung
übernommen werden.

Bildnachweis:
Bildnachweis: Alle Bilder im Innenteil
stammen von Sabine Fritsch mit Aus-
nahme von: Nina Schiffel: S. 84 u.,
S. 86 o., M., S. 109, S. 134, S. 136,
S. 148, S. 164, S. 178, S. 180, S. 181;
Hotel 1929: S. 137; Kadampa Meditation
Centre: S. 135; Pan Pacicfic Singapore:
S. 150; Resort World Sentosa: S. 162;
Wikicommons: S. 131 (Sengkang), S. 136
(Clay Gilliland), S. 190 (Hillview1);
Zott's True Alps: S. 129; Shutterstock:
S. 119 (Natali Zakharova)

Umschlag:
Umschlagvorderseite:
Oben: Orchidee im Botanischen Garten
Singapur (shutterstock/tristan tan)
Mitte rechts: Frau in festlicher
Kleidung, chinesisches Neujahrsfest
(LOOK Bildagentur)
Hauptmotiv: Blick auf die Skyline
mit Singapore River (LOOK Bildagentur)

Umschlagrückseite:
Links: Pause für den Rikscha-Fahrer
(Nina Schiffel)
Rechts: Kunstvoll verzierte
Peranakan-Häuser (Sabine Fritsch)
Klappe vorne: Der grandiose Infinity Poo
im Marina Bay Sands (Sabine Fritsch)

Die Deutsche Nationalbibliothek verzeichnet diese Publikation in der Deutschen Nationalbibliografie; detaillierte
bibliografische Daten sind im Internet
über http://dnb.d-nb.de abrufbar.

© 2017 Bruckmann Verlag GmbH, Münch.
ISBN 978-3-7654-8512-1